제2판

투자론

Essentials of Investments

이재하 · 한덕희

박영사

머리말

　고대 메소포타미아 문명의 산물인 인류 최초의 문자로 기원전 3000년경에 금융거래가 기록되었다고 한다. 금융은 이와 같이 긴 세월 동안 인류 역사와 함께 발전해 왔고, 최근에는 4차 산업혁명이 가져온 금융시장 변화의 가속화에 맞추어 지속가능한 성장을 위한 금융혁신이 활발히 진행되고 있다. 이에 투자자들은 이러한 금융시장과 금융환경의 변화에 능동적으로 대처하고 최적의 투자의사결정을 내리는 것이 매우 중요한 시대를 맞고 있다.

　본서는 금융 및 투자이론을 처음 접하는 초심자부터 실무전문가까지 모든 독자들이 보다 수월하게 투자의사결정 및 위험관리 능력을 배양하는 것을 목적으로 최근 금융 트렌드를 반영하여 제2판을 출판하게 되었다. 이를 위하여 본서에서는 (1) 금융시장과 금융상품, (2) 자산배분, (3) 자본시장균형이론, (4) 주식 및 채권투자, (5) 파생상품투자라는 총 다섯 개의 주제를 정한 다음, 알기 쉬운 문장과 사례들을 사용하여 복잡하고 어렵게 생각되는 금융 및 투자이론에 대해서 쉽게 이해할 수 있도록 직관적으로 설명하고자 노력하였다.

제1편 금융시장과 금융상품

　금융시장의 개념부터 우리나라 금융시스템이 어떻게 구성되어 있고 어떤 역할을 하는지 그리고 금융시장에서 거래되는 금융상품의 특징이 무엇인지에 대해서 살펴본다.

제2편 자산배분

　투자의 기초개념인 수익률과 위험에 대한 이해를 바탕으로 현대 포트폴리오이론인 자산배분전략과 자본배분전략에 대해서 배우고, Markowitz모형의 실용적 대안인 Sharpe의 단일지수모형과 포트폴리오 운영 성과 분석에 대해서 설명한다.

제 3 편 자본시장균형이론

자본시장에서 이루어지는 자산균형가격결정에 대한 이해를 위해 현대 금융경제의 중심이론인 자본자산가격결정모형(CAPM)과 CAPM의 대안으로 제시된 차익거래가격결정모형(APT)을 설명한다. 또한 효율적 시장가설 및 효율적 시장가설로 설명되지 않는 여러 시장 이상 현상들을 살펴본다.

제 4 편 주식 및 채권투자

가장 대표적인 투자자산인 주식의 내재가치를 찾기 위해 이론적·실무적으로 중요한 주식가치평가방법을 배운 후, 주식과 함께 전통적인 투자자산으로 분류되는 채권의 평가모형과 여러 종류의 수익률, 채권의 위험측정치인 듀레이션과 볼록성 및 채권투자전략들에 대해서 다룬다.

제 5 편 파생상품투자

금융혁신의 가장 중요한 원동력인 선물·옵션·스왑에 대해서 다룬다. 선물의 이론가격 및 선물을 이용한 위험관리전략과 다양한 옵션거래전략, 이항옵션가격결정모형과 블랙–숄즈옵션가격결정모형, 이자율스왑과 통화스왑에 대한 거래동기 및 스왑을 이용한 위험관리전략 등에 대해서 설명한다.

본서는 투자론을 처음 접하는 대학의 학부학생들을 위한 강의교재로 적합하며, 방대한 투자이론 중에서 기본적으로 반드시 다루어야 하는 내용만을 선별하여 담았다. 특히 각 장의 주제와 관련된 신문기사 위주의 읽을거리를 첨부함으로써 투자이론에 대한 흥미를 높이고자 하였고, 각 장의 마지막에 공인회계사 기출문제 및 해답을 제공하여 독자들이 배운 내용을 충분히 복습할 수 있는 기회를 가지도록 하였다.

끝으로 사랑하는 가족들의 성원에 항상 감사하며, 박영사의 안종만 회장, 안상준 대표, 조성호 이사, 전채린 차장 및 임직원 여러분에게 감사의 뜻을 표한다.

2023년 3월
이재하·한덕희

차례

CHAPTER 10 채권투자전략

PART 05 파생상품투자

CHAPTER 11 선물

CHAPTER 12 **옵션 I**

투자론

Essentials of Investments

PART 01

금융시장과 금융상품

CHAPTER

01

금융시장과 금융상품

투자란 현재의 자원을 운용하여 미래의 이익을 획득하고자 하는 것이다. 실제로 현대
금융시장에서 투자의 대상은 광범위하다. 본 장에서는 투자의 기초개념을 다지기 위해
금융시장 및 증권시장을 살펴본 후 주식, 채권, 파생상품 등의 금융상품에 대해 알아
본다.

학습목표

• 금융시장
• 증권시장
• 금융상품

1.1 SECTION / 금융시장

1. 금융시장의 개요

금융이란 돈(＝금)을 융통하는 활동을 말한다. 돈의 융통은 금융시장에서 이루어진다. 금융시장은 자금공급자가 자금수요자에게 돈을 주고 대신 주식이나 채권과 같은 금융상품을 받음으로써 돈이 융통되는 추상적인 장소이다. 금융시장은 자금공급자와 자금수요자가 직접 돈을 융통하느냐 혹은 은행이나 보험회사와 같은 금융회사를 통해 융통하느냐에 따라 〈그림 1-1〉에서 나타낸 것과 같이 직접금융시장과 간접금융시장으로 구분할 수 있다.

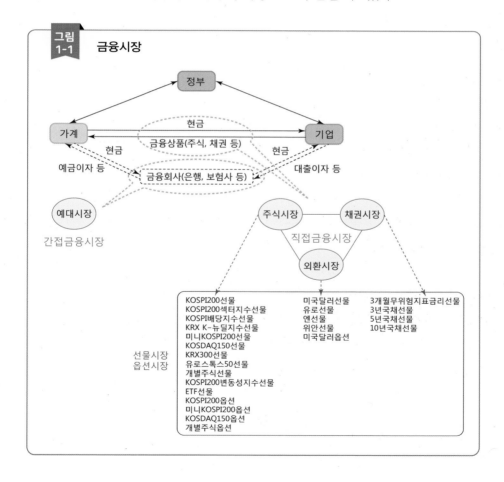

그림 1-1 금융시장

우리나라는 1960년대 이후 경제개발과정에서 은행 등 금융회사들이 국민들로부터 저축자금을 모아서 자금수요자인 기업에게 대출해 주는 간접금융이 보편적이었다. 하지만 간접금융을 통한 산업자금조달은 효율성이나 규모에 있어 실물경제를 지원하는 데 한계가 있었기 때문에 양질의 산업자본조달을 위한 직접금융의 확충이 절실히 요구되었다.

이에 한국거래소(KRX: Korea Exchange) 내에 주식시장인 유가증권시장(KOSPI market)이 1956년에 개장된 이래 코스닥시장(KOSDAQ market), 코넥스시장(KONEX market)이 차례로 개설되었고, 채권시장인 국채전문유통시장(Korean treasury bond market), 환매조건부채권시장(repo market), 일반채권시장(general bond market), 소액채권시장(small-lot government and municipal bond market)도 한국거래소 내에 개설되어 이 시장들이 직접금융의 중심을 담당하고 있다.

직접금융시장은 거래되는 금융상품이 무엇이냐에 따라 주식시장, 채권시장, 외환시장으로 구분하고 여기에 주식, 채권, 외환의 가치가 하락할 경우의 손실을 상쇄하기 위해서 주식, 채권, 외환을 기초자산으로 하여 만든 파생금융상품인 선물과 옵션이 거래되는 선물시장과 옵션시장이 포함된다. 한편 금융시장은 금융시장에서 거래되는 금융상품의 만기에 따라 단기금융시장인 화폐시장(money market)과 장기금융시장인 자본시장(capital market)으로 구분할 수도 있다.

2. 금융시장의 기능

(1) 자본자원 배분

금융시장은 자금공급자와 자금수요자를 연결시켜 줌으로써 자본의 효율을 높이고 기업설립을 가능케 하여 국민경제의 생산성 향상에 기여하게 된다. 만약 금융시장 중 주식시장의 투자자들이 어떤 기업에 대해서 미래 수익성이 좋다는 전망을 가지고 있다면 투자자들은 이 기업의 주식에 투자하게 될 것이다. 이 투자자금은 기업에서 연구개발에 투자되거나 새로운 생산시설을 건설하고 사업을 확장하는 데 사용된다. 반대로 투자자들이 기업의 미래 수익성에 대해 좋지 않게 전망한다면 주식을 팔게 되어 주가는 하락하게 된다. 이 기업은 사업을 축소해야만 하고 궁극적으로 사라져버릴 수도 있다. 이와 같이 금융시장은 투자자들에게 자금을 운용할 수 있는 금융자산을 제공하여 투자 수익성이 높은 기업으로 자본이 효율적으로 배분되도록 한다.

(2) 투자자의 소비시점 결정

금융시장은 투자자가 소비시점을 조정할 수 있게 해준다. 어떤 사람들은 현재의 소비수준보다 소득이 더 높은 반면 다른 사람들은 소득보다 지출이 더 많을 수 있다. 소득이 높은 시기에는 주식이나 채권과 같은 금융자산에 투자하고 소득이 낮은 시점에는 이들 증권을 매각함으로써 일생 동안에 걸쳐 가장 큰 효용을 주는 시점으로 소비를 배분할 수 있다. 금융시장은 소비가 현재의 소득에 한정되는 제약으로부터 벗어나 투자자가 원하는 시점에 소비결정을 할 수 있도록 한다.

(3) 위험배분

금융시장은 다양한 금융상품을 제공함으로써 투자자에게 위험을 배분하도록 해준다. 예를 들어, 대기업이 투자자들에게 주식과 채권을 매각하여 새로운 공장건설을 위한 자금을 마련한다고 하자. 보다 낙관적이거나 위험에 덜 민감한 투자자들은 주식을 매수하는 반면 더 보수적인 투자자들은 고정된 원리금의 지급을 약속하는 채권에 투자할 것이다. 금융시장은 투자자가 위험선호도에 맞춰 금융자산을 선택할 수 있게 한다.

3. 증권시장

(1) 증권시장의 개요

증권은 유가증권의 준말로 증권표면에 일정한 권리나 금액이 기재되어 있어 자유롭게 매매나 양도, 증여가 가능한 종잇조각을 말한다. 주식은 지분

증권, 채권은 채무증권이라고도 하며 유가증권에 해당한다. 금융시장에서 자금수요자인 기업이 주식과 채권을 발행하여 조달한 자금은 기업의 자기자본이나 장기 타인자본이 되며, 이 자금이 기업의 장기운영자금으로 사용되기 때문에 금융시장 중에서 주식시장 및 채권시장을 증권시장, 자본시장, 장기금융시장이라고 한다.

증권시장은 기업에게는 증권발행을 통한 장기 안정적인 산업자금 조달의 핵심적 기능을 수행하고, 투자자에게는 금융자산운용을 통한 재산증식의 투자기회를 제공하며, 정부에게는 통화정책을 실현하는 효과적 수단을 제공하는 등 국가경제발전에 기여한다. 따라서 증권시장은 경제성장의 원동력인 자본이 생산적인 방향으로 선순환되어 경제가 지속적으로 발전하는 데 핵심 역할을 한다.

증권시장의 역할은 경제 규모가 커질수록 그 중요성이 더욱 커진다. 주식시장의 경우 장내시장으로 한국거래소(KRX: Korea Exchange) 내에 있는 유가증권시장이 1956년 3월에 최초로 개장된 이래로 정부의 지속적인 증권시장제도 정비와 자본시장육성정책이 시행됨으로써 비약적으로 발전하여, 1996년 7월에는 코스닥시장이, 2013년 7월에는 코넥스시장이 개설되었다. 이외에도 장외시장으로 2000년 3월에 금융투자협회(당시 증권업협회)가 장외주식호가중개시장(제3시장 혹은 프리보드시장)[1]을 개설하였고 2014년 8월에 프리보드시장을 확대 개편하여 K-OTC(Korea Over-The-Counter)를 개설하였다.

한편 채권은 잔존만기, 채권수익률, 액면이자율 등 채권가격에 영향을 미치는 요인들이 다양하기 때문에 거래소 밖의 장외시장에서 증권회사(브로커나 딜러)의 단순중개를 통해 대부분 거래해 왔다. 하지만 2008년 전후의 글로벌 금융위기 이후 금융기관에 대한 자본건전성 규제의 강화로 브로커나 딜러의 역할이 축소되었고, 대신 전자시스템을 통한 주문집중 및 매매체결정보의 실시간 제공 등으로 최근에는 장내거래가 크게 확대되고 있다. 채권의 장내시장으로 한국거래소(KRX) 내에 국채전문유통시장, 환매조건부채권시장, 일반채권시장, 소액채권시장이 개설되어 있다.[2]

---

1 유가증권시장 및 코스닥시장에서 거래되지 않는 주식을 대상으로 하는 장외주식호가중개시장으로 2000년 3월 개설된 제3시장을 모태로 하여 2005년 7월 개장하였다.
2 한국거래소(www.krx.co.kr): 채권시장 참조

(2) 증권시장의 분류

증권시장은 금융거래의 단계에 따라 발행시장과 유통시장으로 구분된다. 발행시장은 기업 또는 금융기관이 자금을 조달하기 위해 주식이나 채권을 발행하며, 이러한 증권이 최초로 투자자에게 매도되는 시장이다. 유통시장은 이미 발행된 증권이 투자자들 사이에서 매매되는 시장이다. 유통시장은 발행된 증권의 시장성과 유동성을 높임으로써 거래를 활발하게 하여 발행시장이 제 기능을 하도록 돕는 역할을 한다.

1) 발행시장

① 발행시장 구조

새로운 증권이 최초로 출시되는 1차시장인 발행시장은 자금수요자(기업)가 자금공급자(투자자)에게 새로 발행되는 증권 취득의 청약을 권유(모집)하거나, 이미 발행된 증권의 취득 청약을 권유(매출)하여 자금을 조달하는 시장을 말한다. 발행시장은 자금수요자인 발행인, 자금공급자인 투자자, 주식·채권 등의 증권을 발행하는 사무를 대행하고 발행위험을 부담하는 인수인으로 구성된다.

발행인은 증권을 발행하여 자금을 조달하는 주체인 기업 등이 있다. 투자자는 발행시장에서 모집 또는 매출에 의하여 증권을 취득하여 발행인에게 자금을 공급하는 개인투자자 및 기관투자자를 말한다.

인수인은 증권의 발행인과 투자자 사이에서 자금을 중개하는 자를 말한다. 발행인은 증권발행과 금융·자본시장에 대한 전문지식 및 경험을 가지고 있는 인수인의 서비스를 이용하고 이에 대한 비용을 지급하는데 인수인의 역할은 일반적으로 증권회사가 담당한다.[3]

② 발행방식

증권의 발행방식은 증권의 수요자가 누군가에 따라 사모발행과 공모발행으로 구분되며, 발행에 따른 위험부담과 발행모집사무를 담당하는 방식에 따

---

3 인수는 증권을 발행인으로부터 매입하는 것이며, 청약은 증권의 모집 및 매출 시 인수인에게 해당 증권의 매입을 요청하는 행위를 말한다.

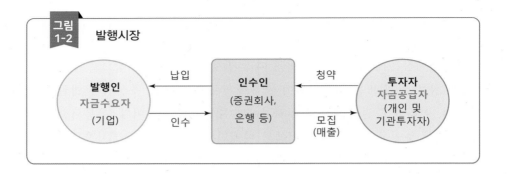

그림
1-2   발행시장

| 발행인
자금수요자
(기업) | 납입 ← | 인수인
(증권회사,
은행 등) | 청약 ← | 투자자
자금공급자
(개인 및
기관투자자) |

라 직접발행과 간접발행으로 구분된다.

사모발행은 발행인이 특정 개인 및 법인 등 50인 미만의 소수 투자자를 대상으로 증권을 발행하는 것이다. 공모발행은 50인 이상의 다수 투자자에게 증권을 발행하는 것이다. 채권 공모발행의 경우 발행가격, 이자율, 상환기간 등 일정한 조건을 제시하여 투자자를 모집하며 자금을 납입하면 채권을 교부한다.

직접발행은 발행인이 스스로 발행위험을 부담하고 직접 발행사무를 처리하여 증권을 발행하는 방식이다. 간접발행은 직접발행에 따른 복잡한 사무처리 및 증권발행에 따른 위험부담 해소를 위하여 발행자가 인수인의 도움을 받아 간접적으로 발행하는 방식이다.

사모발행은 소수 투자자를 상대로 하기 때문에 판매절차가 비교적 간단하고 비용을 줄일 수 있어 대부분 직접발행의 형태를 취한다. 공모발행은 다수의 투자자를 상대로 복잡한 업무처리를 하여야 하기 때문에 비용이 증가함에도 불구하고 간접발행의 형태를 취한다.

한편, 간접발행은 인수인의 인수방법에 따라 총액인수, 잔액인수, 모집주선으로 구분된다. 총액인수는 인수인이 발행예정인 증권의 전량을 자기명의로 인수하여 인수된 증권을 자기책임 하에 투자자에게 매각하는 방법이다. 인수인은 인수를 위하여 많은 자금을 필요로 할 뿐만 아니라 매각실패에 따른 위험을 지게 된다. 또한 투자자에게 매도하기까지 증권을 보유해야 하므로 증권가격이 발행가격 이하로 떨어질 경우 초래되는 증권가격의 가격변동손실을 전적으로 부담하게 된다. 즉, 인수인이 증권발행에 대한 모든 위험을 부담한다.

잔액인수는 공모에 따른 사무처리와 인수에 따른 위험이 분리된다. 인수인이 발행인을 대신하여 발행예정인 증권을 일정 기간 동안 위탁판매한 후, 매각되지 않고 남은 증권에 대해서는 사전에 정해진 가격으로 발행인으로부터 인수하여 자기책임하에 투자자에게 매각하는 방법이다.

모집주선은 증권의 모집·매출에 대한 사무처리 및 투자자에 대한 권유 등을 인수인에게 위탁하되 발행예정증권의 전량에 대해 투자자를 모집할 수 없는 경우에 발생하는 위험에 대해서 발행인이 책임진다.

2) 유통시장

유통시장은 이미 발행된 증권이 투자자 간에 매매되는 시장으로 2차시장이라고도 한다. 유통시장에서의 거래는 투자자 상호 간의 거래이므로 기업의 자금조달과 직접적인 관련은 없지만, 유통시장은 발행된 증권의 시장성과 유동성을 높여 일반투자자의 투자를 촉진시킴으로써 발행시장에서의 장기자본조달을 원활하게 해준다.

유통시장은 거래대상에 따라 주식유통시장과 채권유통시장으로 나누어진다. 증권의 유통은 투자자 상호 간의 매매거래에 의해 이루어지지만 현실적으로는 투자자의 매매주문이 위탁회사인 증권회사를 거쳐 한국거래소에서 체결된다.

① 주식유통시장

우리나라의 주식유통시장은 한국거래소 내에서 주식이 거래되는 장내시장과 한국거래소 밖에서 주식이 거래되는 장외시장으로 나누어진다. 장내시장에서의 매매거래는 계좌개설 및 주문제출, 매매체결 및 체결결과 통보, 결제의 절차를 거친다. 개인투자자는 한국거래소의 회원사인 증권회사에 매매거래 계좌를 개설한 후, 증권회사를 통하여 주문을 제출하고 증권회사는 해당 주문을 접수순서에 따라 거래소로 제출한다.[4]

증권회사로부터 호가[5]를 접수한 한국거래소는 매매체결원칙에 따라 일치

---

4 최근에는 인터넷의 HTS(home trading system) 및 MTS(mobile trading system)를 통한 매매거래가 많이 보편화되었다.
5 호가라 함은 회원이 매매거래를 하기 위하여 시장에 제출하는 상장유가증권의 종목, 수

되는 호가끼리 거래를 체결하는 개별경쟁매매 방식에 의해 매매거래를 체결시키고 그 결과를 즉시 증권회사에 통보한다. 증권회사는 통보받은 체결결과를 다시 투자자에게 통보한다. 결제는 T(당일)＋2일, 즉 매매거래가 발생한 날로부터 이틀 후에 이루어진다.

거래소의 매매체결원칙은 가격우선의 원칙, 시간우선의 원칙, 수량우선의 원칙, 위탁매매우선의 원칙이 있다. 가격우선의 원칙은 저가매도호가가 고가매도호가에 우선하고 고가매수호가가 저가매수호가에 우선하여 체결되는 원칙이다. 시간우선의 원칙은 동일가격호가에 대하여는 먼저 접수된 호가가 우선하여 체결되는 원칙을 말한다.

만일 동시호가나 동일가격호가가 되어 가격우선의 원칙과 시간우선의 원칙을 적용하기 어려울 경우에는 수량이 많은 호가가 우선하는 수량우선의 원칙과 고객의 위탁매매호가가 증권회사의 자기매매호가보다 우선하는 위탁매매우선의 원칙을 적용한다.

장내시장은 유가증권시장, 코스닥시장, 코넥스시장이 있고 장외시장으로는 K-OTC시장이 있다. 유가증권시장에서 거래되기 위해서는 일반기업의 경우, 자기자본 300억원 이상, 상장주식수 100만주 이상 되어야 하고, 일반주주수가 500명 이상이 되어야 하는 등 한국거래소가 정한 상장요건을 충족해야 한다. 한국거래소는 상장기업의 상장요건 충족여부와 기업내용 적시공시 실시여부에 따라 상장을 폐지할 수 있으며, 상장폐지 되기 전에 일정기간 동안 관리종목으로 지정하여 상장폐지를 유예할 수 있다.

코스닥시장은 IT(information technology), BT(bio technology), CT(culture technology)기업과 벤처기업의 자금조달 목적으로 개설된 시장이다. 2005년 1월에 증권거래소, 선물거래소와 함께 통합되어 현재는 한국거래소내의 사업본부제 형식인 코스닥시장으로 구분되어 운용되고 있다.

코넥스(KONEX: Korea New Exchange)시장은 중소기업기본법상의 중소기업이 발행하는 주식만 상장하는 중소기업 전용 주식시장으로 2013년 7월에 개장하였다. 코넥스시장은 성장 가능성은 있지만 기존의 유가증권시장이나

량, 가격 등의 매매요건 또는 그의 제출행위를 말한다(유가증권상장규정 제2조 1호). 매도를 위해 제시하는 증권가격을 매도호가, 매수를 위해 제시하는 증권가격을 매수호가라고 한다.

코스닥시장에 상장하기에는 규모 등이 작은 창업 초반기 중소·벤처기업의 원활한 자금조달을 위해 유가증권시장 및 코스닥시장에 비해 진입요건을 완화한 시장이다. 이 시장의 상장기업은 창업 초반의 중소기업이고 공시의무가 완화된 점 등을 고려하여 투자자는 벤처캐피탈, 기관투자자, 3억원 이상 예탁한 개인 등으로 제한되며, 일반 개인투자자는 자산운용사들이 출시하는 코넥스 상장주식 투자펀드에 가입하는 방식(간접투자방식)으로 투자할 수 있다.

장외주식시장인 K-OTC(Korea Over-The-Counter)시장은 2000년 3월 27일 한국금융투자협회(당시 한국증권업협회)가 개설한 장외주식호가중개시장으로 출발하였으며, 유가증권시장과 코스닥시장에 이어 세 번째로 문을 열었다는 뜻에서 이를 제3시장이라고 하였다. 이후 정부의 벤처활성화 방안의 일환으로 제3시장을 개편하여 2005년 7월 13일 제3시장을 프리보드로 새롭게 출범시켰다. 프리보드시장은 유가증권시장이나 코스닥시장에 비해 진입요건과 진입절차가 간단하고, 공시사항 등 유지요건을 최소화하고 있다. 프리보드의 종목을 매매하기 위해서는 증권회사에 계좌를 개설하여야 하며 유가증권시장 및 코스닥시장 종목의 매매를 위해 개설한 계좌로도 가능하다. 한국금융투자협회는 2014년 8월에 프리보드를 확대 개편한 K-OTC시장을 운영하고 있다.

② 채권유통시장

우리나라 채권유통시장은 상장종목채권에 대한 다수의 매도, 매수주문이 한 곳에 집중되어 경쟁매매를 통해 거래가 이루어지는 장내시장이 있다. 또한 주로 증권회사 창구에서 증권회사 상호 간, 증권회사와 고객 간 또는 고객 상호 간에 비상장채권을 포함한 전 종목이 개별적인 상대매매를 통해 이루어지는 장외시장이 있다. 한국거래소의 장내시장은 국채전문유통시장과 환매조건부채권시장으로 구성된 도매시장과 일반채권시장과 소액채권시장으로 구성된 소매시장이 있다.[6]

---

6 한국거래소(www.krx.co.kr): 채권시장 참조

 **읽을거리**

주식시장의 역사

주식시장의 역사는 국가별로 최초의 증권거래소를 설립하여 운영함으로써 시작된다. 세계 최초의 주식거래는 1602년에 설립된 네덜란드 동인도회사의 주식이 거래되면서 시작되었다. 당시에는 무역회사 주식이 주로 거래되었으며, 이 주식은 투기성이 높았고 회사설립 직후 바로 매매가 이루어졌다. 이후 1613년 세계 최초의 증권거래소인 암스테르담거래소가 설립되면서 공식적인 시장에서 주식이 거래되기 시작하였다.

영국의 경우 16세기경 상업이 크게 발전하면서 중개인들이 런던에 설립된 왕립거래소(The Royal Exchange)에 모여 상품 및 신용장, 증권 등의 거래를 중개하였는데 이것이 영국에서의 거래소의 기원이다. 이후 주식중개인들은 증권거래소(The Stock Exchange)라는 간판을 걸고 자치규약을 만들고 입장료를 징수하는 등 거래소를 증권업자의 자치적 관리조직으로 유지시켜 오다가 1802년에 독립된 건물을 가진 런던증권거래소가 공식적으로 발족하게 되었다.

미국의 뉴욕증권거래소도 영국과 마찬가지로 최초에는 각종 상품의 경매시장으로 출발하였다. 1792년에 증권브로커들에 의해 경매시장으로부터의 독립을 의미하는 협정이 만들어졌고, 이를 계기로 증권브로커들만의 시장이 월가의 노상에 생겨나게 되었다. 이것이 발전하여 1817년 뉴욕주식거래소(New York Stock and Exchange Board)가 설립되었다.

우리나라에는 1956년 3월 한국증권거래소가 설립된 이후 유가증권의 유통시장이 계속 유지 발전되어 왔다. 2005년 1월 과거 한국증권거래소, 한국선물거래소, ㈜코스닥증권시장, 코스닥위원회 등 4개 기관이 통합하여 주식회사 형태의 한국증권선물거래소가 설립되었다. 이후, 2009년 2월 자본시장법이 시행되면서 그 명칭을 한국거래소(KRX: Korea Exchange)로 바꾸게 되었다. 이로써 한국거래소는 현물과 파생상품을 동시에 취급하는 종합거래소가 되었다.

출처: 한국거래소(www.krx.co.kr), 살아있는 동영상강좌

1999년 3월에 개설된 국채전문유통시장은 국고채시장 활성화 및 거래투명성 제고를 위해 개설한 국채 전자거래시장이다. 국채전문유통시장에서는 국고채권, 통화안정증권, 예금보험기금채권이 거래대상 채권으로 거래되고 있고, 이 중에서 국고채권이 거래의 대부분을 차지하고 있다. 채권들의 매매

수량단위는 10억원의 정수배로서, 거래소의 채무증권회원인가를 취득한 은행과 금융회사가 주요 시장참가자이고, 연금 및 기금, 보험 등의 기타 금융회사 및 일반투자자도 위탁참여가 가능하다.

환매조건부채권(repo)시장에서는 미상환액면총액이 2,000억원 이상인 채권 중에서 국고채권, 외국환평형기금채권, 통화안정증권, 예금보험공사채권, 발행인(또는 보증기관)의 신용등급이 AA 이상인 회사채, 기타 특수채가 거래된다. 이 시장에서는 국채전문유통시장의 시장참가자와 마찬가지로 거래소의 채무증권회원인가를 취득한 은행과 금융회사가 주요 시장참가자이고, 연금 및 기금, 보험 등의 기타 금융회사 및 일반투자자도 위탁참여가 가능하다.

일반채권시장은 국채전문유통시장에서 거래되는 국고채를 제외한 한국거래소에 상장된 모든 종목의 채권을 거래할 수 있는 시장이다. 일반채권시장에서 거래되는 채권들 중 회사채, 주식관련 사채인 전환사채와 신주인수권부사채, 국민주택채권 등이 자주 거래되고 있다. 일반채권시장의 참여자는 제한이 없기 때문에 누구나 참여할 수 있다. 이 시장에서 거래되는 채권의 매매수량단위는 액면 1,000원이다. 이는 주식 1주의 개념에 해당하는 채권의 액면 1단위가 10,000원이므로 액면의 1/10 단위로 채권을 매매할 수 있다는 의미이다.

소액채권시장은 일반 국민이 부동산이나 자동차 등을 구입하여 등기나 등록을 할 때 의무적으로 매입해야 하는 국민주택채권, 서울도시철도채권, 지역개발채권, 지방도시철도채권 등과 같은 첨가소화채권의 환금성을 위해 개설된 시장이다.

1.2 SECTION / 금융상품

1. 단기금융상품

콜, 환매조건부채권(repo), 양도성예금증서(CD), 기업어음(CP) 등의 단기금융상품은 만기가 1년 이내로 장기금융상품에 비하여 금리변동에 따른 가격

변동폭이 크지 않아 원금 손실의 위험이 적으며 유통시장에서 쉽게 자금을 회수할 수 있기 때문에 유동성 위험이 크지 않다.

(1) 콜

콜(call)은 전화 한 통화로 자금거래가 이루어진다는 의미에서 콜이라고 부르며, 금융기관 상호 간에 일시적인 자금과부족을 조절하기 위하여 초단기로 자금을 차입하거나 대여하는 금융상품을 말한다. 차입하는 입장에서는 콜머니(call money), 대출해 주는 입장에서는 콜론(call loan)이라고 부르고, 콜머니에 대한 금리는 콜금리(call rate)라고 한다.

콜거래의 만기는 최장 90일 이내에서 일별로 정할 수 있으나 일반적으로 콜거래는 금융기관의 일시적인 자금과부족을 조절하는 거래이기 때문에 실제 거래에서는 1일물 거래가 대부분이다. 콜거래 금액은 최저 1억원이고 억원 단위로 거래되며, 콜금리는 콜시장에서의 자금수급사정에 따라 결정되기 때문에 수시로 변동한다.

(2) 환매조건부채권

환매조건부채권(repo 또는 RP: repurchase agreement)은 채권매도자가 일정 기간이 경과한 후 정해진 가격으로 동일한 채권을 재매입하는 조건이 붙어있는 채권거래이다. 일반적으로 환매조건부채권거래는 1개월물 및 3개월물 위주로 이루어지고 있으며 만기 이전에 중도환매가 가능하다. 거래금액에 대한 제한은 없으나 기관 및 법인과의 거래 시 10억원 이상, 개인과의 거래 시 1천만원 이상이 일반적이다. 다만, 우체국에서는 개인 위주의 소액거래가 대부분이기 때문에 최소거래금액을 5만원으로 설정하고 있다.

(3) 양도성예금증서

양도성예금증서(CD: negotiable certificate of deposit)는 은행의 정기예금증서에 양도성을 부여한 것이다. 예금증서를 주고 예금을 받는다는 점에서 일반

예금과 동일하지만, 권리의 이전과 행사에는 양도성예금증서의 소지가 필요하다는 점에서 유가증권에 해당한다. 권리를 이전할 수 있는 양도성예금증서는 무기명식으로 발행되며 양도성예금증서의 보유자는 매각을 통해 현금화할 수 있으므로 중도해지는 금지된다.

양도성예금증서는 할인방식으로 발행되므로 투자자가 양도성예금증서를 매수할 경우 양도성예금증서 매수 시에 액면금액에서 예치기간 동안의 이자를 뺀 금액으로 사서 만기에 액면금액을 받는다. 예를 들어, 1,000만원을 91일 동안 예치하면 이자를 10만원 주는 양도성예금증서를 살 때 양도성예금증서매수자는 990만원을 주고 양도성예금증서를 사서 91일 후에 1,000만원을 돌려받는다.

양도성예금증서 발행 시 최단만기만 30일로 제한하고 있고 최장만기는 제한하지 않지만 실제 거래에서는 대부분 1년 이내로 발행되고 있다. 최저액면금액의 제한도 없으나 은행들은 500만원 또는 1,000만원으로 설정하여 운영하고 있다.

(4) 기업어음

기업어음(CP: commercial paper)은 기업이나 금융기관이 단기자금을 조달할 목적으로 상거래와는 상관없이 발행하는 만기 1년 이내의 융통어음으로서 법률적으로는 약속어음으로 분류된다. 돈이 필요한 발행기업 입장에서는 기업어음의 발행절차가 간편하고 일반적으로 무담보로 발행할 수 있을 뿐만 아니라 은행대출을 이용할 때보다 이자가 저렴하여 유리하므로 기업어음을 발행한다.

2. 장기금융상품

(1) 주식

주식은 소유지분을 표시하는 증권으로 보통주와 우선주로 구분된다. 주식은 기업에게는 채권과 더불어 자금조달을 위한 대표적인 직접금융수단이고 주식의 소유자는 주주로서 지분만큼 소유권을 갖는다.

1) 보통주

소유지분을 표시하는 증서로서, 기업의 성공과 실패에 직접 관련되기 때문에 채권보다 투자위험이 더 크다. 보통주는 발행기업 입장에서는 안정적인 자기자본 조달의 수단이 되고 투자자 입장에서는 일정 지분의 소유권을 나타내는 소유증서이기 때문에 보통주(common stock)를 소유한 주주는 회사의 경영에 참여할 수 있는 권리와 경제적 이익을 얻을 수 있는 권리를 가진다.

경영에 참여할 수 있는 권리는 주주총회에서의 의결권, 이사·감사의 선임과 해임청구권, 주주총회소집청구권 등이 있으며 이 권리를 행사함으로써 기업경영에 관여하게 된다. 경영참여 권리는 경영자들이 주주들의 이익을 위해서 회사를 경영하도록 하고 부실한 경영을 예방하는 최소한의 장치이다.

경제적 이익을 얻을 수 있는 권리는 기업이 벌어들인 이익에 대해 보유하고 있는 지분비율에 따라 배당으로 이익을 분배받을 수 있는 권리인 이익배당청구권, 기업이 청산될 경우 부채를 제외한 나머지 잔여 재산에 대해서 지분비율만큼 분배를 받을 수 있는 권리인 잔여재산분배청구권, 기업이 유상 혹은 무상으로 새로운 주식을 발행할 경우 우선적으로 신주를 인수할 수 있는 신주인수권, 채권을 주식으로 전환청구할 수 있는 전환청구권 등이 있다.

2) 우선주

우선주(preferred stock)는 이익배당청구권과 잔여재산분배청구권에 있어 채권의 소유자보다는 우선순위가 낮으나 보통주주보다는 우선적인 지위가 있는 주식이다. 기업은 주식 투자자에게 1년 동안 영업하여 얻은 이익을 배당이라는 이름으로 나눠주는데, 우선주를 가지고 있는 주주는 배당을 보통주주보다 먼저 받게 된다. 하지만 기업이 이익이 없다면 보통주처럼 배당을 받지 못한다.

기업입장에서 우선주의 발행은 기존 주주들의 경영권을 보호하면서도 자금조달을 쉽게 할 수 있는 이점이 있고, 배당금을 규칙적으로 확실하게 받기를 원하는 투자자를 끌어들일 수 있다는 장점이 있다. 하지만 우선주는 주주총회에서 의결권이 부여되지 않아 회사경영에는 참여할 수 없기 때문에 보통주에 비해 싼 가격으로 거래된다.

　우선주의 종류로는 일정률의 우선배당을 받고 잔여 이익에 대해서도 보통주와 같이 배당에 참가하는 참가적 우선주와 잔여이익 배당에는 참가할 수 없는 비참가적 우선주가 있다. 또 당해 연도의 배당이 이미 정해진 우선배당률에 미치지 못했을 때 그 부족액을 다음연도 이후의 이익에서 배당받을 수 있는 누적적 우선주와 그렇지 못한 비누적적 우선주의 형태로 분류된다.

　〈표 1-1〉을 보면, 현대차, 현대차우, 현대차2우B, 현대차3우B라는 종목이 있는데, 이 네 가지 종목은 모두 현대차의 주식이며 이 중 현대차는 보통주를 의미하고 나머지는 우선주를 의미한다. 우선주 중에서도 현대차우는 1995년 10월 이전에 발행된 우선주이다. 이는 1995년 10월 상법에서 우선주 규정을 개정하기 전에 발행된 우선주로서 우선주에 대한 배당을 보통주보다 1% 정도 더 배당하는 비참가적·비누적적 무의결권주식이었다.

　하지만, 우선주는 유통주식수가 적기 때문에 급히 팔 때 팔리지 않을 수도 있고, 1% 정도를 보통주보다 더 배당해도 의결권이 없기 때문에 투자 매력이 떨어진다. 이에 1995년 10월 상법개정을 통해 우선주에 대한 배당을 훨

표 1-1　주식시세표(20XX년 X월 X일)

종목명 (코드번호)	종가	등락	시가	고가	저가	거래량
KOSPI: 2,218.68 (▲6.99)						
현대차 (005380)	159,000	▲2,000	158,500	160,500	156,000	783,310
현대차우 (005385)	74,700	−	74,800	75,700	73,400	31,810
현대차2우B (005387)	75,400	▲800	74,900	76,200	73,500	55,091
현대차3우B (005389)	73,000	▲700	72,800	73,100	71,300	7,756
대웅제약 (069620 E)	161,000	▲500	161,000	163,000	158,500	37,578

씬 더 높이고 일정 기간이 지나면 보통주로도 전환할 수 있으며 그 해에 배당을 실시하지 못하면 다음 해로 배당의무가 누적되는 신형우선주를 발행하게 되었다. 현재 우리나라에서 발행하는 우선주는 신형우선주로서 대부분 일정 기간이 지나면 보통주로 전환할 수 있는 전환우선주이다.[7]

신형우선주는 정관에 최저배당률(보통 정기예금 금리임) 규정을 두는데, 마치 몇 %의 이자를 약속하는 채권(bond) 같다는 뜻에서, 우선주 종목 뒤에 'B' 자를 붙여서 종전의 우선주와 구분한다. 또한 현대차2우B, 현대차3우B와 같이 종목명 뒤에 붙어 있는 숫자는 각각 현대차가 두 번째, 세 번째 발행한 우선주로서 현대차우는 최우선으로 배당을 받을 수 있는 우선주라는 뜻이고 2우는 첫 번째 우선주에 배당을 하고도 남는 배당이 있다면 그 다음으로 배당을 받을 수 있다는 의미이다.

3) 주가지수

주가지수는 금융자산에 대한 특정 시장의 투자성과를 반영하기 위한 주식들의 평균화된 가격을 말한다. 주가지수는 시황파악 및 투자판단을 위한 지표(indicator)나 자산운용실적의 평가지표(benchmark)로 사용될 뿐 아니라 선물·옵션, ETF(exchange traded fund) 등의 기초자산으로도 이용된다.

주가지수를 산출하는 방법은 모든 주가들을 합한 다음 이를 종목 수로 나누어 지수를 구하는 가격가중평균지수(price-weighted average index)법과 모든 주식의 시가총액(주식수×현재가)을 합산한 금액과 기준연도의 시가총액을 합산한 금액을 비교하여 지수를 산출하는 가치가중평균지수(value-weighted average index)법이 있다.

지수를 산출할 때 가중치를 쓰는 이유는 지수에 각 주식의 상대적인 중요성을 적절한 방법으로 반영하기 위함이다. 가격가중평균지수법으로 산출하는 주가지수로는 다우존스산업평균(DJIA: Dow Jones Industrial Average), Nikkei225 등이 있고 가치가중평균지수법으로 산출하는 주가지수로는 S&P 500, NYSE

---

7 1995년 10월 상법 개정 시에 우선주를 발행할 경우 정관에 최저배당률을 정하고 주총의 결의에 따라 보통주로의 전환과 주식배당 시 같은 종류의 주식을 우선주에 대해 배당이 가능하도록 하였다.

Composite Index, AMEX Index, KOSPI(1980.1.4.-100), KOSPI200(1990.1.3-100) 등이 있다. 한국주식시장의 주식가격변동을 종합적으로 나타내는 주가지수인 KOSPI(Korea Composite Stock Price Index)는 다음 식으로 계산한다.

$$\text{KOSPI} = \frac{\text{비교시점(산출시점)의 시가총액}}{\text{기준시점(1980.1.4)의 시가총액}} \times 100 \tag{1-1}$$

예제

주가지수

1월 4일 X, Y, Z 세 주식이 전체 주식시장의 상장종목이라고 가정하자. 1월 4일에 Y주식이 2:1로 주식분할이 있었으며, 각 주식의 주가와 상장주식수는 아래와 같다. 가격가중평균지수법과 가치가중평균지수법으로 주가지수를 계산하시오. 단, 가치가중평균지수법의 1월 4일 기준지수는 100이라고 가정한다.

종목	1월 4일 주가	1월 4일 상장주식수	1월 5일 주가	1월 5일 상장주식수
X	30,000원	100주	37,000원	100주
Y	20,000원	200주	13,000원	400주
Z	50,000원	300주	58,000원	300주

[답]

(1) 가격가중평균지수법

1월 4일 지수: $\dfrac{30,000원 + 20,000원 + 50,000원}{3} = 33,333.33$

시장에서 가격수준을 반영하는 지수가 단순하게 주식분할로 인해서 값이 달라져서는 안 된다. 따라서 주식분할 전후의 지수변화가 없도록 만들기 위해서 제수(divisor)를 주가의 변화나 주식배당 또는 주식분할을 수용할 수 있을 정도로 변화시켜야 한다. 주식분할 전의 주식가격의 전체 합 100,000원이 주식분할 후에는 Y주식이 10,000원이 되어 90,000원으로 감소되므로 제수(divisor)를 아래와 같이 조정해야 한다.

$\dfrac{30,000원 + 10,000원 + 50,000원}{x} = 33,333.33 \;\rightarrow\; x(\text{divisor}) = 2.7$

1월 5일 지수: $\dfrac{37,000원 + 13,000원 + 58,000원}{2.7} = 40,000.00$

(2) 가치가중평균지수법

    1월 4일 지수: 시가총액 $= (30,000원)(100주) + (20,000원)(200주)$

$$+ (50,000원)(300주) = 22,000,000원$$

    1월 4일 시가총액이 22,000,000원일 때 기준지수를 100이라고 가정한다.

$$1월\ 5일\ 지수: \frac{(37,000원)(100주) + (13,000원)(400주) + (58,000원)(300주)}{22,000,000} \times 100$$

$$= 119.55$$

(2) 채권

    채권이란 정부, 지방자치단체, 특별법에 의해 설립된 법인, 상법상의 주식회사가 불특정다수인으로부터 거액의 자금을 조달하기 위하여 발행하는 증권이다. 채권은 주로 정부나 기업 등 신용도가 높은 기관이 발행하고 있어 이자와 원금을 안정적으로 돌려받을 수 있어서 안정성이 높다고 평가받는다. 그리고 채권보유 시 얻을 수 있는 투자수익은 이자소득과 채권가격 상승으로 인한 자본소득이 존재하여 일반적으로 수익성이 좋다. 또한 투자자가 현금이 필요할 경우 채권을 유통시장에서 사고팔 수 있어 투자자금의 즉각적인 현금화가 가능하기 때문에 환금성이 높다는 특징이 있다.

    채권의 종류는 매우 다양하며 금융이 발달하면서 채권의 종류가 더욱 늘어나고 있다. 일반적으로 채권은 발행주체, 이자지급방식, 담보나 보증 여부, 옵션의 내재 여부에 따라 분류해 볼 수 있다.

1) 발행주체에 따른 분류

① 국채

    국채는 정부가 공공목적을 달성하기 위하여 발행하는 국고채권, 재정증권, 국민주택채권, 보상채권 등을 말한다. 국고채권은 국채법에 의해 국채발행 및 상환업무를 종합적으로 관리하는 공공자금관리기금의 부담으로 경쟁입찰 방식으로 발행한다. 국고채권은 6개월마다 이자가 지급되는 이표채로서 만기 3년, 5년, 10년, 20년, 50년이다.[8]

재정증권은 국고금관리법에 의해 재정부족자금 일시 보전을 위해 경쟁입찰 방식으로 발행한다. 재정증권은 1년 이내(통상 3개월 이내)로 발행하는 할인채이다.

국민주택채권은 주택도시기금법에 의해 국민주택건설 재원조달을 목적으로 부동산 등기 및 각종 인허가와 관련하여 의무적으로 매입해야 하는 첨가소화 방식으로 발행된다. 국민주택채권은 연단위 복리채로 만기 5년이다.

보상채권은 국가나 지방단체 등의 사업시행자가 공익사업을 하면서 보상하는 토지의 보상금(용지보상비)을 지급하기 위해 현금 대신 채권으로 지급하는 국채를 말한다. 보상채권은 당사자 앞 교부방식으로 발행하며, 만기 5년 이내(실제로는 3년 만기)의 연단위 복리채이다.

② 통화안정증권

통화안정증권은 한국은행 통화안정증권법에 의해 한국은행이 유동성을 조절하기 위해 금융통화위원회가 정하는 한도 내에서 발행한다. 한국은행은 경상수지 흑자(적자)나 외국인투자자금 유입(유출) 등이 발생하여 시중 유동성이 증가(감소)할 경우 통화안정증권을 발행(상환)하여 시중 유동성을 회수(공급)하는 주요 공개시장운영수단으로 활용한다.

③ 지방채

지방채는 서울도시철도채권, 지방도시철도공채, 서울특별시지역개발채권, 지역개발공채 등과 같이 지방공공기관인 특별시, 도, 시, 군 등의 지방자치단체가 지방재정의 건전한 운영과 공공의 목적을 위해 재정상의 필요에 따라 발행하는 채권이다.

④ 특수채

특수채는 한국전력공사, 예금보험공사 등과 같이 특별법에 의하여 설립된 법인이 발행한 한국전력채권, 예금보험기금채권, 부실채권정리기금채권 등을 말한다. 통상적으로 국채, 지방채, 특수채를 합하여 국공채로 부른다.

---

8 재정자금의 안정적 조달과 장기투자수요의 충족을 위해 2000년 10월에는 만기 10년, 2006년 1월에는 만기 20년, 2012년 9월에는 만기 30년, 2016년 10월에는 만기 50년 국채를 발행하였다.

⑤ 회사채

회사채는 주식회사가 일반대중으로부터 자금을 조달하기 위해 발행하는 채권이다. 일반적으로 1년, 2년, 3년, 5년, 10년 등의 만기로 발행되는데 대체로 3년 이하가 주로 발행되고 있고, 액면이자율은 발행기업과 인수기관 간 협의에 의해 자율적으로 결정하여 발행한다.

⑥ 금융채

금융채는 은행, 증권회사, 리스회사, 신용카드회사 등 금융회사가 발행하는 채권이다. 금융회사는 금융채를 발행하여 조달한 자금을 장기 산업자금으로 대출한다. KDB산업은행이 발행하는 산업금융채권, 중소기업을 지원하기 위해 IBK기업은행이 발행하는 중소기업금융채권 등이 여기에 해당한다.

(3) 이자지급방법에 따른 분류

① 이표채

이표채(coupon bond)는 매 기간마다 미리 약정한 이자를 지급하고 만기가 도래하면 채권의 액면가를 상환하는 채권을 말하며 우리나라의 경우 대부분의 회사채는 이자가 3개월 후급발행이고 국채는 6개월 후급발행이다.

② 할인채

할인채(discount bond, zero-coupon bond)는 액면금액에서 상환일까지의 이자를 단리로 미리 할인한 금액으로 발행하는 채권을 말한다. 예를 들어, 액면가액이 10,000원, 액면이자율이 연 8%, 만기가 1년인 할인채의 발행가격은 9,200원이 된다. 이 채권의 투자자는 800원의 이자를 받는 것이 아니라 액면가액 10,000원에서 할인한 금액인 9,200원을 주고 채권을 매수한 후, 채권보유기간 동안 이자를 받지 않고 만기 시에 액면가액인 10,000원을 받는다.

③ 복리채

복리채(compound interest bond)는 채권발행 후 만기까지 이자지급 단위기간의 수만큼 복리로 이자가 재투자되어 만기 시에 원금과 이자가 일시에 지급되는 채권으로 이자지급횟수가 커질수록 채권의 만기상환금액이 증가하는 채권이다. 예를 들어, 액면가액 10,000원, 만기 5년, 액면이자율 5%, 연단위 복리채인 국민주택채권의 경우 5년 후의 만기상환원리금은 12,762원($=10,000$원$\times(1.05)^5$)이 된다.

1) 원리금에 대한 제3자의 지급보증 여부에 따른 분류

보증채는 신용보증기금, 보증보험회사, 은행 등이 지급을 보증하는 일반보증채와 정부가 지급을 보증하는 정부보증채로 구분할 수 있다. 무보증채는 원리금에 대해 제3자의 지급보증 없이 발행자의 자기신용만으로 발행하는 채권이다.

기업이 무보증채를 발행하려면 2개 이상의 신용평가회사로부터 기업의 사업성, 수익성, 현금흐름, 재무안정성 등에 대해서 신용평가를 받아야 한다. 우리나라의 경우 1997년 금융위기 이전에는 보증사채의 발행이 대부분이었으나, 금융위기로 보증금융기관의 신뢰에 문제가 발생하면서 금융위기 이후에는 회사의 대부분이 무보증사채로 발행되고 있다.

2) 채권발행자의 담보제공 여부에 따른 분류

채권발행자의 담보제공 여부에 따라서 채권을 담보부채권과 무담보부채권으로 나눌 수 있다. 담보부채권은 채권발행자가 채권을 발행할 때 신용을 보강하기 위해 담보를 제공하는 채권을 말하며 무담보부채권은 담보가 설정되어 있지 않은 채권으로서 발행자의 자기신용으로 발행한다.

3) 옵션이 내재된 채권

① 전환사채

전환사채(CB: convertible bond)는 채권을 보유한 투자자가 채권발행 시점에서 정해놓은 전환비율에 따라 발행회사의 주식으로 전환할 수 있는 권리가 부여된 채권이다. 예를 들어, 액면가액이 100,000원, 액면이자율이 4%, 만기가 5년인 전환사채가 있다. 이 전환사채의 시장가는 98,000원이다. 또한 이 전환사채는 40주의 보통주로 전환될 수 있으며 전환사채를 발행한 회사의 현

표 1-2	전환사채와 신주인수권부사채의 비교	
구분	전환사채	신주인수권부사채
내재된 옵션	전환권	신주인수권
권리행사 후 사채존속 여부	사채 소멸	사채 존속
권리행사 시 자금소요 여부	별도의 자금 필요 없음	별도의 자금 필요
신주취득가격	전환가격	행사가격
권리의 분리 양도	전환권만 양도 불가	신주인수권만 양도 가능

재 주가는 1주당 2,000원이라고 하자.

이 전환사채를 전환한다면 액면가가 100,000원인 전환사채를 회사에 제출하고 그 대가로 40주의 주식을 받게 된다. 즉, 주식 40주를 받는 대가로 액면가액 100,000원인 전환사채를 주었기 때문에 주식 1주를 받기 위해서 1주당 액면가액 2,500원(=100,000원/40주)을 제출한 셈이 된다.

이와 같이 전환사채 액면당 주식으로 전환을 청구할 수 있는 비율, 즉 전환사채를 전환할 때 받게 되는 주식 수인 40주를 전환비율이라 하고, 전환에 의해서 발행되는 주식 1주에 요구되는 사채액면금액인 2,500원을 전환가격이라고 하며, 전환사채를 주식으로 전환할 경우의 가치 80,000원(=40주×2,000원)을 전환가치라고 한다.

만일 전환사채의 투자자가 시가 98,000원인 전환사채를 회사에 제출한 대가로 주식 80,000원어치를 받는다면 이는 전환사채의 투자자들이 향후 주가상승을 기대하고 주식의 가치보다 18,000원 더 높은 전환사채를 포기하고 전환권을 행사한 것이다. 이 18,000원을 전환프리미엄이라 한다. 이처럼 전환사채는 법적으로 사채이나 경제적인 의미로는 잠재적 주식의 성격을 동시에 지니게 되어 채권의 안정성과 주식의 수익성을 겸비한 투자수단이 된다.

② 신주인수권부사채

신주인수권부사채(BW: bond with warrants)는 신주인수권부사채 보유자에게 채권을 발행한 회사의 신주인수권, 즉 신주의 발행을 청구할 수 있는 권리가 부여된 채권을 말한다. 여기서 신주인수권이란 특정한 일정기간(행사기간)

에 미리 정해진 일정가격(행사가격)으로 일정한 수의 보통주를 인수할 수 있는 선택권(option)을 의미한다.

신주인수권부사채의 투자자는 발행회사의 주식을 일정한 가격으로 취득할 수 있는 권리를 가진다는 점에서 전환사채와 같다. 다만, 전환권 행사 후 사채가 소멸되는 전환사채와 달리 신주인수권부사채는 신주인수권을 행사한 후에도 사채가 존속하기 때문에 신주인수권을 행사하여 주식을 인수하기 위해서는 별도의 주식납입대금이 필요하다.

③ 수의상환채권

수의상환채권(callable bond)은 일정한 기간이 경과한 후 채권만기일 이전에 채권투자자의 의사와 상관없이 발행자가 일방적으로 해당 채권을 상환할 수 있는 권리를 갖는 채권으로, 채권발행자에게 원리금에 대한 수의상환권(call option)을 부여한 채권이다. 예를 들어, 이자율이 8%일 때 만기 10년인 채권을 발행하였는데, 3년 후에 이자율이 5%로 하락하였다고 하자. 이 채권에 수의상환권이 첨부되었다면 발행자는 채권을 만기 전에 상환하고 나머지 기간에 대해 5%의 낮은 이자율로 채권을 다시 발행하여 자금조달비용을 줄일 수 있다. 수의상환권은 투자자에게 불리하므로 수의상환채권의 수익률이 일반채권보다 더 높다.

④ 수의상환청구채권

수의상환청구채권(puttable bod)은 투자자가 발행회사에게 액면가액으로 채권을 되사도록 상환을 청구할 수 있는 권리가 부여된 채권이다. 예를 들어, 이자율이 올라가면 투자자는 채권을 상환하고 높은 이자율에 새로 채권을 살 수 있다. 수의상환청구권은 투자자에게 유리하므로 수의상환청구채권의 수익률이 일반채권보다 더 낮다.

3. 파생금융상품

파생상품은 기초자산(underlying asset)인 현물로부터 파생된 상품을 말한다. 주식, 채권, 통화 등의 금융자산이나 쌀, 밀, 금, 석유 등의 상품자산이 기초자산이 되며, 이러한 기초자산의 가격변동으로 인한 위험을 헷지하기 위한 수단으로 파생상품이 이용된다.

(1) 선물

선물(futures)은 오늘 합의된 가격으로 미래시점에서 대상 자산을 매수하거나 매도하기로 계약당사자 사이에 이루어지는 계약이다. 우리나라의 경우 선물거래와 유사한 밭떼기 거래가 오래전부터 실제로 이루어져 왔다.

예를 들어, 봄(오늘)에 농부와 중간상인(계약당사자)이 만나서 농부의 밭에서 배추 만포기를 길러 가을(미래시점)에 일정가격(오늘 합의된 가격)으로 매매(매수하거나 매도)하기로 계약하는 거래가 밭떼기 거래이다. 이 계약으로 인해 농부와 중간상인 모두 매매가격을 고정하여 가격변동위험을 관리할 수 있게 된다.

이러한 거래는 바로 오늘날의 선물거래와 동일하다. 하지만 밭떼기 거래와 같은 거래의 경우 계약 시에 거래상대방을 직접 찾아 계약조건을 당사자들끼리 맞추어야 하는 불편함과 계약당사자 중 누군가가 계약을 위반할 위험도 있다. 반면에 거래소에서 거래를 한다면 거래소는 계약조건을 표준화할 뿐 아니라 투자자에게 결제이행을 보증하여 위험을 줄이게 된다.

우리나라에서는 한국거래소(KRX, 당시 한국증권거래소(KSE))가 1996년 5월에 KOSPI200선물을 상장하면서 최초로 선물거래를 시작하였다. 현재 한국거래소에 상장된 금융선물로는 KOSPI200선물, KOSPI200섹터지수선물, KOSPI배당지수선물, KRX K-뉴딜지수선물, 미니KOSPI200선물, KOSDAQ150선물, KRX300선물, 유로스톡스50선물, 개별주식선물, KOSPI200변동성지수선물, ETF선물, 3개월무위험지표금리선물, 3년국채선물, 5년국채선물, 10년국채선물, 미국달러선물, 엔선물, 유로선물, 위안선물 등이 있고, 상품선물로는 금선물, 돈육선물이 상장되어 있다.

(2) 옵션

옵션(option)이란 특정일자에 거래당사자가 서로 약속한 가격(행사가격)으로 특정자산(기초자산)을 사거나 팔 수 있는 권리이다. 특정자산을 행사가격에 매수할 수 있는 권리를 콜옵션(call option)이라 하고 매도할 수 있는 권리를 풋옵션(put option)이라 한다. 옵션매수자는 권리를 행사할 수 있는 권한이 있으며 이에 대한 대가를 옵션매도자에게 지불하는데 이를 옵션가격 혹은 옵션프리미엄이라고 한다.

예를 들어, 오늘 옵션매수자는 한 달 후인 옵션만기일에 쌀(기초자산) 20kg(거래단위)을 5만원(행사가격)에 살 수 있는 권리(콜옵션)를 옵션매도자로부터 2천원(옵션가격 혹은 옵션프리미엄)을 주고 매수했다고 하자. 만일 옵션만기일에 쌀 20kg이 7만원으로 거래되고 있다면 옵션매수자는 권리를 행사하여 옵션매도자에게 5만원을 주고 7만원짜리 쌀 20kg을 받게 된다. 따라서 옵션매수자는 2만원을 벌게 된다. 즉, 2천원짜리 콜옵션을 매수하여 2만원을 벌었으므로 1만 8천원의 순이익을 획득한다.

이러한 옵션은 선물과 마찬가지로 위험을 관리하는 수단으로 이용된다. 위의 예에서 쌀가격 하락이 우려되면 쌀 20kg을 4만원에 팔 수 있는 권리인 풋옵션을 2천원 주고 살 수 있다. 만기 시에 실제로 쌀가격이 3만원으로 내려가면 풋옵션을 행사하여 풋옵션을 매도한 사람에게 3만원짜리 쌀을 4만원에 팔아서 1만원을 벌게 되어 쌀가격 하락의 손실을 옵션시장에서 만회할 수 있게 된다.

우리나라는 한국거래소(KRX, 당시 한국증권거래소(KSE))가 1997년 7월에 KOSPI200옵션을 상장하면서 옵션거래가 시작된 이래 현재 미니KOSPI200옵션, KOSDAQ150옵션, 개별주식옵션, 미국달러옵션이 상장되어 거래되고 있다.

(3) 스왑

스왑(swap)은 장내파생상품인 선물 및 옵션과 달리 장외에서 거래가 이루어지는 장외파생상품이며, 대표적으로 이자율스왑(interest rate swap)과 통화스왑(currency swap)이 있다. 이자율스왑은 원금의 교환 없이 각 거래당사자가 한쪽은 고정이자를, 다른 한쪽은 변동이자를 지급하여 고정이자와 변동이자를 서로 교환하는 거래를 말한다. 통화스왑은 각 거래당사자가 비교우위가 있는 통화로 차입하여 실제로 서로 다른 통화로 표시된 원금의 교환이 이루

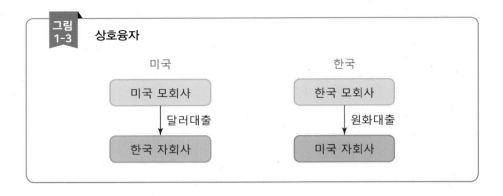

그림 1-3 상호융자

미국	한국
미국 모회사	한국 모회사
↓ 달러대출	↓ 원화대출
한국 자회사	미국 자회사

어지고 스왑기간 동안 이자를 주고받으며 스왑종료시점에 원금을 다시 회수하는 거래이다.

　이러한 스왑의 원형은 환율의 변동성 확대에 따른 환위험 헷지의 필요성으로 등장한 상호융자(parallel loan)와 직접상호융자(back-to-back loan)이다. 상호융자는 국적이 다른 두 기업이 서로 상대방 국가에 설립한 자회사를 통하여 동일한 액수를 각자 자국통화로 동일한 기간 동안 상호 간에 빌려주는 것이다.

　예를 들어, 상호융자는 미국의 모회사가 미국에 있는 한국 자회사에게 달러를 대출해 주는 동시에 한국의 모회사가 한국에 있는 미국 자회사에게 원화를 대출해 주는 계약을 말한다. 이때 자회사에 대출하는 달러와 원화의 원금은 계약 시의 현물환율로 하고, 이자율은 시장금리로 이루어진다. 이 상호융자는 실제로 2개의 별개의 대출계약으로 본다.

　직접상호융자는 국적이 다른 두 모기업이 직접 서로에게 대출을 해 주는 계약이다. 예를 들어, 미국의 모회사가 한국의 모회사에게 5년 동안 1억 달러를 대출하고 한국의 모회사는 미국의 모회사에게 1,150억원($1＝₩1,150일 경우)을 대출한 다음, 5년의 계약기간 동안 서로 이자를 주고받고 계약 만료시점에 원금을 되돌려 받는다.

　직접상호융자가 생성된 이유는 비교우위 때문이다. 즉, 한국의 모회사는 미국시장보다 상대적으로 싼 비용으로 한국시장에서 원화를 조달할 수 있고, 미국의 모회사도 한국시장보다 상대적으로 싼 비용으로 미국시장에서 달러를 조달할 수 있기 때문에 서로 상대적으로 싼 비용으로 자국통화를 자국 내에

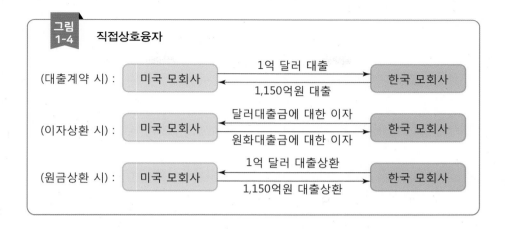

		그림 1-4 직접상호융자

(대출계약 시) : 미국 모회사 → 1억 달러 대출 → 한국 모회사
1,150억원 대출

(이자상환 시) : 미국 모회사 → 달러대출금에 대한 이자 → 한국 모회사
원화대출금에 대한 이자

(원금상환 시) : 미국 모회사 → 1억 달러 대출상환 → 한국 모회사
1,150억원 대출상환

서 조달하여 서로 교환하는 거래를 하면 이익이 된다.

통화스왑은 이러한 직접상호융자에서부터 발전되었다. 실제로 처음으로 공개된 스왑거래는 1981년 Salomon Brothers사의 주선으로 이루어진 세계은행(World Bank)과 IBM 간의 통화스왑이었으며, 이후 이 개념을 활용하여 이자율스왑도 거래되기 시작하였고, 스왑시장이 비약적으로 성장하게 되었다.

01 금융시장과 금융상품: 연습문제

Q1. 금융시장과 관련한 설명으로 맞는 것은? (   )

① 직접금융시장은 자금수요자가 금융회사를 통해 자금공급자로부터 자금을 융통하는 시장을 말한다.

② 주식시장과 채권시장은 대표적인 간접금융시장이다.

③ 금융시장에서 거래되는 금융상품의 상품종류에 따라 단기금융시장인 화폐시장과 장기금융시장인 자본시장으로 구분할 수 있다.

④ 금융시장은 자본자원 배분과 투자자의 소비시점 결정의 기능을 가지고 있다.

Q2. 다음 증권시장에 관한 설명으로 맞는 것은? (   )

① 발행주체는 증권발행에 관한 사무처리를 하고 유가증권의 인수, 매출, 자기매매 등의 업무를 수행하며 관련 위험을 부담하는 기관을 말한다.

② 간접발행은 일반적으로 발행규모가 작거나 발행예정인 주식이 시장에서 쉽게 소화될 경우에 적절하다.

③ 공모발행은 소수의 특정인(50인 미만)을 대상으로 주식을 발행하는 방식을 말한다.

④ 발행과정에서 발행기관의 개입여부에 따라 직접발행과 간접발행으로 구분한다.

Q3. 다음 간접발행 방식 중 발행주체의 위험이 가장 작은 것에서 큰 순서대로 나열된 것은? (   )

① 총액인수, 잔액인수, 모집주선

② 잔액인수, 모집주선, 총액인수

③ 모집주선, 잔액인수, 총액인수

④ 총액인수, 모집주선, 잔액인수

Q4. 주식시장과 관련된 설명으로 틀린 것은? (   )

① 주주권을 표시하는 유가증권인 주식이 거래되는 시장이다.

② 기업에게는 채권시장과 더불어 자금조달시장의 역할을 수행하고 투자자에게는 자금운용시장으로서의 기능을 수행한다.

③ 기업공개 및 유상증자를 통해 주식이 새로이 공급되는 시장을 유통시장이라 한다.

④ 주식시장은 크게 발행시장과 유통시장으로 구분된다.

Q5. 다음 설명 중 틀린 것은? (   )

① 가격우선의 원칙은 매수주문에는 저가의 호가가 우선하고 매도주문에는 고가의 호가가 우선한다는 것이다.

② 시간우선의 원칙은 동일가격호가에 대해서 먼저 접수된 호가를 우선하여 체결한다는 원칙이다.

③ 수량우선의 원칙은 수량이 많은 호가를 먼저 체결한다는 원칙이다.

④ 위탁매매우선의 원칙은 자기매매호가보다 위탁매매호가가 우선한다는 원칙이다.

Q6. 다음 금융상품에 관한 설명 중 맞는 것은? (   )

① 양도성예금증서는 기명식으로 발행한다.

② 기업어음은 상거래와 관련하여 발행하는 약속어음이다.

③ 콜거래의 만기는 최장 1년이다.

④ 환매조건부채권의 거래금액에 대한 제한은 없다.

Q7. 다음 채권과 주식에 대한 설명 중 틀린 것은? (   )

① 채권은 원리금상환청구권, 이익배당청구권을 가지고 주식은 경영참가권을 가진다.

② 채권은 경영과 관계없이 확정된 이자를 받고 주식은 회사의 경영성과에 따라 지급하는 배당금을 받는다.

③ 채권은 회사 해산 시에 주주에 우선하여 변제받을 권리가 있고 주식은 회사 해산 시 채권자보다 후순위로 잔여재산을 배분받는다.

④ 채권은 타인자본조달, 주식은 자기자본조달로 자금을 조달한다.

Q8. 다음 채권의 발행주체에 의한 분류에 대한 설명 중 틀린 것은? (　　)

① 국채는 정부가 공공목적을 달성하기 위하여 국회의 의결을 얻은 후에 발행하는 채권이다.

② 특수채는 특별법에 의하여 설립된 법인(한국전력㈜, 토지개발공사, 예금보험공사 등)이 발행한 채권으로 신용도가 가장 높다.

③ 지방채는 지방자치단체에서 발행하는 채권으로 지하철공채, 지역개발공채 등이 있다.

④ 통상적으로 국채, 지방채, 특수채를 포괄하여 국공채로 부르기도 한다.

Q9. 다음 채권에 관한 설명 중 틀린 것은? (　　)

① 이표채는 매 기간마다 미리 약정한 이자를 지급한다.

② 복리채는 복리로 재투자될 이자와 원금을 만기상환 시에 동시에 지급한다.

③ 담보채권은 원리금 상환에 대하여 담보 공여 없이 발행회사가 자기신용에 의하여 발행하는 채권이다.

④ 수의상환채권은 발행회사가 만기 이전에 임의적으로 상환할 수 있다.

Q10. 다음 옵션이 내재된 채권에 대한 설명 중 잘못된 것은? (　　)

① 신주인수권부사채는 권리를 행사하면 사채가 소멸하지만 전환사채는 소멸하지 않는다.

② 수의상환청구채권은 채권보유자에게 유리한 채권이다.

③ 신주인수권부사채의 경우 신주인수권을 행사하여 주식을 인수하기 위해서는 별도의 주식납입대금이 필요하다.

④ 전환사채는 채권의 안정성과 주식투자의 고수익성이라는 특징을 모두 가지고 있다.

Q11. 신주인수권부사채와 전환사채의 차이점을 설명한 것 중 틀린 것은? (   )

① 전환사채는 권리행사시 부채감소, 자본금 증가효과가 나타난다.

② 둘 다 일반사채보다 수익률이 낮다.

③ 둘 다 권리를 행사하여 신주를 발행할 때 그 대금을 신규로 납입해야 한다.

④ 전환사채는 권리를 행사하면 채권이 소멸된다.

Q12. (CFA 수정) 아래의 조건을 가진 전환사채의 전환가치와 전환프리미엄은 각각 얼마인가? (   )

> 전환사채 특성: 액면가 1,000원, 액면이자율 6.5%,
>   채권시장가 1,050원, 전환비율 22주
> 주식의 특성: 주식시장가 40원, 연간 배당 1.2원

① 880원, 170원　　　　② 900원, 190원

③ 920원, 210원　　　　④ 950원, 230원

01   금융시장과 금융상품: 해답

Q1. ④

Q2. ④

Q3. ①

Q4. ③

Q5. ①

Q6. ④

Q7. ①

Q8. ②

Q9. ③

Q10. ①

Q11. ③

Q12. ①
[답]
전환가치 = (22주)(40원) = 880원
전환프리미엄 = 1,050원 - 880원 = 170원

MEMO

PART

02

자산배분

02

수익률과 위험

수익률과 위험은 투자의 중요한 의사결정 기준이 된다. 본 장에서는 여러 자산에 투자하는 자산배분전략에 필요한 기초지식을 수익률과 위험 간의 관계를 중심으로 습득한다. 또한 두 개 이상의 자산들로 구성되는 포트폴리오의 기대수익률과 위험에 대해 다룬다.

학습목표

- 수익률
- 위험
- 포트폴리오의 기대수익률과 위험

수익률

은행에 10만원을 예금하고 1년 후에 11만원을 받을 경우 오늘 10만원의 가치와 미래 11만원의 가치를 동일하게 만드는 1만원을 이자라 하고, 이 경우 이자율은 10%이다. 이처럼 미래가치를 현재가치로, 현재가치를 미래가치로 계산하는 과정에서 공통적으로 사용되는 이자율은 통상 미래가치를 현재가치로 계산할 때는 할인율, 현재가치를 미래가치로 계산할 때는 수익률이라고 한다.

수익률은 %로 표시되는 상대가격변화를 나타낸다. 투자를 하였을 때 얼마의 돈을 벌었는가는 수익률 외에 금액으로 표시하는 절대가격변화로 나타낼 수도 있다. 하지만 금액으로 표시하면 어떤 가격변화가 더 우수한지에 대한 구별이 어렵다. 예를 들면, 10,000원을 투자하여 12,000을 벌 경우와 50,000원을 투자하여 52,000원을 벌 경우 절대가격변화인 금액은 2,000원으로 동일한 돈을 번 것으로 판정된다. 하지만 수익률로 보면 20%(=(12,000-10,000)/10,000)와 4%(=(52,000-50,000)/50,000)로 크게 차이가 나며 수익률로 비교해야 어느 것이 더 매력적인지 정확히 판단할 수 있다.

일반적으로 투자기간 동안의 총수익률은 보유기간수익률로 계산하고, 투자의 관심인 미래 벌어들이는 수익률의 계산은 산술평균수익률인 기대수익률로 계산하며, 투자종료 후 투자성과를 분석할 때에는 기하평균수익률로 계산한다.

1. 보유기간수익률

보유기간수익률(HPR: holding period return)은 투자자가 투자하여 보유한 기간 동안 벌어들인 모든 금액을 고려한 총수익률 개념으로 다음과 같이 정의된다.

$$보유기간수익률 = \frac{미래현금흐름 - 초기투자금액}{초기투자금액} \qquad (2\text{-}1)$$

예를 들어, 주당 30,000원(P_t)인 주식을 매수하였는데 1년 후에 33,000원(P_{t+1})으로 상승하였고 배당금으로 1,500원(D_{t+1})원을 받았다고 하자. 초기에 30,000원을 투자하였는데 미래현금흐름은 33,000원이 되어 3,000원의 자본이득이 발생하였고 주식을 보유하는 기간 동안 배당금 1,500원의 배당소득이 발행하였다. 따라서 초기투자금액 30,000원을 투자하여 총 4,500원의 소득이 발생하였기 때문에 보유기간수익률은 15%(=자본이득수익률 10%+배당수익률 5%)가 된다.

$$보유기간수익률 = \frac{P_{t+1} - P_t + D_{t+1}}{P_t} = \frac{33,000 - 30,000}{30,000} + \frac{1,500}{30,000} = 15\%$$

2. 산술평균수익률과 기하평균수익률

산술평균수익률은 특정 기간 동안 한 해당 평균적으로 거둔 수익률을 나타낸다. 기하평균수익률[1]은 특정 기간 동안 얻은 연평균 복리수익률을 표시하게 된다. 예를 들어, 3년 동안 X주식 수익률이 10%, 15%, 8%라고 하자. X주식의 산술평균수익률은 (10%+15%+8%)/3=11%이고, 기하평균수익률은 $\sqrt[3]{(1+0.10)(1+0.15)(1+0.08)} - 1 = 10.96\%$이다.

기하평균수익률은 과거 투자기간 동안의 성과를 측정하는 척도로 적절하다. 예를 들어, 현재 10,000원인 주가가 1년 후에 5,000원으로 떨어지고 2년 후에는 10,000원으로 다시 회복되었다고 하자. 산술평균수익률은 (−50%+100%)/2=25%, 기하평균수익률은 $\sqrt{(1-0.5)(1+1)} - 1 = 0\%$가 된다. 따라서 기하평균수익률이 과거 2년 동안의 실제수익률 0%를 제대로 나타내고 있다.

반면, 미래의 기대수익률은 산술평균수익률로 측정하는 것이 적절하다. 왜냐하면, 과거 자료를 사용하여 미래수익률을 예측할 때는 과거 자료가 미래

---

1 기하평균은 주어진 n개의 양수의 곱의 n제곱근의 값을 말한다. 기하평균은 넓이, 부피, 비율 등 곱으로 이루어지는 값들의 평균을 구하는 데 주로 사용된다. 예를 들어, 직사각형의 넓이 16(=2×8)의 기하평균은 동일한 넓이의 정사각형의 넓이 16(=4×4) 계산 시의 한 변의 길이와 같음($4^2 = 2 \times 8 \rightarrow 4 = \sqrt{2 \times 8}$)을 의미한다.

에도 그대로 발생한다는 가정하에서 계산하기 때문이다. n개의 과거 관측치가 있다고 할 경우 각 관측치가 미래에 발생할 확률이 $1/n$로 동일하다고 가정하여 미래의 기대수익률을 산술평균으로 측정하게 된다.

3. 이산복리수익률과 연속복리수익률

특정 시점에서 다른 특정 시점 간의 수익률을 측정한 것으로 이산적으로 증가하는지 혹은 연속적으로 증가하는지에 따라 식(2-2)의 이산복리수익률과 식(2-3)의 연속복리수익률로 계산할 수 있다.

$$이산복리수익률^2 \quad r_t = \frac{P_t - P_{t-1}}{P_{t-1}} \tag{2-2}$$

$$연속복리수익률^3 \quad r_t = \ln\left(\frac{P_t}{P_{t-1}}\right) \tag{2-3}$$

이산복리수익률과 연속복리수익률 중에서 시간의 흐름에 따른 수익률들을 단순히 합산하는 경우에는 연속복리수익률을 사용하는 것이 정확하다. 예를 들어, 현재 10,000원인 주가가 1년 후에 5,000원, 2년 후에 10,000원이 될 경우, 실제로 2년 동안 가격변화가 없으므로 실제수익률은 0%이다. 연속복리수익률로 계산할 경우 첫 번째 기간(1년 차)의 수익률이 $\ln(5,000원/10,000원) = -69.31\%$, 두 번째 기간(2년 차)의 수익률은 $\ln(10,000원/5,000원) = 69.31\%$이다. 따라서 연속복리수익률로 합산할 경우 $-69.31\% + 69.31\% = 0\%$가 되어 실제수익률을 정확하게 나타낼 수 있다.

하지만 1년 차와 2년 차의 이산복리수익률은 각각 $(5,000원 - 10,000$

---

2   $FV = PV(1+r)^1 \;\rightarrow\; P_t = P_{t-1}(1+r_t)^1 \;\rightarrow\; 1+r_t = \dfrac{P_t}{P_{t-1}} \;\rightarrow\; r_t = \dfrac{P_t}{P_{t-1}} - 1$

     $\rightarrow\; r_t = \dfrac{P_t - P_{t-1}}{P_{t-1}}$

3   $FV = PVe^r \;\rightarrow\; e^r = \dfrac{FV}{PV} \;\rightarrow\; \log_e(e^r) = \log_e\left(\dfrac{FV}{PV}\right) \;\rightarrow\; r\log_e e = \log_e\left(\dfrac{FV}{PV}\right) \;\rightarrow\; r = \log_e\left(\dfrac{FV}{PV}\right)$

     $\rightarrow\; r_t = \ln\left(\dfrac{P_t}{P_{t-1}}\right)$

원)/10,000원 = −50%, (10,000원−5,000원)/5,000원 = 100%이므로 이산복리 수익률로 수익률을 합산할 경우 −50% + 100% = 50%가 되어 실제수익률을 나타내지 못한다. 이 경우에는 기하평균수익률 계산방식인 $\sqrt{(1-0.5)(1+1)}$ −1 = 0%로 다시 계산해야 하는 불편함이 있다.

4. 기대수익률

기대수익률(expected rate of return) $E(r_i)$는 미래에 평균적으로 예상되는 수익률이며 각 상황별로 발생 가능한 수익률에 그 상황이 발생할 확률을 곱한 다음 이를 모두 합하여 구한다.

$$E(r_i) = \sum r_i p_i \tag{2-4}$$

예를 들어, r_i라는 주머니 안에 10%, 15%, 8%, 12%가 들어있다고 하고, 이 중에서 하나를 꺼낼 경우 기댓값은 얼마일까? 평균 혹은 기댓값은 관측치를 모두 합하여 이를 관측치의 개수로 나누어 얻을 수 있다. 즉, 기댓값 $E(r_i)$는 (10% + 15% + 8% + 12%)/4 = 11.25%가 된다. 이때 관측치의 개수 4로 나누어준다는 것은 주머니 안에 들어있는 10%, 15%, 8%, 12% 중에서 10%가 꺼내질 가능성(확률)이 4개 중 1개, 즉 25%라는 의미이다. 마찬가지로 15%, 8%, 12%도 각각 4개 중 1개가 꺼내질 가능성(확률)을 갖는다. 따라서 10%, 15%, 8%, 12% 각각 발생할 확률이 1/4(=0.25)이므로 평균은 (10% + 15% + 8% + 12%)(1/4) = 11.25% = $\sum r_i p_i$로 계산된다.

1. 위험의 정의와 측정

(1) 분산과 표준편차

위험이란 미래의 불확실성으로 인해 실제수익률이 기대수익률로부터 얼마나 벗어나는지를 나타내는 변동성(volatility)을 말한다. 이러한 위험의 정의를 계량화할 수 있는 척도로 식(2-5)와 식(2-6)으로 정의되는 분산(σ_i^2)과 표준편차(σ)가 있다.

$$\sigma_i^2 = \sum [r_i - E(r)]^2 p_i \tag{2-5}$$

$$\sigma_i = \sqrt{\sigma_i^2} \tag{2-6}$$

예를 들어, r_i라는 주머니 안에 10%, 15%, 8%, 12%가 들어있고 이 중 하나를 꺼낼 기댓값이 11.25%일 경우 편차제곱승의 평균으로 정의되는 분산은 편차제곱승의 합을 편차의 개수 4로 나눠주면 된다. 이때 1/4은 각 관측치의 편차가 발생할 확률이 1/4(=25%)이라는 의미이므로 분산 σ_i^2은 [(10% − 11.25%)^2 + (15% − 11.25%)^2 + (8% − 11.25%)^2 + (12% − 11.25%)^2](1/4) = 6.69% = $\sum [r_i - E(r)]^2 p_i$로 계산한다.

분산은 각 편차의 제곱으로 계산하기 때문에 원자료의 단위보다 큰 단위로 표시되지만 분산의 제곱근으로 구하게 되면 원자료의 단위로 환원되어 평균이나 다른 통계척도와 쉽게 비교할 수 있다. 분산의 제곱근을 표준편차라고 부른다.

투자의 위험과 관련해서 미래에 발생할 실제수익률과 기대수익률과의 차이가 크면 클수록 위험(표준편차)이 더 크다고 할 수 있다. 또한 동일한 기대수익률 하에서는 표준편차가 높을수록 투자기회가 더 위험하다.

(2) 변동계수

두 개 이상의 자산에 대한 상대성과를 비교하는 데에는 변동계수(CV: coefficient of variation)가 주로 사용된다. 변동계수란 기대수익률 한 단위당 부담하는 위험의 정도를 나타내는 것으로 다음과 같이 정의된다.

$$CV = \frac{\sigma_i}{E(r_i)} \tag{2-7}$$

예를 들어, 〈표 2-1〉과 같이 기대수익률이 7.45%, 표준편차가 13.54%인 A투자안, 기대수익률이 7.45%, 표준편차가 16%인 B투자안, 기대수익률이 9%, 표준편차가 16%인 C투자안을 생각해보자. 세 투자안 중에서 어느 투자안이 가장 좋은 투자안인가?

A투자안과 B투자안을 비교해보면 기대수익률은 동일하지만 A투자안의 위험이 낮아 A투자안이 선택될 것이다. 또 B투자안과 C투자안을 비교해보면 위험은 동일하지만 C투자안의 기대수익률이 높아 C투자안이 선택될 것이다.

그러면 A투자안과 C투자안 중 어느 것을 선택해야 하는가? A투자안의 변동계수는 13.54%/7.45%=1.82이고 C투자안의 변동계수는 16%/9%=1.78이다. 기대수익률 한 단위당 부담하는 위험은 A투자안의 경우 1.82이고 C투자안의 경우 1.78로 C투자안이 A투자안보다 부담하는 위험이 낮아서 더 좋은 투자안이라는 것을 알 수 있다.

표 2-1 변동계수에 의한 투자안 비교

투자안	$E(r)$	σ	$\sigma/E(r)$
A	7.45%	13.54%	1.82
B	7.45%	16.00%	2.15
C	9.00%	16.00%	1.78

2. 투자자유형

투자자가 투자의사결정을 할 때 투자안의 기대성과뿐만 아니라 위험도 함께 고려한다. 투자자의 위험에 대한 태도에 따라 위험회피형, 위험중립형, 위험선호형으로 구분한다.

(1) 공정한 게임

공정한 게임(fair game)이란 기대부(expected wealth)와 확실한 부가 동일한 게임을 말한다. 예를 들어, 〈표 2-2〉와 같이 확실한 부가 1,000원이고, 동전 던지기를 하여 앞면이 나오면 100원을 얻고, 뒷면이면 100원을 잃는 게임을 한다고 하자. 얼마를 얻을지 불확실한 동전 던지기 게임의 기대부 $E(W)$ $= (1,100)(0.5) + (900)(0.5) = 1,000$원으로 이 게임에 참가하기 전에 가지고 있던 확실한 부 1,000원과 동일하다. 한편, 이 게임의 분산 $\sigma^2(W) = (1,100 - 1,000)^2(0.5) + (900 - 1,000)^2(0.5) = 10,000$원이 된다.

표 2-2 공정한 게임: 동전던지기 게임

상황	부(W)	확률
앞 면	1,000원 + 100원	0.5
뒷 면	1,000원 - 100원	0.5

(2) 위험회피형 투자자

위험회피형 투자자(risk averse investor)는 동일한 수익률을 가진 두 투자안 중에서 위험이 더 낮은 투자안을 선택하며, 투자안의 위험이 높을수록 더 높은 수익률을 요구한다. 위험회피형 투자자의 경우 위험을 부담하면 이에 상응하는 보상인 양(+)의 위험프리미엄을 요구하기 때문에 기대부의 증가 없이 위험만 발생하는 공정한 게임에 참가하지 않는다. 또한 위험회피형 투자자는 부가 증가할수록 효용이 증가한다. 하지만 위험회피형 투자자는 고위험에 대해서 더 높은 수익을 추구하는 투자자이므로 위험이 한 단위씩 증가함에 따른 부의 증가분에 대한 만족도는 점점 작아져서 한계효용은 체감한다.

(3) 위험중립형 투자자

위험중립형 투자자(risk neutral investor)는 위험 수준과는 무관하게 기대수익률만으로 투자안을 선택하므로 기대부의 증가 없이 위험만 발생하는 공정한 게임에도 개의치 않고 참가한다. 위험중립형 투자자는 부가 증가할수록 효용은 증가한다. 위험중립형 투자자는 위험에 대해서 무관한 투자자이므로 위험이 한 단위씩 증가함에 따른 부의 증가분 대한 만족도는 동일하여 한계효용은 일정하다.

(4) 위험선호형 투자자

위험선호형 투자자(risk loving investor)는 동일한 수익률을 가지는 투자안 중에서 더 높은 위험을 가지는 투자안을 선택한다. 이들은 높은 수익률을 획득할 기회를 얻기 위하여 보다 큰 위험을 기꺼이 부담하려고 하는 투자자이기 때문에 공정한 게임에 참가한다. 위험선호형 투자자는 부가 증가할수록 효용은 증가한다. 그리고 위험선호형 투자자는 고위험을 추구하여 수익을 얻는 투자자이므로 위험이 한 단위씩 증가함에 따른 부의 증가분에 대한 만족도가 점점 커져 한계효용이 체증한다.

(5) 무차별곡선

일반적인 투자자는 대부분 위험을 부담하면 이에 상응하는 보상인 양(+)의 위험프리프리미엄을 요구하여, 투자안의 위험이 높을수록 더 높은 수익률을 요구하므로 본서에서는 특별히 언급이 없으면 투자자는 모두 위험회피형이라고 가정하기로 한다. 위험회피형 투자자의 경우 기대수익률이 높아지면 효용이 올라가고 위험이 높아지면 효용이 낮아지는 속성을 가지며 이러한 속성과 일관성을 갖는 효용함수로 $U = E(r) - 0.5A\sigma^2$을 고려할 수 있다.

이 효용함수 U는 효용가치(utility value)로서 기대수익률 $E(r)$이 커지면 효용(U)이 올라가고 분산(위험) σ^2이 커지면 효용(U)이 낮아짐을 의미한다. 그리고 A는 위험회피계수로서 투자자의 위험회피도를 나타내는 지수이기 때문에 A값이 클수록 위험회피도가 더 커서 분산(위험) σ^2이 커지면 효용(U)이 더 낮아진다. 계수 0.5는 척도를 적절한 비율로 조정하기 위한 것이다.

예를 들어, 위험회피계수가 3인 위험회피형 투자자의 효용가치가 4%일 경우, 이 투자자의 효용함수는 $0.04 = E(r) - 0.5(3)\sigma^2$, 즉 $E(r) = 0.04 + 1.5\sigma^2$으로 나타낼 수 있다. 이 경우 만약 이 투자자가 표준편차를 10%로 갖는다면 이에 상응하는 기대수익률은 $E(r) = 0.04 + 1.5(0.10)^2 = 0.055(= 5.5\%)$가 되어야 하고 위험(표준편차)이 20%와 30%로 증가하면 기대수익률도 각각 10%, 17.5%로 커져야 한다.

이러한 점들을 평균-표준편차 평면에 나타낸 것이 〈그림 2-1〉이다. 〈그

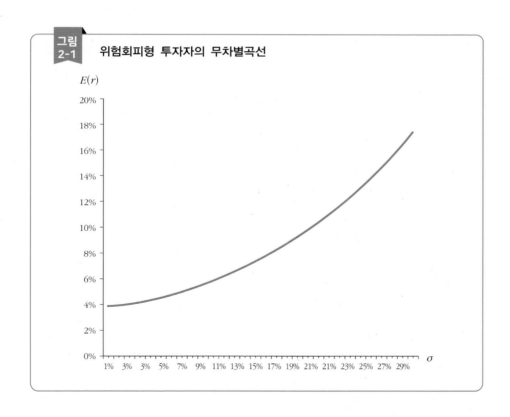

그림 2-1 위험회피형 투자자의 무차별곡선

림 2-1〉의 우상향 곡선상의 점들의 집합은 동일한 효용가치(4%)를 가지는 모든 평균-표준편차의 조합들을 연결한 선이다. 이 선상을 따라 표준편차 σ가 커지면 그에 상응하는 기대수익률 $E(r)$이 커지는 것을 알 수 있다. 이 선상 어디에 있더라도 효용가치 U는 4%로 항상 동일하므로 투자자는 이 선상에 있는 점들에 대해 어느 특정 점을 선호하지 않는다고(indifferent)하여 이 곡선을 무차별곡선(indifference curve)이라고 부른다.

2.3 SECTION / 포트폴리오 기대수익률과 위험

투자자가 투자대상으로 삼는 것은 오직 하나의 자산이 될 수도 있지만 주식, 채권, 부동산 등과 같이 여러 개의 자산에 분산투자하는 것이 보다 일반적이다. 이처럼 두 개 이상의 자산들로 구성된 조합을 포트폴리오(portfolio)라고 한다.

예를 들어, 100만원을 가지고 40만원은 10%의 수익률을 얻는 1자산에 투자하고 60만원은 20%의 수익률을 얻는 2자산에 투자하여 두 자산으로 구성된 포트폴리오를 가지고 있다고 하자. 100만원 중 40만원을 1자산에 투자했으므로 1자산의 투자비중은 0.4이고 2자산에는 60만원을 투자했으므로 2자산의 투자비중은 0.6이 된다. 두 자산을 모두 가지고 있는 사람은 얼마의 수익률을 얻을까? 단순히 30%(=10%+20%)라고 할 수 있을까?

두 자산에 투자된 자금의 크기가 다르기 때문에 개별자산의 수익률을 단순히 더하면 안 되고 개별자산의 투자비중으로 가중치를 주어서 더해야 한다. 투자자금 중 0.4는 10%의 수익률을 얻는 1자산에 투자하였고 0.6은 20%의 수익률을 얻는 2자산에 투자하였으므로 1자산과 2자산으로 구성된 포트폴리오의 수익률은 (0.4)(10%)+(0.6)(20%)=16%가 된다. 이를 일반적인 식으로 나타내면 $r_p = w_1 r_1 + w_2 r_2$가 된다.

1. 포트폴리오 기대수익률

투자자가 투자 시에 관심을 갖는 것은 과거의 수익률이 아니라 어떤 자산에 투자하였을 때 기대되는 미래의 기대수익률이다. 두 자산으로 구성된 포트폴리오의 기대수익률을 생각해보자. 포트폴리오의 기대수익률 $E(r_p)$는 개별자산의 기대수익률을 투자비중(1자산 w_1, 2자산 w_2)으로 가중평균하여 식(2-8)과 같이 계산할 수 있다.[4]

$$E(r_p) = w_1 E(r_1) + w_2 E(r_2) \tag{2-8}$$

2. 포트폴리오 위험

두 개의 자산으로 포트폴리오를 구성할 경우 포트폴리오 위험(분산) σ_p^2은 식(2-9)와 같이 구할 수 있다.[5]

$$\sigma_p^2 = w_1^2 \sigma_1^2 + w_2^2 \sigma_2^2 + 2w_1 w_2 \sigma_{12} \tag{2-9}$$

포트폴리오 위험 σ_p^2은 두 자산의 수익률이 함께 움직이는 정도를 나타내는 식(2-10)의 공분산(covariance) σ_{12}에 의해 영향을 받는다. σ_{12}가 양(+)의 값을 가지면 평균적으로 두 자산수익률이 서로 같은 방향으로 움직이고

---

4 $r_p = w_1 r_1 + w_2 r_2$에서 $E(r_p) = E(w_1 r_1 + w_2 r_2) = E(w_1 r_1) + E(w_2 r_2) = w_1 E(r_1) + w_2 E(r_2)$

5 $\sigma_p^2 = Var(w_1 r_1 + w_2 r_2) = Var(w_1 r_1) + Var(w_2 r_2) + 2Cov(w_1 r_1, w_2 r_2)$

$= w_1^2 \sigma_1^2 + w_2^2 \sigma_2^2 + 2w_1 w_2 \sigma_{12} = \sum_{i=1}^{2} \sum_{j=1}^{2} w_i w_j \sigma_{ij}$

→ N종목으로 일반화: $\sigma_p^2 = \sum_{i=1}^{N} \sum_{j=1}^{N} w_i w_j \sigma_{ij} = \sum_{i=1}^{N} w_i^2 \sigma_i^2 + \sum_{i=1}^{N} \sum_{\substack{j=1 \\ (i \neq j)}}^{N} w_i w_j \sigma_{ij}$

참고로, 분산과 공분산에 관한 수학적 기호는 다음과 같이 여러 가지 형태로 사용될 수 있다.

$Var(r_p) = \sigma_p^2$

$Var(r_1) = \sigma_1^2 = E[r_1 - E(r_1)]^2 = E[(r_1 - E(r_1))(r_1 - E(r_1))] = Cov(r_1, r_1) = Cov_{1,1} = \sigma_{11}$

$\sigma_{12} = Cov(r_1, r_2) = E[(r_1 - E(r_1))(r_2 - E(r_2))] = E[(r_2 - E(r_2))(r_1 - E(r_1))] = Cov(r_2, r_1) = \sigma_{21}$

음(−)의 값을 가지면 평균적으로 두 자산수익률이 서로 다른 방향으로 움직이고 있음을 의미한다.

예를 들어, 1자산의 수익률이 양수일 때 2자산의 수익률이 음수이면 두 수익률이 서로 상쇄되어 포트폴리오의 변동성이 줄어들 것이다. 식(2-9)에서 σ_{12}가 작을수록 σ_p^2이 작아짐을 알 수 있다.

$$\sigma_{12} = Cov(r_1, r_2) = E\left[(r_1 - E(r_1))(r_2 - E(r_2))\right]$$
$$= \sum [r_1 - E(r_1)][r_2 - E(r_2)]p_i \tag{2-10}$$

하지만 공분산은 여러 값을 가지는데 이러한 값이 얼마나 큰지 작은지에 대한 상대적인 비교를 할 수 없다는 단점이 있다. 공분산 σ_{12}를 −1과 +1 사이의 범위에 있도록 표준화시킨 것이 식(2-11)의 상관계수 ρ_{12}이다.

$$\rho_{12} = \frac{\sigma_{12}}{\sigma_1 \sigma_2} \tag{2-11}$$

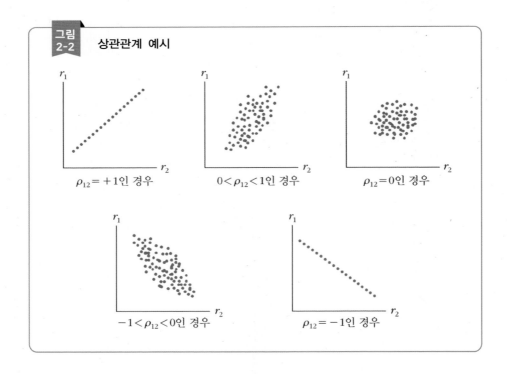

그림 2-2 상관관계 예시

$\rho_{12} = +1$인 경우 $0 < \rho_{12} < 1$인 경우 $\rho_{12} = 0$인 경우

$-1 < \rho_{12} < 0$인 경우 $\rho_{12} = -1$인 경우

상관계수가 +1일 경우는 두 자산수익률이 완전 정비례하는 직선관계를 가지며, −1일 경우는 완전 반비례하는 직선관계를 나타내고 선형적인 관계가 없는 경우는 상관관계수가 0이 된다. 이와 같은 상관관계를 예시하면 〈그림 2-2〉와 같다.

예제

포트폴리오 기대수익률과 위험

경제가 호황, 정상, 불황일 확률이 각각 30%, 20%, 50%이다. 각 경제상황에 따라 1자산과 2자산의 수익률이 아래 표와 같다. 1자산과 2자산에 각각 40%, 60%를 투자하여 포트폴리오를 구성한다고 가정한다.

	호황	정상	불황
확률	0.30	0.20	0.50
1자산: 수익률	0.20	0.10	−0.15
2자산: 수익률	0.09	0.08	0.12

(1) 1자산과 2자산의 기대수익률과 표준편차를 구하시오.

(2) 1자산과 2자산의 공분산과 상관계수를 구하시오.

(3) 포트폴리오의 기대수익률과 표준편차를 구하시오.

[답]

(1) 개별자산의 기대수익률은 $E(r) = \sum r_i p_i$, 분산은 $\sigma^2 = \sum [r_i - E(r)]^2 p_i$로 계산한다.

$E(r_1) = (0.3)(0.20) + (0.2)(0.10) + (0.5)(-0.15) = 0.005$

$\sigma_1 = \sqrt{[(0.3)(0.20 - 0.005)^2 + (0.2)(0.10 - 0.005)^2 + (0.5)(-0.15 - 0.005)^2]} = 0.1588$

$E(r_2) = (0.3)(0.09) + (0.2)(0.08) + (0.5)(0.12) = 0.103$

$\sigma_2 = \sqrt{[(0.3)(0.09 - 0.103)^2 + (0.2)(0.08 - 0.103)^2 + (0.5)(0.12 - 0.103)^2]} = 0.0173$

(2) $\sigma_{12} = \sum [r_1 - E(r_1)][r_2 - E(r_2)] p_i$

$\quad = (0.3)(0.20 - 0.005)(0.09 - 0.103) + (0.2)(0.10 - 0.005)(0.08 - 0.103)$

$\quad\quad + (0.5)(-0.15 - 0.005)(0.12 - 0.103)$

$\quad = -0.002515$

$\rho_{12} = \dfrac{\sigma_{12}}{\sigma_1 \sigma_2} = \dfrac{-0.002515}{(0.1588)(0.0173)} = -0.92$

(3) $E(r_p) = w_1 E(r_1) + w_2 E(r_2) = (0.4)(0.005) + (0.6)(0.103) = 0.0638$

$$\sigma_p = \sqrt{w_1^2\sigma_1^2 + w_2^2\sigma_2^2 + 2w_1w_2\sigma_{12}}$$

$$= \sqrt{(0.4)^2(0.1588)^2 + (0.6)^2(0.0173)^2 + 2(0.4)(0.6)(-0.002515)}$$

$$= 0.0542$$

① $E[r] = \mu = \sum r_i p_i$

② $Var[r] = \sigma^2 = \sum [r_i - E(r)]^2 p_i = E\left[\{r_i - E(r)\}^2\right] = E(r^2) - [E(r)]^2$

$\rightarrow Var[r] = \sum [r_i - E(r)]^2 p_i$

$\qquad = \sum [r_i^2 - 2r_i E(r) + \{E(r)\}^2] p_i$

$\qquad = \sum r_i^2 p_i - 2E(r) \sum r_i p_i + \{E(r)\}^2 \sum p_i$

$\qquad = E(r^2) - 2[E(r)]^2 + [E(r)]^2$

$\qquad = E(r^2) - [E(r)]^2$

③ $E[a] = a$

④ $E[ar] = aE[r]$

$\rightarrow E[ar] = \sum ar_i p_i = a \sum r_i p_i = aE[r]$

⑤ $E[a + br] = a + bE[r]$

⑥ $Var[a] = 0$

⑦ $Var[ar] = a^2 Var[r]$

$\rightarrow Var[ar] = E[\{ar - E(ar)\}^2]$

$\qquad = E[a^2 r^2 - 2arE(ar) + \{E(ar)\}^2]$

$\qquad = E[a^2 r^2 - 2a^2 rE(r) + a^2 \{E(r)\}^2]$

$\qquad = a^2 E[r^2 - 2rE(r) + \{E(r)\}^2]$

$\qquad = a^2 E[\{r - E(r)\}^2]$

$\qquad = a^2 Var[r]$

⑧ $Var[a + br] = b^2 Var[r]$

⑨ $Cov(r_i, r_j) = \sum [r_i - E(r_i)][r_j - E(r_j)]p_i$

$\qquad = E[\{r_i - E(r_i)\}\{r_j - E(r_j)\}]$

$\qquad = E[r_i r_j - r_i E(r_j) - E(r_i)r_j + E(r_i)E(r_j)]$

$\qquad = E[r_i r_j] - E(r_i)E(r_j) - E(r_i)E(r_j) + E(r_i)E(r_j)$

$\qquad = E(r_i r_j) - E(r_i)E(r_j)$

☞ 분산은 변수 하나의 값이 산포되어 있는 정도를 측정하는 대표치로서, $Var[r] = E[\{r_i - E(r)\}^2]$으로 정의되는데 이는 r의 각 값이 그 평균으로부터 어느 정도 떨어져 있느냐를 측정하는 방안이다. 반면, 두 변수 r_i, r_j의 공분산의 경우에는 한 변수의 편차$[r_i - E(r_i)]$를 제곱하는 대신, 각 변수의 편차 $[r_i - E(r_i)]$와 $[r_j - E(r_j)]$를 서로 곱한 다음 그 값의 평균치를 구함으로써 두 변수가 각각의 평균으로부터 괴리되는 정도가 어느 정도 관련성을 갖는지를 평가한다.

⑩ $Var[r_i + r_j] = Var[r_i] + Var[r_j] + 2Cov(r_i, r_j)$

$\rightarrow$ $Var[r_i + r_j] = E[\{(r_i + r_j) - E(r_i + r_j)\}^2]$

$\qquad = E[(r_i + r_j)^2 - 2(r_i + r_j)E(r_i + r_j) + \{E(r_i) + E(r_j)\}^2]$

$\qquad = E[r_i + r_j]^2 - 2[E(r_i + r_j)]^2 + [E(r_i) + E(r_j)]^2$

$\qquad = E[r_i + r_i]^2 - 2[E(r_i) + E(r_j)]^2 + [E(r_i) + E(r_j)]^2$

$\qquad = E[r_i + r_j]^2 - [E(r_i) + E(r_j)]^2$

$\qquad = E[r_i^2 + 2r_i r_j + r_j^2] - [\{E(r_i) + 2E(r_i)E(r_j) + \{E(r_j)\}^2]$

$\qquad = [E(r_i^2) - \{E(r_i)\}^2] + [E(r_j^2) - \{E(r_j)\}^2]$

$\qquad\quad + 2[E(r_i r_j) - E(r_i)E(r_j)]$

$\qquad = Var[r_i] + Var[r_j] + 2Cov(r_i, r_j)$

공분산

X주식수익률과 Y주식수익률이 다음과 같다고 하자.

날짜	Y주식수익률	X주식수익률
1일	−0.49%	−5.10%
2일	6.16%	9.95%
3일	2.88%	3.79%
4일	−5.76%	−8.60%
5일	3.59%	4.65%
6일	−0.94%	−6.67%
7일	6.76%	13.56%

X주식수익률과 Y주식수익률을 〈그림 A2-1〉과 같이 나타내면 두 변수 (X주식수익률과 Y주식수익률)가 양(+)의 선형관계를 보이고 있음을 알 수 있다. 다시 말하면, 한 변수가 증가(감소)하는 방향으로 움직이면 다른 변수도

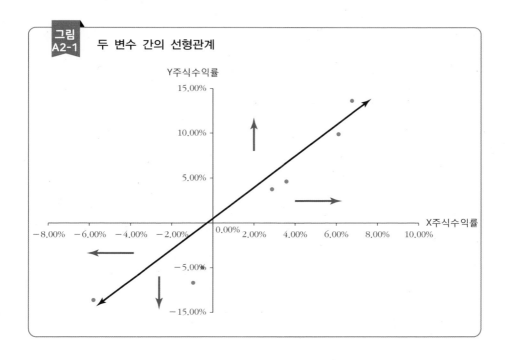

그림 A2-1 두 변수 간의 선형관계

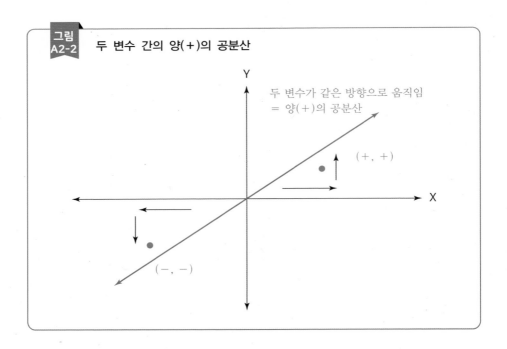

그림 A2-2 두 변수 간의 양(+)의 공분산

두 변수가 같은 방향으로 움직임
= 양(+)의 공분산

(+, +)

(−, −)

증가(감소)하는 방향으로 움직이고 있다. 이와 같이 두 변수 간의 함께 움직임(co-vary)을 의미하는 통계측정치를 공분산(covariance)이라고 한다.

양(+)의 공분산 값은 〈그림 A2-2〉에서 나타낸 바와 같이 두 변수가 같은 방향으로 움직임, 즉 한 변수가 증가(감소)하면 다른 변수도 증가(감소)한다는 선형관계를 의미한다. 반면, 〈그림 A2-3〉에서 나타낸 바와 같이 음(−)의 공분산 값은 두 변수가 다른 방향으로 움직임, 즉 한 변수가 증가(감소)하면 다른 변수는 감소(증가)한다는 선형관계를 의미한다.

따라서 아래와 같이 정의된 공분산은 두 변수가 같은 방향으로 움직이는지 혹은 다른 방향으로 움직이는지를 측정할 수 있다.

$$Cov(r_X, r_Y) = \sum [r_X - E(r_X)][r_Y - E(r_Y)]p_i$$
$$= E[(r_X - E(r_X))(r_Y - E(r_Y))]$$

$r_X > E(r_X)$, $r_Y > E(r_Y)$일 경우, $[r_X - E(r_X)] > 0$이고 $[r_Y - E(r_Y)] > 0$이므로 두 양수의 곱인 공분산은 양수($E[(r_X - E(r_X))(r_Y - E(r_Y))] > 0$)가 되어, 두

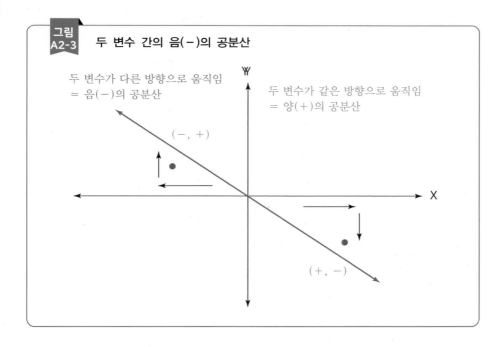

그림 A2-3 두 변수 간의 음(-)의 공분산

두 변수가 다른 방향으로 움직임
= 음(-)의 공분산

두 변수가 같은 방향으로 움직임
= 양(+)의 공분산

$(-, +)$

$(+, -)$

변수가 같은 방향인 증가하는 방향으로 움직이고 있다는 것을 알 수 있다. 이는 X주식수익률과 Y주식수익률 모두 자신의 평균수익률보다 크므로 두 주식 모두 수익률이 상승하고 있다는 사실과 일치한다.

$r_X < E(r_X)$, $r_Y < E(r_Y)$일 경우, $[r_X - E(r_X)] < 0$이고 $[r_Y - E(r_Y)] < 0$이므로 두 음수의 곱인 공분산은 양수($E[(r_X - E(r_X))(r_Y - E(r_Y))] > 0$)가 되어, 두 변수가 같은 방향인 하락하는 방향으로 움직이고 있다는 것을 알 수 있다. 이는 X주식수익률과 Y주식수익률 모두 자신의 평균수익률보다 작으므로 두 주식 모두 수익률이 모두 하락하고 있다는 사실과 일치한다.

$r_X > E(r_X)$, $r_Y < E(r_Y)$일 경우, $[r_X - E(r_X)] > 0$이고 $[r_Y - E(r_Y)] < 0$이므로 공분산은 음수($E[(r_X - E(r_X))(r_Y - E(r_Y))] < 0$)가 되어, 두 변수가 서로 다른 방향, 즉 X주식수익률은 상승하고 Y주식수익률은 하락하는 방향으로 움직이고 있다는 것을 알 수 있다.

$r_X < E(r_X)$, $r_Y > E(r_Y)$일 경우, $[r_X - E(r_X)] < 0$이고 $[r_Y - E(r_Y)] > 0$이므로 공분산은 음수($E[(r_X - E(r_X))(r_Y - E(r_Y))] < 0$)가 되어, 두 변수가 서로 다른 방향, 즉 X주식수익률은 하락하고 Y주식수익률은 상승하는 방향으로 움직

이고 있다는 것을 알 수 있다.

　　이처럼 공분산은 단지 두 변수간의 움직임의 방향(direction), 즉 양(+) 혹은 음(−)의 관계만 의미하고 두 변수가 서로 얼마나 밀접하게 움직이는지에 대한 강도(strength)는 말하지 않는다. 두 변수가 얼마나 밀접하게 붙어서 움직이는가는 공분산을 표준화시킨 상관계수를 통하여 알 수 있다.

02 수익률과 위험: 연습문제

Q1. A주식에 대한 1년 후 주가의 확률분포가 다음과 같다.

상황	확률	주가
호황	30%	120원
정상	50%	110원
불황	20%	80원

현재 100원으로 A주식을 매수하였고, 5원의 배당을 받을 예정이다. 기대보유기간수익률(expected holding period return)은 얼마인가? (   )

① 10%   ② 12%   ③ 14%

④ 16%   ⑤ 18%

Q2. (CFA) 다음 시장 상황에서 X주식과 Y주식의 수익률이 아래와 같을 때 X주식과 Y주식의 기대수익률과 표준편차는 각각 얼마인가? (   )

	약세시장	정상시장	강세시장
확률	0.2	0.5	0.3
X주식	−20%	18%	50%
Y주식	−15%	20%	10%

	X 및 Y 기대수익률	X 및 Y 표준편차
①	20%, 10%	24.33%, 13.23%
②	10%, 20%	13.23%, 24.33%
③	12%, 22%	25.67%, 22.52%
④	22%, 12%	22.52%, 25.67%

Q3. 위험자산에 투자할 경우에 70%의 확률로 20%의 수익률을 얻거나 30%의 확률로 10%의 수익률을 얻는다. 위험자산에 30,000원을 투자할 경우 기대수익은 얼마인가? (   )

① 5,000원   ② 5,100원   ③ 4,000원

④ 3,300원   ⑤ 1,500원

Q4. (CFA) 투자전략의 기대수익률과 확률이 아래 표와 같을 경우 100,000원을 투자할 때 주식과 무위험채권의 차이인 위험프리미엄은 얼마인가? ( )

투자전략	확률	기대수익
주식	0.6	50,000원
	0.4	−30,000원
무위험채권	1.0	5,000원

① 10,000원   ② 12,000원

③ 13,000원   ④ 15,000원

Q5. 다음 설명 중 옳은 것은? ( )

① 위험회피형 투자자는 공정한 게임에 참가하지 않는다.

② 위험중립형 투자자는 오직 위험에 의해서만 투자안을 선택한다.

③ 위험회피형 투자자의 무차별곡선은 부(−)의 기울기를 갖는다.

④ 위험선호형 투자자는 동일한 수익률을 가지는 투자안 중에서 더 낮은 위험을 가지는 투자안을 선택한다.

⑤ 위험선호형 투자자는 부가 증가할수록 효용은 증가하고 한계효용은 일정하다.

Q6. (2004 CPA 수정) 아래 표에서와 같이 A, B, C 및 D 투자안의 호경기와 불경기 때의 수익률이 주어져 있다. 다음의 설명 중 옳은 것을 모두 모아 놓은 것은? (단, 호경기와 불경기가 발생할 확률은 각각 1/2로 동일하다) ( )

투자안	호경기	불경기
A	10%	10%
B	13%	7%
C	14%	6%
D	15%	9%

a. 위험회피형 투자자는 C투자안과 D투자안 중에서는 D투자안을 선택한다.

b. 위험중립형 투자자는 A투자안, B투자안 및 C투자안을 동일하게 평가한다.

c. 위험추구형 투자자는 A투자안과 B투자안 중에서는 B투자안을 선택한다.

① a, b, c   ② b, c   ③ a, c

④ a, b   ⑤ c

Q7. 어느 투자자의 효용함수가 $U = E(r) - 1.5\sigma^2$이다. 다음 보기에서 투자자의 기대효용을 극대화하는 기대수익률과 표준편차는 어느 것인가? (　　)

① 10%, 15%   ② 12%, 18%   ③ 8%, 10%

④ 6%, 10%   ⑤ 20%, 32%

Q8. 위험자산의 기대수익률은 10%이고 표준편차는 20%이다. 무위험자산의 수익률은 5%이다. 투자자의 효용함수가 $U = E(r) - A\sigma^2$일 경우, 투자자가 무위험자산과 위험자산 중 어느 하나를 달리 선호하지 않게 만드는 위험회피계수 A는 얼마인가? (　　)

① 1   ② 1.25   ③ 1.5

④ 2   ⑤ 2.5

※ [Q9-Q11] (CFA) 효용함수가 $U = E(r) - A\sigma^2$일 경우 질문에 답하시오.

투자안	기대수익률	표준편차
1	0.12	0.30
2	0.15	0.50
3	0.21	0.16
4	0.24	0.21

Q9. A가 4일 경우 어느 투자안을 선택해야 하는가? (　　)

① 1   ② 2   ③ 3   ④ 4

Q10. 위험중립투자자라면 어느 투자안을 선택하는가? (　　)

① 1   ② 2   ③ 3   ④ 4

Q11. 효용함수에서 A는 무엇을 나타내는가? (　　)

① 투자자의 요구수익률

② 투자자의 위험회피도

③ 투자안의 위험프리미엄

④ 기대수익률 한 단위당 부담하는 위험의 정도

Q12. (2005 CPA) A, B 두 주식에 대한 기대수익률, 수익률의 표준편차, 수익률의 공분산이다.

$$E(R_A) = 8\% \qquad E(R_B) = 10\%$$

$$\sigma(R_A) = 10\% \qquad \sigma(R_B) = 15\% \qquad Cov(R_A, R_B) = -0.006$$

포트폴리오	A주식	B주식
I	1억원	–
II	5천만원	5천만원
III	–	1억원

총 1억원의 투자자금으로 위의 주식들을 활용하여 I, II, III 세 가지의 포트폴리오를 구축하였다고 하면 위험회피형 투자자의 투자행태에 대한 설명으로 가장 적절한 것은? (　　)

① 포트폴리오 I은 적절한 투자안이 될 수 있다.

② 포트폴리오 II는 적절한 투자안이 될 수 있다.

③ 지배원리에 의하면 포트폴리오 III은 포트폴리오 II보다 효율적인 투자안이므로 II를 지배한다.

④ 위험회피도가 낮은 투자자는 포트폴리오 III에 비하여 포트폴리오 I을 선택할 가능성이 높다.

⑤ 위험회피도가 높은 투자자는 포트폴리오 II에 비하여 포트폴리오 III을 선택할 가능성이 높다.

Q13. (2001 CPA) 주식과 채권 반반으로 구성된 뮤추얼펀드가 있다고 하자. 뮤추얼펀드를 구성하고 있는 주식과 채권의 분산이 각각 0.16과 0.04이고, 주식과 채권과의 공분산은 −0.1이다. 뮤추얼펀드의 분산을 $\sigma_p^2 = w_s S_s + w_b S_b$ 라고 할 때($w_s = w_b = 1/2$, $S_s =$ 주식으로 인한 뮤추얼펀드의 분산 기여도, $S_b =$ 채권으로 인한 뮤추얼펀드의 분산 기여도), S_s는 얼마인가? (　　)

① 0.02　　　　② 0.03　　　　③ 0.05

④ 0.08　　　　⑤ 0.16

02 수익률과 위험: 연습문제 해답

Q1. ②

[답]

$$(0.3)\left(\frac{120-100+5}{100}\right)+(0.5)\left(\frac{110-100+5}{100}\right)+(0.2)\left(\frac{80-100+5}{100}\right)=12\%$$

Q2. ①

[답]

$E(r_x)=(0.2)(-0.20)+(0.5)(0.18)+(0.3)(0.50)=20\%$

$E(r_y)=(0.2)(-0.15)+(0.5)(0.20)+(0.3)(0.10)=10\%$

$\sigma_X^2=(0.2)(-0.20-0.20)^2+(0.5)(0.18-0.20)^2+(0.3)(0.50-0.20)^2=0.0592$

$\sigma_X=24.33\%$

$\sigma_Y^2=(0.2)(-0.15-0.10)^2+(0.5)(0.20-0.10)^2+(0.3)(0.10-0.10)^2=0.0175$

$\sigma_Y=13.23\%$

Q3. ②

[답]

$E(r)=(0.7)(0.2)+(0.3)(0.1)=17\%$

$(30,000원)(0.17)=5,100원$

Q4. ③

[답]

$[(0.6)(50,000)+(0.4)(-30,000)]-5,000=13,000$

Q5. ①

Q6. ①

[답]

a. 위험회피형 투자자는 C투자안과 D투자안 중에서는 D투자안을 선택한다. 왜냐하면 C보다 D가 기대수익률이 더 높고 위험이 더 낮기 때문이다.

b. 위험중립형 투자자는 A투자안, B투자안 및 C투자안을 동일하게 평가한다. 왜냐하면 A, B, C 모두 기대수익률이 같기 때문이다.

c. 위험추구형 투자자는 A투자안과 B투자안 중에서는 B투자안을 선택한다. 왜냐하면 A, B 둘 다 기대수익률은 같지만 B가 위험이 더 크기 때문이다.

Q7. ②

[답]

① $U = 0.10 - (1.5)(0.15)^2 = 6.625\%$

② $U = 0.12 - (1.5)(0.18)^2 = 7.14\%$

③ $U = 0.08 - (1.5)(0.10)^2 = 6.5\%$

④ $U = 0.06 - (1.5)(0.10)^2 = 4.5\%$

⑤ $U = 0.20 - (1.5)(0.32)^2 = 4.64\%$

Q8. ②

[답]

무위험자산의 기대효용: $U = E(r) - A\sigma^2 \rightarrow U = 0.05 - A(0)^2 = 0.05$

위험자산의 기대효용: $U = E(r) - A\sigma^2 \rightarrow U = 0.1 - A(0.2)^2$

따라서 $0.05 = 0.1 - A(0.2)^2 \rightarrow A = 1.25$

Q9. ③

[답]

효용함수가 $U = E(r) - A\sigma^2$이므로, 가장 높은 효용을 갖는 것을 택해야 한다.

투자	기대수익률 $E(r)$	표준편차 σ	효용 U
1	0.12	0.30	-0.24
2	0.15	0.50	-0.85
3	0.21	0.16	0.1076
4	0.24	0.21	0.0636

Q10. ④

[답]

투자자가 위험중립형이라면 위험회피계수 $A = 0$이다. 위험중립형 투자자는 위험의 수준과는 무관하게 가장 높은 기대수익률을 주는 투자안을 선택하고 이때 가장 높은 효용을 가진다. 투자안 4가 가장 높은 기대수익을 주기 때문에 투자안 4를 택한다.

Q11. ②

Q12. ②

[답]

포트폴리오 Ⅰ의 기대수익률: 8%

표준편차: 10%

포트폴리오 Ⅱ의 기대수익률: $(0.5)(0.08) + (0.5)(0.1) = 9\%$

표준편차: $\sqrt{(0.5)^2(0.1)^2 + (0.5)^2(0.15)^2 + 2(0.5)(0.5)(-0.006)}$

$= 7.1589\%$

포트폴리오 Ⅲ의 기대수익률: 10%

표준편차: 15%

포트폴리오 Ⅰ의 변동계수 = 표준편차/기대수익률 = 10%/8% = 1.25

포트폴리오 Ⅱ의 변동계수 = 표준편차/기대수익률 = 7.1589%/9% = 0.7954

포트폴리오 Ⅲ의 변동계수 = 표준편차/기대수익률 = 15%/10% = 1.5

따라서, 포트폴리오 Ⅱ가 기대수익률 1단위당 위험을 가장 적게 부담한다.

효용함수가 $U = E(r) - 0.5A\sigma^2$이라고 하면 A가 낮은 투자자의 경우 A가 거의 0에 가깝다면 U는 $E(r)$에 의해 결정될 것이므로 포트폴리오 Ⅰ에 비해 포트폴리오 Ⅲ을 선호한다.

A가 높은 투자자의 경우 위험이 클수록 U가 크게 줄어들므로 포트폴리오 Ⅲ에 비해 포트폴리오 Ⅱ를 선호한다.

Q13. ②

[답]

$$\sigma_p^2 = w_1^2\sigma_1^2 + w_2^2\sigma_2^2 + 2w_1w_2\sigma_{12} = w_1w_1\sigma_{11} + w_1w_2\sigma_{12} + w_2w_1\sigma_{21} + w_2w_2\sigma_{22}$$

$$= w_1(w_1\sigma_{11} + w_2\sigma_{12}) + w_2(w_1\sigma_{21} + w_2\sigma_{22})$$

$$\rightarrow S_s = (w_1\sigma_{11} + w_2\sigma_{12}) = (1/2)(0.16) + (1/2)(-0.1) = 0.03$$

03

포트폴리오이론

본 장에서는 포트폴리오이론의 핵심인 자본배분결정과 자산배분결정에 대해서 배운다. 자본배분결정은 투자자금을 위험자산과 무위험자산에 각각 얼마만큼 투자할지 결정하는 것이다. 자산배분결정은 위험자산에 포함되어 있는 각 주식들에 대한 투자비중을 결정하는 것이다. 자산배분결정의 결과로 최적위험포트폴리오가 구해지고, 자본배분결정의 결과로 최적완전포트폴리오가 구해진다.

학습목표

- 자본배분결정
- 자산배분결정
- 분산투자와 위험분산효과

자본배분결정

현대 포트폴리오이론의 핵심인 투자의사결정은 (1) 위험자산(주식포트폴리오)과 무위험자산(국채)에 각각 얼마나 투자할 것인가를 결정하는 자본배분결정(capital allocation decision)과 (2) 위험자산을 구성하기 위해 다수의 주식들에 대해 각각 얼마나 투자할 것인가를 결정하는 자산배분결정(asset allocation decision)의 두 단계를 거친다. 본 절에서는 우선 위험자산은 이미 구성되었다고 가정하고 이 위험자산과 무위험자산 간의 자본배분결정에 대해서 논의하기로 한다.

1. 위험자산과 무위험자산의 투자기회집합

투자자가 투자금액을 위험자산(위험포트폴리오)과 무위험자산(무위험포트폴리오)에 각각 얼마씩 투자할 것인가에 대해서 생각해보자. 예를 들어, 투자금액의 40%는 무위험자산에 투자하고 나머지 60%는 위험자산(A주식, B주식, C주식으로 구성되는 주식포트폴리오)에 투자한다. 그리고 무위험자산의 수익률은 5%이고, 위험자산은 A주식 25%, B주식 35%, C주식 40%로 구성되며, 위험자산의 기대수익률 $E(r_p)$는 14%, 표준편차 σ_p는 25%라고 가정하자. 만약 투자자의 투자금액이 100만원이라면 무위험자산에 40만원(=100만원×40%), A주식에 15만원(=100만원×15%(=0.6×0.25)), B주식에 21만원(=100만원×21%(=0.6×0.35)), C주식에 24만원(=100만원×24%(=0.6×0.40))이 투자된다.

이와 같이 투자금액을 위험자산과 무위험자산에 투자할 경우 위험자산과 무위험자산으로 구성되는 포트폴리오를 완전포트폴리오(complete portfolio)라고 부른다. 그렇다면 완전포트폴리오의 기대수익률과 위험(표준편차)은 어떻게 계산할 수 있는가?

위험자산(위험포트폴리오)을 1자산, 무위험자산(무위험포트폴리오)을 2자산으로 간주하여 제2장에서 다룬 두 자산으로 구성된 포트폴리오 기대수익률 식(2-8)과 포트폴리오 분산 식(2-9)를 이용하여 계산하면 된다. 다만 본 장에서는 식(2-8), 식(2-9)와 구별하기 위해서 위험자산의 투자비중을 y로 표시하고 무위험자산의 투자비중을 $1-y$로 표시하기로 한다.

따라서 완전포트폴리오의 기대수익률 $E(r_c)$는 식(3-1)과 같이 계산할 수 있으며, 위의 예에서 위험자산에 60%, 무위험자산에 40% 투자할 경우 완전포트폴리오의 기대수익률은 다음과 같이 10.4%로 계산된다.

$$E(r_p) = w_1 E(r_1) + w_2 E(r_2)$$
$$\downarrow$$
$$E(r_c) = yE(r_p) + (1-y)r_f = r_f + y[E(r_p) - r_f] \qquad (3\text{-}1)$$
$$= 0.05 + (0.6)(0.14 - 0.05) = 10.4\%$$

완전포트폴리오의 표준편차 σ_c는 무위험자산의 표준편차 $\sigma_f = 0$인 것을 고려하면 식(3-2)가 되며, $\sigma_c = 15\%$로 계산된다.

$$\sigma_p = \sqrt{w_1^2 \sigma_1^2 + w_2^2 \sigma_2^2 + 2w_1 w_2 \sigma_{12}}$$
$$\downarrow$$
$$\sigma_c = \sqrt{y^2 \sigma_p^2 + (1-y)^2 \sigma_f^2 + 2y(1-y)\rho_{pf}\sigma_p\sigma_f}$$
$$= y\sigma_p \qquad (3\text{-}2)$$
$$= (0.6)(0.25) = 15\%$$

완전포트폴리오의 기대수익률 $E(r_c)$와 표준편차 σ_c는 위험자산과 무위험자산에 각각 얼마씩 투자했는지, 즉 위험자산의 투자비율 y에 따라 달라진다. 위의 예와 같이 투자금액의 60%를 위험자산에 투자하고 40%를 무위험자산에 투자할 경우 $E(r_c) = 10.4\%$, $\sigma_c = 15\%$이다.

만약, 투자자가 위험자산과 무위험자산에의 투자비중을 달리하여 위험자산에 70%, 무위험자산에 30% 투자한다고 하자. 이 완전포트폴리오를 X라고 할 때 X의 기대수익률과 표준편차는 다음과 같이 구한다.

$$E(r_x) = r_f + y[E(r_p) - r_f] = 0.05 + (0.7)(0.14 - 0.05) = 11.3\%$$
$$\sigma_x = y\sigma_p = (0.7)(0.25) = 17.5\%$$

투자자가 원래 가지고 있는 투자금액 100%에 30%를 더 차입[1]하여 총 130%를 위험자산에 투자한다면, 위험자산의 투자비중은 130%이고 무위험자산의 투자비중은 0%가 된다. 이 완전포트폴리오를 Y라고 할 때 Y의 기대수익률과 표준편차는 다음과 같이 구한다.

$$E(r_y) = r_f + y[E(r_p) - r_f] = 0.05 + (1.3)(0.14 - 0.05) = 16.7\%$$

$$\sigma_y = y\sigma_p = (1.3)(0.25) = 32.5\%$$

투자금액을 위험자산에 모두 투자할 경우에는 $y=1$이고 이 완전포트폴리오를 P라고 할 때 P의 기대수익률 $E(r_c)=14\%$, 표준편차 $\sigma_c=25\%$가 된다. 또한, 투자금액을 무위험자산에 모두 투자하면 $y=0$이므로 완전포트폴리오의 기대수익률 $E(r_c)=r_f=5\%$, 표준편차 $\sigma_c=0$이 된다. 〈표 3-1〉에 위험자산과 무위험자산에 대한 투자비중을 달리할 경우, 구해지는 완전포트폴리오의 기대수익률 $E(r_c)$와 표준편차 σ_c를 정리하였다.

표 3-1 완전포트폴리오의 기대수익률과 표준편차

위험자산의 투자비중(y)	무위험자산의 투자비중($1-y$)	$E(r_c)$	σ_c
0.0	1.0	0.050	0
0.6	0.4	0.104	0.150
0.7	0.3	0.113	0.175
1.0	0.0	0.140	0.250
1.3	0.0	0.167	0.325

이처럼 위험자산 투자비중 y값이 달라짐에 따라 얻어질 수 있는 모든 실현가능한 완전포트폴리오들의 집합을 자본배분선(CAL: capital allocation line)이라 부르며, 이를 〈그림 3-1〉에 나타내었다. 자본배분선(CAL)은 식(3-2)의

---

[1] 자금을 차입한다는 것은 무위험자산을 공매한다는 의미이다.

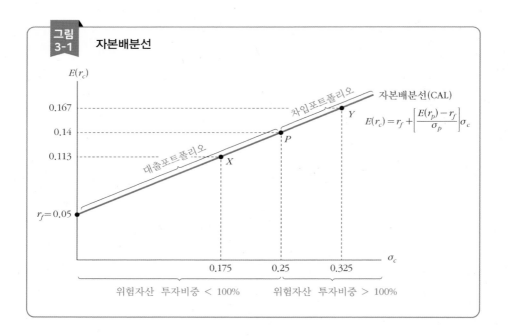

그림 3-1 자본배분선

$y = \sigma_c / \sigma_p$를 식(3-1)에 대입하여 식(3-3)으로 나타낼 수 있다.

$$E(r_c) = r_f + \left[\frac{E(r_p) - r_f}{\sigma_p} \right] \sigma_c \qquad (3\text{-}3)$$

〈그림 3-1〉에서 완전포트폴리오 X는 완전포트폴리오 P 왼쪽 직선 위에 존재하고, 완전포트폴리오 Y는 완전포트폴리오 P 오른쪽 직선 위에 존재한다. X처럼 투자금액의 일부를 무위험자산(=국채투자=대출)에 투자하여 P 왼쪽의 자본배분선(CAL)상에 위치하게 되는 모든 완전포트폴리오를 대출포트폴리오라고 부른다. 반면, Y처럼 원래의 투자금액에 차입하여 더한 금액을 위험자산에 투자하여 P 오른쪽의 자본배분선(CAL)상에 위치하게 되는 모든 완전포트폴리오를 차입포트폴리오라고 부른다.

한편, 자본배분선(CAL)의 기울기 $[E(r_p) - r_f]/\sigma_p$는 위험 한 단위에 대한 보상을 나타내며, 투자보상대변동성비율(reward-to-variability ratio) 혹은 샤프비율(Sharpe ratio)이라고 한다. 위의 예에서 샤프비율은 $0.36(=(0.14-0.05)/0.25)$으로 계산되는데, 이는 위험 1단위를 추가로 부담할 때 투자자들이 얻게 되는 초과수익은 0.36단위 증가한다는 의미이다.

2. 최적완전포트폴리오

투자자는 위험자산의 투자비중 y를 변화시킴에 따라 자본배분선(CAL) 상의 무수히 많은 완전포트폴리오들을 취할 수 있다. 이 수많은 완전포트폴리오들 중에서 투자자에게 최적인 완전포트폴리오는 어느 것일까?

투자자는 자신의 투자만족도, 즉 효용함수가 극대화되는 완전포트폴리오를 찾으면 된다. 자본배분선(CAL)상에 위치하는 완전포트폴리오는 위험자산의 투자비중 y에 따라 달라지므로 결국 효용함수 U를 극대화하는 투자비중 y를 찾으면 될 것이다. 즉, 위험회피형 투자자의 효용함수를 $U = E(r_c) - 0.5A\sigma_c^2$ 라고 가정할 경우 식(3-1)과 식(3-2)를 이용하여 다음과 같이 효용함수 U를 극대화하는 투자비중 y를 구하면 된다.

$$\underset{y}{Max} \, U = E(r_c) - 0.5A\sigma_c^2 = r_f + y[E(r_p) - r_f] - 0.5y^2 A\sigma_p^2$$

$$\frac{dU}{dy} = 0 \;\rightarrow\; y^* = \frac{E(r_p) - r_f}{A\sigma_p^2} \tag{3-4}$$

식(3-4)를 보면 투자자의 위험회피계수 A가 클수록 효용을 극대화시키는 최적투자비중 y^*가 작아진다. 위험회피도가 높을수록 위험자산에 적게 투자한다는 의미이다. 위험회피계수 A가 4인 투자자는 다음과 같이 위험자산 최적투자비중 y^*가 0.36이고 최적 투자 비중대로 투자하여 얻어지는 최적완전포트폴리오(optimal complete portfolio)의 기대수익률과 표준편차는 각각 8.24%와 9%가 된다.

$$y^* = \frac{0.14 - 0.05}{(4)(0.25)^2} = 0.36$$

$$E(r_c) = 0.05 + 0.36(0.14 - 0.05) = 8.24\%$$

$$\sigma_c = 0.36(.25) = 9\%$$

만약, 위험회피계수가 1인 투자자의 경우는 다음과 같이 y^*가 1.44이고 이 최적투자비중대로 투자하여 얻어지는 최적완전포트폴리오의 기대수익률과 표준편차는 각각 17.96%와 36%가 된다.

$$y^* = \frac{0.14 - 0.05}{(1)(0.25)^2} = 1.44$$

$$E(r_c) = 0.05 + 1.44(0.14 - 0.05) = 17.96\%$$

$$\sigma_c = 1.44(0.25) = 36\%$$

이러한 자본배분결정을 요약하여 그림으로 나타낸 것이 〈그림 3-2〉이다. 위험회피형 투자자의 무차별곡선은 원점에 대해서 볼록한 형태를 가지며, 무차별곡선의 기울기는 위험 한 단위 증가분에 대한 수익률의 증가분이다. 따라서 위험회피도가 4인 투자자의 경우 위험회피도가 1인 투자자에 비해서 위험회피도가 높기 때문에 위험 한 단위 증가에 대해서 수익률의 증가분이 더 커야 한다. 그러므로 위험회피도가 1로 낮은 투자자에 비해 무차별곡선의 형태가 더 급격하게 원점에 대해서 볼록한 형태를 가진다.

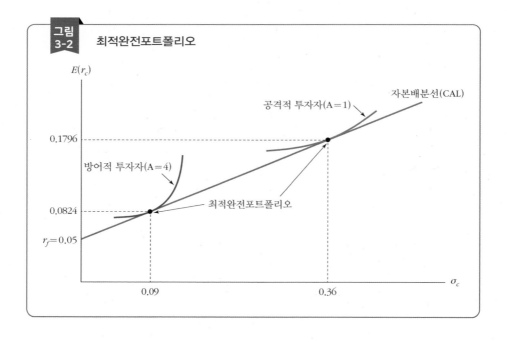

그림 3-2 최적완전포트폴리오

이와 같이 위험회피도가 상대적으로 높은 투자자를 방어적 투자자라고 하고 위험회피도가 낮은 투자자를 공격적 투자자라고 한다. 어느 형태의 투자자든 간에 각 투자자의 기대효용을 극대화시키는 비율로 무위험자산과 위험자산을 구성한 포트폴리오를 최적완전포트폴리오라고 하며, 각 투자자의 위험회피도에 따라 최적완전포트폴리오가 결정되므로 실제로 최적완전포트폴리오는 무수히 많이 존재하게 된다.

3.2 자산배분결정
SECTION

앞 절에서는 투자자가 투자자금을 위험자산과 무위험자산에 얼마씩 투자할지를 결정하는 자본배분결정에 대해서 설명하였다. 이제 위험포트폴리오를 최적으로 구성하기 위해 다수의 위험자산들에 대한 투자비율을 결정하는 자산배분결정에 대해 살펴보기로 한다.

1. 위험자산의 투자기회집합

X주식 기대수익률 10%, 표준편차 20%, Y주식 기대수익률 18%, 표준편차 28%, 두 주식의 상관계수는 25%^{2}라고 하자. X주식에 w_x 투자하고 Y주식에 $w_y = 1 - w_x$ 투자한다고 할 경우, 두 개 주식으로 구성되는 위험포트폴리오(위험자산)의 기대수익률과 분산은 다음과 같다.

$$E(r_p) = w_x E(r_x) + w_y E(r_y) \tag{3-5}$$

$$\sigma_p^2 = w_x^2 \sigma_x^2 + w_y^2 \sigma_y^2 + 2 w_x w_y \rho_{xy} \sigma_x \sigma_y \tag{3-6}$$

위험자산(위험포트폴리오)에 투자할 때의 투자비중 w_x, w_y에 따라 위험자산(위험포트폴리오)의 기대수익률 $E(r_p)$와 표준편차 σ_p가 달라진다. 〈표 3-2〉

---

2 $\sigma_{xy} = \rho_{xy} \sigma_x \sigma_y$이므로 상관계수가 0.25이면 공분산은 $(0.25)(0.20)(0.28) = 0.014$가 된다.

표 3-2	투자비중에 따른 위험자산(위험포트폴리오)의 기대수익률과 표준편차			
w_X	w_Y	$\rho_{XY} = 0.25$일 경우		
		$E(r_p)$	σ_p	
0.0	1.0	0.180	0.2800	
0.2	0.8	0.164	0.2372	
0.4	0.6	0.148	0.2033	
0.6	0.4	0.132	0.1835	
0.8	0.2	0.116	0.1822	
1.0	0.0	0.100	0.2000	

에 6가지 경우의 투자비중에 대한 기대수익률 $E(r_p)$와 표준편차 σ_p를 나타내었고, 만약 투자비중을 연속적으로 변화시킨다면 기대수익률 $E(r_p)$와 표준편차 σ_p의 조합이 연속적으로 나타나 〈그림 3-3〉의 포물선 모양의 투자기회집합(investment opportunity set)이 그려진다.

〈그림 3-3〉의 투자기회집합에서 위험(σ_p)이 최소가 되는 포트폴리오를

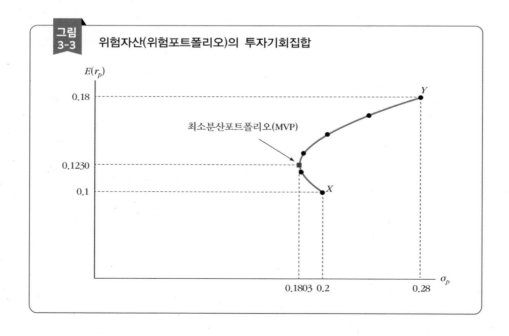

그림 3-3 위험자산(위험포트폴리오)의 투자기회집합

최소분산포트폴리오(MVP: minimum variance portfolio)라고 한다. 그러면, 최소분산포트폴리오의 기대수익률 $E(r_p)$와 표준편차 σ_p는 얼마인가? 이것은 식 (3-7)과 같이 위험이 최소가 되는 투자비중을 찾아서 이 비중대로 투자하여 구할 수 있다.

$$\frac{d\sigma_p^2}{dw_x} = 0 \;\rightarrow\; w_x = \frac{\sigma_y^2 - \sigma_{xy}}{\sigma_x^2 + \sigma_y^2 - 2\sigma_{xy}} \tag{3-7}$$

$$= \frac{(0.28)^2 - 0.014}{(0.20)^2 + (0.28)^2 - 2(0.014)} = 0.7124$$

$$w_y = 1 - w_x = 1 - 0.7124 = 0.2876$$

따라서 투자금액의 71.24%를 X주식에 투자하고, 28.76%를 Y주식에 투자하면 위험자산(위험포트폴리오) 중에서 위험이 가장 낮은 포트폴리오인 최소분산포트폴리오를 취할 수 있다. 최소분산포트폴리오의 기대수익률 $E(r_p)$와 표준편차 σ_p는 다음과 같다.

$$E(r_p) = (0.7124)(0.10) + (0.2876)(0.18) = 0.1230$$

$$\sigma_p = \sqrt{(0.7124)^2(0.20)^2 + (0.2876)^2(0.28)^2 + 2(0.7124)(0.2876)(0.014)}$$

$$= 0.1803$$

〈그림 3-3〉에서 MVP와 Y를 이어주는 곡선상에 있는 위험포트폴리오들은 곡선 아래에 위치하는 그 어떤 수익률-표준편차의 조합들과 비교할 때 동일한 위험하에서 최대의 기대수익률을 제공하고, 동일한 기대수익률하에서 위험이 최소인 특성을 지닌다. 이러한 포트폴리오들을 효율적 포트폴리오라고 하며, MVP와 Y를 이어주는 곡선이 효율적 포트폴리오들의 집합이고 이 곡선을 효율적 투자선(efficient frontier)이라고 부른다.

1952년에 발표된 Markowitz의 포트폴리오선택이론(portfolio selection theory)은 일정한 위험하에서 최대의 기대수익률을 제공하는 포트폴리오를 선택하거나 일정한 기대수익률하에서 위험을 최소화하는 효율적 포트폴리오들

의 집합, 즉 효율적 투자선(efficient frontier)을 찾아내는 것이다.[3] 효율적 투자
선상의 포트폴리오들 간에는 기대수익률이 높으면 위험도 함께 커지므로 어
느 것이 다른 것을 지배하지 못하고 모두 다 효율적이다.

읽을거리

증시 대중화 이끈 Markowitz

"Harry, 수학적 논리 전개는 아무 문제 없어 보이지만 한 가지 결함이 있어. 이건 경
제학 논문도, 수학 논문도, 경영학 논문도 아닐세." 박사학위 심사회에서 시카고 대학
의 Milton Friedman 교수는 Harry Markowitz에게 이렇게 쏘아붙였다. 이 문제로 학
위 수여 여부에 대해 심사위원들 간에 논쟁이 벌어졌고 Markowitz는 밖에 나가 초조
히 결과를 기다려야 했다. 마침내 문이 열리고 지도교수인 Marschak 교수가 그에게
다가와 이렇게 말했다. "축하하네. Markowitz 박사."

Harry Markowitz, 그의 논문은 박사학위조차 받지 못할 뻔했을 정도로 어려움을 겪
었다. 하지만 38년이 지난 1990년, 그는 이 논문의 내용으로 당당히 노벨경제학상을
받았다. 그가 완성시켰다는 '포트폴리오이론'을 한마디로 말하면 "계란을 한 바구니에
담지 말라"라는 것이다. 바구니를 떨어뜨렸을 때 모든 계란이 깨지는 위험을 피하기
위해서 달걀을 여러 바구니에 나눠 담아놓으라는 것이다. 양계장 주인이라면 흔히 알
고 있는 평범한 진실이었지만 Markowitz는 이것을 주식투자에 적용시킨 것이다.

그런데 경제 전문 편집인 Peter J. Dougherty는 '세상을 구한 경제학자들'이라는 책
에서 투자자에게 Markowitz의 '포트폴리오 선택'은 마르크스주의자에게 '공산당 선
언'이 지닌 의미와도 같다고 극찬했다. 이는 교과서이자 선동서로서, 그의 "일어서라,
그리고 분산투자하라"는 메시지가 월스트리트와 세계 경제를 완전히 변화시켰다고 평
가한 것이다. 왜 Markowitz에 대한 평가가 이처럼 극적인 반전을 보게 된 것일까?
그 이유는 다음 세 가지로 요약될 것이다.

첫째, Markowitz는 남이 거들떠보지 않던 시기에 주식시장을 연구하기 시작했다. 그
가 주식투자를 주제로 논문을 쓰던 1952년 당시, 학계는 증권시장을 학문의 대상으
로 보지 않았다. 그저 주식은 도박을 좋아하는 사람들이 하는 투기 대상 정도로 치부
하던 때였다.

둘째, 1970년대 이전까지 주식에 대한 투자자의 관심은 오직 수익률이었다. 주가가
상승할 때는 괜찮지만 주가가 폭락할 때면, 수익률에 실망한 수많은 투자자는 시장을
떠났다. 그런데 Markowitz는 주식거래를 위험관리 측면에서 보아야 한다고 주장한

---

3 Harry Markowitz, "Portfolio Selection," *Journal of Finance*, March 1952.

것이다. 이 주식투자의 새로운 접근법이 주가가 오르건 떨어지건 주식시장에 항상 관심을 기울이도록 만들었다.

셋째, 분산투자 이론은 수많은 신상품을 낳았고 시장 분위기를 대역전시키는 기폭제 역할을 했다. 위험관리를 위한 분산투자 기법으로 주가지수에 투자하는 상품, 채권과 주식을 혼합한 상품 등 다양한 펀드상품이 속속 등장했다. 이 발명에 힘입어 자본시장은 지금까지 들어본 적이 없을 정도의 경쟁과 효율성을 경험하게 되었다.

1950년대 중반 미 증시는 대공황 이전의 최고치를 비로소 경신하지만, 그 후 몇 차례 약세장을 거듭하면서 오랜 기간 약진의 발판을 찾지 못했다. 그러던 주식 장세는 1980년대와 1990년대 들어 역사상 최장의 강세장을 기록했다. 미국인들은 주식과 펀드 투자에 열광하며 '1가구 1펀드'라는 펀드의 대중화 시대를 연 것이다. Markowitz의 위험관리를 위한 포트폴리오 투자기법은 일종의 사회적 발명품이다. 양계 업계의 평범한 격언을 주식투자에 적용시킨 경제학자의 작은 아이디어 하나가 세계 증권시장의 모습을 완전히 바꿔 놓은 것이다.

출처: 파이낸셜뉴스(www.fnnews.com), 2013. 2. 13

2. 최적위험포트폴리오

만약 X주식과 Y주식에 투자하는 것에 더하여 수익률이 6%인 무위험자산(무위험포트폴리오)에도 투자할 수 있다면 어떻게 될까? 〈표 3-2〉에서 보듯이 투자자가 X주식에 60%($w_x = 0.6$), Y주식에 40%($w_y = 0.4$) 투자하여 위험자산(위험포트폴리오)을 구성할 경우 기대수익률 $E(r_p)$와 표준편차 σ_p는 각각 13.2%, 18.35%가 되어 〈그림 3-4〉에서 A점이 된다. 투자자가 A점의 위험자산(위험포트폴리오 A)에 투자금액의 y만큼 투자하고, $1-y$만큼 무위험자산(무위험포트폴리오)에 투자할 경우 투자기회집합 CAL$_A$ 얻는다.

투자자가 투자기회집합 XY곡선상에 위치하게 되는 수많은 위험자산(위험포트폴리오)들 중 하나에 y만큼 투자하고 무위험자산에 $1-y$만큼 투자하면 그에 해당하는 자본배분선(CAL)이 도출되므로 실제로 무수히 많은 자본배분선(CAL)들이 존재하게 된다.

그렇다면 그 수많은 자본배분선(CAL) 중에서 어떤 자본배분선(CAL)이 가장 우월한 자본배분선(CAL)인가? 〈그림 3-4〉에서 가장 기울기가 큰 자본배분

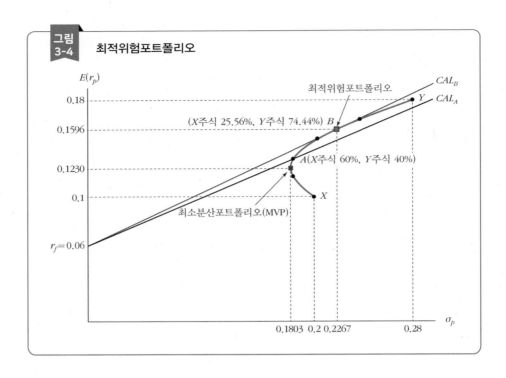

그림 3-4 최적위험포트폴리오

선(CAL)이 다수의 자본배분선(CAL) 중 가장 우월한 자본배분선(CAL)이 된다. 기울기가 가장 큰 자본배분선(CAL)은 무위험자산(무위험포트폴리오)과 XY곡선 상의 접점 B를 연결하는 접선이 될 것이며, 이 접점 B를 최적위험포트폴리오 (optimal risky portfolio)라고 한다.

자본배분선 B(CALᴮ)와 자본배분선 A(CALᴬ)를 비교해보면, 동일한 기대수 익률하에서는 자본배분선 B(CALᴮ)가 위험이 더 낮고 동일한 위험하에서는 자 본배분선 B(CALᴮ)가 수익률이 더 높기 때문에 자본배분선 B(CALᴮ)가 자본배 분선 A(CALᴬ)를 지배하게 된다.

그러면 가장 우월한 자본배분선(CAL)이 도출되도록 하는 최적위험포트폴 리오는 어떻게 찾는가? 최적위험포트폴리오를 찾기 위해서는 식(3-8)과 같이 자본배분선(CAL)의 기울기$[E(r_p) - r_f]/\sigma_p$를 극대화하는 투자비중 w_x와 w_y를 구한 후, 이 투자비중대로 투자하여 찾는다.

$$\underset{w_x}{Max} S_p = \frac{E(r_p) - r_f}{\sigma_p} \tag{3-8}$$

$$\frac{dS_p}{dw_x} = 0$$

$$\rightarrow w_x = \frac{[E(r_x)-r_f]\sigma_y^2 - [E(r_y)-r_f]\sigma_{xy}}{[E(r_x)-r_f]\sigma_y^2 + [E(r_y)-r_f]\sigma_x^2 - [E(r_x)-r_f+E(r_y)-r_f]\sigma_{xy}} \qquad (3\text{-}9)$$

$$= \frac{(0.10-0.06)(0.28)^2 - (0.18-0.06)(0.014)}{(0.1-0.06)(0.28)^2 + (0.18-0.06)(0.2)^2 - (0.10-0.06+0.18-0.06)(0.014)}$$

$$= 0.2556$$

$$w_y = 1 - w_x = 1 - 0.2556 = 0.7444$$

X주식에 25.56%, Y주식에 74.44%의 투자비중으로 구성되는 위험포트폴리오(위험자산) B가 최적위험포트폴리오가 되고, 최적위험포트폴리오의 기대수익률 $E(r_p)$와 표준편차 σ_p는 다음과 같다.

$$E(r_p) = (0.2556)(0.10) + (0.7444)(0.18) = 0.1596$$

$$\sigma_p = \sqrt{(0.2556)^2(0.20)^2 + (0.7444)^2(0.28)^2 + 2(0.2556)(0.7444)(0.014)}$$

$$= 0.2267$$

다시 말하면, 투자자는 투자금액의 y만큼을 최적위험포트폴리오(위험자산) B(X주식에 $w_x=25.56\%$, Y주식에 $w_y=74.44\%$ 투자)에 투자하고 나머지 $1-y$ 만큼을 무위험자산에 투자하면 자본배분선 B(CAL$_B$)를 얻는다.

3. 최적완전포트폴리오

이제, 투자자는 앞 절의 자본배분결정에서 설명한 바와 같이 최적위험포트폴리오에 대한 최적투자비중 y를 자신의 위험선호도에 따라 선택함으로써 자신의 효용을 극대화하는 최적완전포트폴리오를 최종적으로 찾게 된다.

예를 들어, 위험회피도가 4인 투자자는 어떠한 과정으로 자신의 최적완전포트폴리오를 취할 수 있을까? 이 투자자는 우선 무수히 많은 자본배분선 (CAL)들 중에서 가장 우월한 자본배분선 B(CAL$_B$)상에서 최적완전포트폴리오를 취하려 할 것이다. 이를 위해서는 최적위험포트폴리오 B와 무위험자산

(무위험포트폴리오)에 투자하면 되며, B에 투자하는 비중 y는 식(3-4)로부터 48.45%가 되며, 무위험자산(무위험포트폴리오) 투자비중 $1-y$는 51.55%가 된다.

$$y = \frac{E(r_p) - r_f}{A\sigma_p^2} = \frac{0.1596 - 0.06}{(4)(0.2267)^2} = 0.4845$$

따라서 위험회피계수가 4인 투자자인 경우 투자금액의 48.45%를 X주식에 12.38%(=0.4845×0.2556)만큼 투자하고 Y주식에 36.07%(=0.4845×0.7444)만큼 투자하여 최적위험포트폴리오를 구성하고, 51.55%(=1-y=1-0.4845)는 무위험자산(무위험포트폴리오)에 투자함으로써 최적완전포트폴리오를 취할 수 있게 된다. 이와 같이 투자하게 될 경우 식(3-1)과 식(3-2)로부터 최적완전포트폴리오의 기대수익률은 10.83%, 위험은 10.98%로 계산된다. 지금까지 설명한 내용을 모두 그림으로 나타낸 것이 〈그림 3-5〉이다.

$$E(r_c) = r_f + y[E(r_p) - r_f] = 0.06 + (0.4845)(0.1596 - 0.06) = 0.1083$$

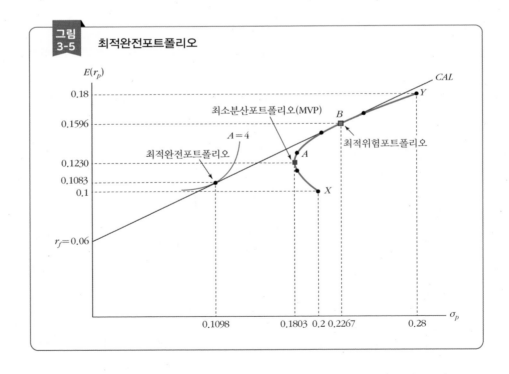

그림 3-5 최적완전포트폴리오

$$\sigma_c = y\sigma_p = (0.4845)(0.2267) = 0.1098$$

〈그림 3-5〉를 보면 포트폴리오의 선택에 있어서 ① 모든 투자자들은 가장 우월한 자본배분선(CAL)을 원하기 때문에 투자기회집합을 나타내는 XY곡선상의 무수한 위험포트폴리오들 중에서 접점인 B를 최적위험포트폴리오로 누구나 동일하게 선택한다. ② 그 다음 각 투자자는 자본배분선(CAL)상의 대출포트폴리오와 차입포트폴리오 중에서 각자의 위험회피도에 따라 자신들의 최적완전포트폴리오를 선택한다. 이처럼 포트폴리오 선택 시 ①단계와 ②단계가 서로 독립적으로 분리되어 이루어지는 것을 Tobin의 분리정리(separation theorem)라고 한다.[4]

예제

최적완전포트폴리오

투자자 A는 X주식에 25.56%, Y주식에 74.44%를 투자하여 기대수익률 15.96%, 표준편차 22.67%인 최적위험포트폴리오를 구성하였다. 투자자 A는 자신의 효용을 극대화시키는 최적완전포트폴리오를 구성하여 투자하고자 하는데, 이 포트폴리오의 기대수익률이 12%가 되기를 원한다. 이 경우 무위험자산과 최적위험포트폴리오를 구성하는 X주식과 Y주식에 각각 얼마나 투자하여야 하는가? 또한 최적완전포트폴리오의 표준편차는 얼마인가? 무위험자산의 수익률은 6%로 가정한다.

[답]
$$E(r_c) = r_f + y[E(r_p) - r_f] \rightarrow 0.12 = 0.06 + y(0.1596 - 0.06)$$
$$\rightarrow y = 0.6024 : \text{최적위험포트폴리오의 투자비중}$$

$(0.6024)(0.2556) = 0.1540 :$ X주식에 투자

$(0.6024)(0.7444) = 0.4484 :$ Y주식에 투자

$1 - y = 1 - 0.6024 = 0.3976 :$ 무위험자산에 투자

$\sigma_c = y\sigma_p = (0.6024)(0.2267) = 0.1366$

---

4 James Tobin, "Liquidity Preference as Behavior Toward Risk," *Review of Economic Studies,* 25, February 1958.

4. 분산투자와 위험분산 효과

포트폴리오를 구성하게 되면 포트폴리오에 포함되는 개별자산들 간의 양(+)의 수익률과 음(−)의 수익률이 서로 상쇄되어 개별자산에 비하여 위험이 감소하는 위험분산 효과를 누릴 수 있다. 〈그림 3-7〉에서 보듯이 구성자산의 수가 증가하면 포트폴리오의 위험이 감소한다. 하지만 구성자산의 수를 무한히 크게 해도 포트폴리오의 위험은 완전히 제거되지 않고 일정한 수준까지만 하락한다.

이처럼 아무리 광범위하게 분산투자하여도 시장 전반에 기인하는 위험은 제거할 수 없는데 이를 시장위험(market risk), 체계적 위험(systematic risk) 혹은 분산불가능위험(nondiversifiable risk)이라고 한다. 반면, 분산투자에 의해 제거 가능한 위험을 개별위험(firm-specific risk), 비체계적 위험(nonsystematic risk) 혹은 분산가능위험(diversifiable risk)이라고 한다.

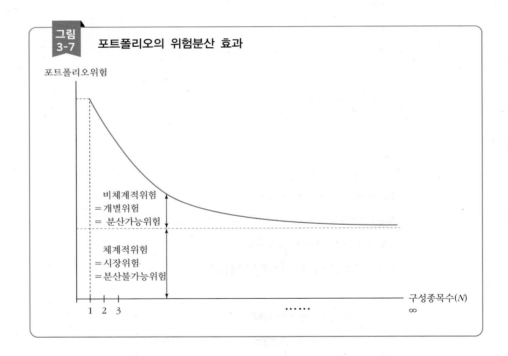

그림 3-7 포트폴리오의 위험분산 효과

CHAPTER

03 포트폴리오이론: 연습문제

Q1. (CFA) 포트폴리오의 분산에 대한 설명으로 옳은 것은? (   )

① 적절한 분산투자는 체계적 위험을 줄이거나 제거할 수 있다.

② 분산투자는 포트폴리오의 총위험을 줄이기 때문에 포트폴리오 기대수익률을 줄일 수 있다.

③ 주식이 포트폴리오에 더 많이 포함될수록 총위험은 줄어들 것으로 기대된다.

④ 분산투자의 위험감소효과는 최소한 30개의 증권이 포트폴리오에 포함될 때까지 의미 있게 발생하지 않는다.

Q2. 어느 투자자가 자신의 투자자금 중 30%를 기대수익률 10%, 표준편차가 4%인 위험자산에 투자하였고, 투자자금의 70%는 5%의 수익률을 얻을 수 있는 무위험채권에 투자하였다. 이 투자자가 구성한 완전포트폴리오의 기대수익률과 표준편차는 각각 얼마인가? (   )

① 5.4%, 0%   ② 6.5%, 1.2%   ③ 7.5%, 2.8%

④ 8.7%, 4%   ⑤ 9%, 5%

Q3. (CFA 수정) H주식을 소유하고 있는 위험회피형 투자자가 S주식이나 P주식을 자신의 포트폴리오에 포함할 것을 고려 중이다. 세 주식은 모두 동일한 기대수익률과 총위험을 갖고 있다. H주식과 S주식의 공분산은 −0.5이고 H주식과 P주식의 공분산은 +0.5이다. 포트폴리오위험은 어떻게 될 것으로 예상되는가? (   )

① 투자자가 S주식을 매수할 때 더 감소한다.

② 투자자가 P주식을 매수할 때 더 감소한다.

③ S주식이나 P주식을 매수할 때 증가한다.

④ 다른 요인들에 의해 증가하거나 감소한다.

Q4. (CFA) 주식 A, B, C는 동일한 기대수익률과 표준편차를 가지며, 주식수익률 간의 상관계수는 다음과 같다.

	A주식	B주식	C주식
A주식	+1.0		
B주식	+0.9	+1.0	
C주식	+0.1	−0.4	+1.0

다음 보기에 구성된 포트폴리오 중 가장 위험이 낮은 것은? (　　)

① A주식과 B주식에 동일한 비율로 투자된 포트폴리오

② A주식과 C주식에 동일한 비율로 투자된 포트폴리오

③ B주식과 C주식에 동일한 비율로 투자된 포트폴리오

④ C주식에 모두 투자된 포트폴리오

Q5. (2012 CPA) 주식시장이 A주식과 B주식만으로 이루어져 있다고 가정한다. A주식 45%와 B주식 55%로 구성된 시장포트폴리오의 샤프비율(Sharpe ratio)이 0.2라고 할 때, 무위험수익률(risk-free rate) 값으로 가장 가까운 것은? (　　)

주식시장		
	A주식의 수익률	B주식의 수익률
평균	6.50%	8.50%
분산	0.10	0.15
공분산	0.06	

① 1.39%　　　　② 1.43%　　　　③ 1.49%

④ 1.51%　　　　⑤ 1.55%

※ [Q6~Q8] (CFA 수정) 투자자 A는 900,000원의 잘 분산된 포트폴리오를 가지고 있는 상황에서 100,000원의 K주식을 상속받았다. 투자자 A의 재무상담사는 다음과 같은 정보를 제공하였다. (원래 잘 분산된 포트폴리오와 K주식 간의 상관계수는 0.4이다.)

	기대수익률	표준편차
원래 잘 분산된 포트폴리오	0.67%	2.37%
K주식	1.25%	2.95%

Q6. 상속으로 투자자 A의 전체 포트폴리오가 변화하였다. 이에 투자자 A는 K주식을 계속 보유해야 하는가를 결정하려고 한다. 투자자 A가 K주식을 계속 보유한다는 가정하에서, K주식을 포함하는 새로운 포트폴리오의 기대수익률은 얼마인가? 또한 K주식과 원래 잘 분산된 포트폴리오의 공분산과 K주식이 포함된 새로운 포트폴리오의 표준편차는 각각 얼마인가? ( )

	기대수익률	공분산	표준편차
①	0.728%	0.028%	2.2673%
②	0.881%	0.030%	2.6315%
③	0.927%	0.032%	2.9248%
④	0.109%	0.034%	3.2179%

Q7. 투자자 A가 K주식을 매도하고 대신 0.42%의 수익률을 얻을 수 있는 무위험채권에 투자한다고 하자. 무위험채권을 포함하는 새로운 포트폴리오의 기대수익률과 표준편차는 각각 얼마인가? ( )

	기대수익률	표준편차
①	0.528%	1.74%
②	0.645%	2.13%
③	0.728%	2.65%
④	0.829%	3.21%

Q8. 만약 K주식과 기대수익률 및 표준편차가 동일한 S주식으로 K주식의 교체를 권유받았을 경우 다음 중 옳은 설명은? ( )

① K주식 보유와 S주식 보유는 동일하여 교체해도 상관없다.
② K주식 보유와 S주식 보유는 주관적인 판단에 의해서 결정해야 한다.
③ K주식 보유와 S주식 보유는 동일하지 않다.
④ 위의 정보로는 알 수 없다.

Q9. A주식과 B주식은 완전 부(-)의 상관계수를 갖는다. A주식의 기대수익률은 8%, 표준편차는 10%이고 B주식의 기대수익률은 10%, 표준편차는 20%이다. 최소분산포트폴리오를 구성하기 위한 A주식과 B주식의 투자비중은 각각 얼마인가? ( )

① 33%, 67%   ② 58%, 22%   ③ 62%, 35%

④ 67%, 33%　　　　　⑤ 70%, 25%

Q10. (CFA) 다음 중 Markowitz의 효율적 투자선에 놓일 수 없는 것은? (　　)

	포트폴리오	기대수익률(%)	표준편차(%)
①	A	15	36
②	B	12	15
③	C	5	7
④	D	9	21

Q11. 무위험수익률이 5%이고, 최적위험포트폴리오의 기대수익률이 15%, 표준편차가 20%이다. 다음 중 자본배분선의 기울기는? (　　)

① 0.4　　　　　② 0.5　　　　　③ 0.6
④ 0.7　　　　　⑤ 0.8

Q1. ③

Q2. ②

[답]

$E(r_c) = (0.3)(0.1) + (0.7)(0.05) = 6.5\%$

$\sigma_c = y\sigma_p = (0.3)(0.04) = 1.2\%$

Q3. ①

Q4. ③

[답]

B주식과 C주식 사이의 상관계수가 -0.4로 가장 낮기 때문에 B주식과 C주식으로 구성된 포트폴리오의 총위험이 가장 낮을 것이다.

Q5. ②

[답]

$E(r_p) = (0.45)(0.065) + (0.55)(0.085) = 0.076$

$$\sigma_p = \sqrt{w_1^2\sigma_1^2 + w_2^2\sigma_2^2 + 2w_1w_2\sigma_{12}}$$
$$= \sqrt{(0.45)^2(0.1) + (0.55)^2(0.15) + 2(0.45)(0.55)(0.06)}$$
$$= 0.3087$$

샤프비율: $\dfrac{E(r_p) - r_f}{\sigma_p} = 0.2 \;\rightarrow\; \dfrac{0.076 - r_f}{0.3087} = 0.2 \;\rightarrow\; r_f = 1.43\%$

Q6. ①

[답]

$E(r) = w_1E(r_1) + w_2E(r_2) = (0.9)(0.0067) + (0.1)(0.0125) = 0.728\%$

$\sigma_{12} = \rho_{12}\sigma_1\sigma_2 = (0.4)(0.0237)(0.0295) = 0.028\%$

$$\sigma_p = \sqrt{w_1^2\sigma_1^2 + w_2^2\sigma_2^2 + 2w_1w_2\sigma_{12}}$$
$$= \sqrt{(0.9)^2(0.0237)^2 + (0.1)^2(0.0295)^2 + 2(0.9)(0.1)(0.00028)}$$
$$= 2.2673\%$$

Q7. ②

[답]

$$E(r) = w_1 E(r_1) + w_2 E(r_2) = (0.9)(0.0067) + (0.1)(0.0042) = 0.645\%$$

$$\sigma_{12} = \rho_{12}\sigma_1\sigma_2 = (0)(0.0237)(0) = 0$$

$$\sigma_p = \sqrt{w_1^2\sigma_1^2 + w_2^2\sigma_2^2 + 2w_1w_2\sigma_{12}}$$

$$= \sqrt{(0.9)^2(0.0237)^2 + (0.1)^2(0)^2 + 2(0.9)(0.1)(0)}$$

$$= 2.13\%$$

Q8. ③

[답]

기대수익률 및 표준편차가 동일한 주식이라고 하더라도 K주식과 원래 잘 분산된 포트폴리오와의 공분산과 S주식과 원래 잘 분산된 포트폴리오와의 공분산은 알려지지 않았기 때문에 K주식 보유와 S주식 보유는 동일하지 않다. 포트폴리오의 전체위험을 구하기 위해서는 공분산까지 고려해야 한다.

Q9. ④

[답]

$$w_A = \frac{\sigma_B^2 - \rho_{AB}\sigma_A\sigma_B}{\sigma_A^2 + \sigma_B^2 - 2\rho_{AB}\sigma_A\sigma_B} = \frac{(0.20)^2 - (-1)(0.10)(0.20)}{(0.10)^2 + (0.20)^2 - 2(-1)(0.10)(0.20)} = 0.6667$$

$$w_B = 1 - w_A = 1 - 0.6667 = 0.3333$$

Q10. ④

[답]

포트폴리오 D는 포트폴리오 B에 의해 지배받기 때문에 효율적 포트폴리오가 아니다. 즉, B는 D보다 수익률이 높은데 위험이 낮으므로 B가 D를 지배한다.

Q11. ②

[답]

$$기울기 = \frac{0.15 - 0.05}{0.2} = 0.5$$

04

단일지수모형

본 장에서는 Markowitz모형의 계산량을 현격히 줄여주는 Sharpe의 단일지수모형에 대해서 설명한다. 이 모형은 개별주식 간의 공분산을 계산하는 방법을 단순화시킴으로써 현실적으로 효율적 투자선을 수월하게 찾을 수 있도록 해 준다.

학습목표

- 단일지수모형의 개요 및 가정
- 단일지수모형의 기대수익률과 분산

단일지수모형의 개요 및 가정

1. 단일지수모형의 개요

제3장에서 Markowitz(1952)의 포트폴리오선택이론에 의하면 투자자들이 효율적 투자선상의 포트폴리오를 위험포트폴리오로 취한다. 주식 2개 종목으로 포트폴리오를 구성할 경우 개별주식의 기대수익률 2개, 개별주식의 분산 2개, 개별주식 간의 공분산 1개가 있어야 Markowitz의 효율적 투자선을 구할 수 있다. 일반적으로 n종목으로 포트폴리오를 구성할 경우에는 기대수익률 n개, 분산 n개, 공분산 $(n^2 - n)/2$개가 필요하다.[1] 예를 들어, 200개 종목의 경우 기대수익률 200개, 분산 200개, 공분산 19,900개($= 200^2 - 200)/2$)로 총 20,300개의 정보량이 필요하게 된다.

이와 같이 Markowitz의 모형은 막대한 정보량이 요구되어 현실적 적용이 어렵다. 실용적 대안으로 Sharpe(1963)는 시장지수에 의해 주식수익률이 결정된다는 단일지수모형(single index model)[2]을 제시함으로써 현저히 적은 정보량으로 효율적 투자선을 현실적으로 수월하게 유도할 수 있게 하였다.

2. 단일지수모형의 가정

단일지수모형의 기본개념은 개별주식의 주가에 영향을 미치는 어떤 공통요인이 존재하며, 그 요인이 시장지수라는 것이다. 따라서 단일지수모형에 의하면 개별주식의 초과수익률$(r_i - r_f)$은 공통요인인 시장 전체의 움직임에 의한 초과수익률$(r_M - r_f)$과 개별기업 고유요인에 의한 수익률(e_i)에 의해 영향

---

[1] 2개 종목의 경우 공분산 σ_{ij}의 개수가 총 4개(σ_{11}, σ_{12}, σ_{21}, σ_{22})이지만 분산 2개(σ_{11}, σ_{22})를 제외하면 2개가 되며 $\sigma_{12} = \sigma_{21}$이므로 실제로는 2개가 아니라 1개만 필요하게 된다. 즉, $(n^2 - n)/2 = (2^2 - 2)/2 = 1$이 된다. n종목의 경우 공분산이 총 n^2개이지만 분산 n개를 제외하면 $(n^2 - n)$개가 되며 $\sigma_{ij} = \sigma_{ji}$이므로 실제로는 $(n^2 - n)$개가 아니라 $(n^2 - n)/2$개만 필요하다.

[2] William F. Sharpe, "A Simplified Model of Portfolio Analysis," *Management Science*, January 1963.

을 받는다. 이를 다음과 같은 회귀식으로 나타낼 수 있다.

$$r_i - r_f = \alpha_i + \beta_i(r_M - r_f) + e_i \;\rightarrow\; R_i = \alpha_i + \beta_i R_M + e_i \tag{4-1}$$

식(4-1)의 α_i는 시장초과수익률$(r_M - r_f)$이 0일 때의 기대초과수익률을 의미한다. β_i는 시장수익률 1% 상승 혹은 하락에 대해 개별주식의 수익률이 얼마나 상승하거나 하락하는지를 나타낸다.[3] e_i는 주식수익률에 있어서 시장수익률과 상관없는 기업고유의 요인에 의한 것으로 잔차(residual)라고 부른다. 이와 같이 단순회귀식으로 표현되는 단일지수모형은 세 가지 가정을 기초로 한다.

첫째, $E(e_i) = 0$이라는 가정이다. 이 가정은 개별기업의 고유한 요인에 의하여 발생하는 수익률에 해당하는 잔차는 정(+)이거나 부(−)일 수 있지만 장기적으로 볼 때 잔차의 평균은 0이라는 의미이다.

둘째, $Cov(e_i, R_M) = 0$이라는 가정이다. 이 가정은 개별기업 고유의 요인에 의하여 발생하는 잔차와 시장수익률은 서로 무관하다는 의미이다.

셋째, $Cov(e_i, e_j) = 0$이라는 가정이다. 이는 어떤 개별기업의 고유요인에 의한 잔차와 다른 개별기업의 고유요인에 의한 잔차는 서로 무관하다는 의미이다.

4.2 / 단일지수모형의 기대수익률과 분산
SECTION

1. 개별주식의 기대수익률과 분산

단일지수모형의 기대수익률, 분산, 공분산은 식(4-1)로부터 다음과 같이 계산할 수 있다.[4]

---

3 회귀식에서 $\beta_i = \dfrac{\sigma_{iM}}{\sigma_M^2}$ 으로 정의된다.

4 $E(R_i) = E(\alpha_i + \beta_i R_M + e_i) = \alpha_i + \beta_i E(R_M)$

$$E(R_i) = \alpha_i + \beta_i E(R_M) \tag{4-2}$$

$$\sigma_i^2 = \beta_i^2 \sigma_M^2 + \sigma^2(e_i) \tag{4-3}$$

$$\sigma_{ij} = \beta_i \beta_j \sigma_M^2 \tag{4-4}$$

식(4-3)을 보면 개별주식의 분산 σ_i^2는 $\beta_i^2 \sigma_M^2$과 $\sigma^2(e_i)$로 구성된다. $\beta_i^2 \sigma_M^2$은 시장 전체와 관련된 위험을 나타내는 체계적 위험으로 분산투자를 통해 제거할 수 없다. $\sigma^2(e_i)$는 기업고유의 요인에 의해 발생하는 위험으로 분산투자를 통해 제거할 수 있는 비체계적 위험이다. 또한 식(4-4)를 보면 개별주식의 베타계수와 σ_M^2만 알면 공분산 σ_{ij}를 직접 구하지 않아도 값을 알수 있다.

식(4-4)에서 $\sigma_{iM} = \beta_i \beta_M \sigma_M^2$이고 $\beta_M = 1^5$이므로 $\sigma_{iM} = \beta_i \sigma_M^2$이 된다. 또한 식(2-9)에서 $\sigma_{iM} = \rho_{iM} \sigma_i \sigma_M$이므로, $\beta_i \sigma_M^2 = \rho_{iM} \sigma_i \sigma_M$이 되어 $\rho_{iM} = \beta_i \sigma_M / \sigma_i$의 관계식이 성립한다. 식(4-1) 회귀분석의 설명력을 나타내는 결정계수 R^2은 총위험 대비 체계적 위험의 비율, 즉 $\beta_i^2 \sigma_M^2 / \sigma_i^2$이므로 $R^2 = \rho_{iM}^2$이 됨을 알수 있다.

예제

단일지수모형

X주식과 Y주식의 기대수익률과 베타 및 잔차표준편차가 다음과 같다. 시장지수의 표준편차가 0.16일 경우 X와 Y의 표준편차는 얼마인가?

$\sigma_i^2 = Var(\alpha_i + \beta_i R_M + e_i) = \beta_i^2 Var(R_M) + Var(e_i) + 2\beta_i Cov(R_M, e_i)$

$\quad = \beta_i^2 \sigma_M^2 + \sigma^2(e_i) \quad (\because Cov(R_M, e_i) = 0)$

$\sigma_{ij} = Cov(\alpha_i + \beta_i R_M + e_i, \ \alpha_j + \beta_j R_M + e_j)$

$\quad = Cov(\alpha_i, \ \alpha_j) + Cov(\alpha_i, \ \beta_j R_M) + Cov(\alpha_i, \ e_j) + Cov(\beta_i R_M, \ \alpha_j) + Cov(\beta_i R_M, \ \beta_j R_M) + Cov(\beta_i R_M, \ e_j)$

$\quad + Cov(e_i, \ \alpha_j) + Cov(e_i, \ \beta_j R_M) + Cov(e_i, \ e_j)$

$\quad = Cov(\beta_i R_M, \ \beta_j R_M) = \beta_i \beta_j \sigma_M^2 \quad (\because \alpha_i, \ \alpha_j \text{는 상수}, \ Cov(e_i, \ r_M) = 0, \ Cov(e_i, \ e_j) = 0)$

5 $\beta_i = \dfrac{\sigma_{iM}}{\sigma_M^2}$ 이므로 $\beta_M = \dfrac{\sigma_{MM}}{\sigma_M^2} = \dfrac{\sigma_M^2}{\sigma_M^2} = 1$

주식	기대수익률	베타	잔차표준편차
X	0.10	0.8	0.25
Y	0.20	1.4	0.49

[답]

$$\sigma_i = \sqrt{\beta_i^2 \sigma_M^2 + \sigma^2(e_i)} \quad \Rightarrow \quad \sigma_X = \sqrt{(0.8)^2(0.16)^2 + (0.25)^2} = 0.2809$$

$$\sigma_Y = \sqrt{(1.4)^2(0.16)^2 + (0.49)^2} = 0.5388$$

예제

단일지수모형

시장지수의 표준편차가 0.09일 경우 주식 i의 표준편차, 체계적 위험과 비체계적 위험, 주식 i와 시장지수 간의 공분산은 얼마인가? 단, 주식 i의 베타계수는 1.4, 주식 i와 시장지수 간의 상관계수의 제곱이 0.638이라고 가정한다.

[답]

$$\rho_{iM}^2 = \frac{\beta_i^2 \sigma_M^2}{\sigma_i^2} \rightarrow \sigma_i = \sqrt{\frac{\beta_i^2 \sigma_M^2}{\rho_{iM}^2}} = \sqrt{\frac{(1.4)^2(0.09)^2}{0.638}} = 0.1577$$

체계적 위험 $= \beta_i^2 \sigma_M^2 = (1.4)^2(0.09)^2 = 0.015876$

비체계적 위험 $= \sigma_i^2 - \beta_i^2 \sigma_M^2 = (0.1577)^2 - (1.4)^2(0.09)^2 = 0.008993$

공분산 $= \sigma_{iM} = \rho_{iM}\sigma_i\sigma_M = (\sqrt{0.638})(0.1577)(0.09) = 0.011337$

2. 포트폴리오의 기대수익률과 분산

단일지수모형의 포트폴리오 기대수익률과 분산은 다음과 같이 구할 수 있다.[6]

---

6 $E(R_p) = \sum_{i=1}^{N} w_i E(R_i) = \sum_{i=1}^{N} w_i E(\alpha_i + \beta_i R_M + e_i) = \sum_{i=1}^{N} w_i \alpha_i + \sum_{i=1}^{N} w_i \beta_i E(R_M) = \alpha_p + \beta_p E(R_M)$

$$E(R_p) = \alpha_p + \beta_p E(R_M) = \sum_{i=1}^{N} w_i \alpha_i + \sum_{i=1}^{N} w_i \beta_i E(R_M) \tag{4-5}$$

$$\sigma_p^2 = \beta_p^2 \sigma_M^2 + \sigma^2(e_p) = (\sum_{i=1}^{N} w_i \beta_i)^2 \sigma_M^2 + \sum_{i=1}^{N} w_i^2 \sigma^2(e_i) \tag{4-6}$$

따라서 단일지수모형의 경우 n종목에 대해 효율적 투자선을 도출하는데 필요한 정보량은 α_i n개, β_i n개, $\sigma^2(e_i)$ n개, $E(R_M)$ 1개, σ_M^2 1개, 즉 $n+n+n+1+1=3n+2$개의 정보량이 필요하게 된다. 예를 들어, 200개 종목의 경우 Markowitz모형은 총 20,300개의 정보량이 필요하지만 단일지수모형은 $602[=3(200)+2]$개의 정보량만 필요하다.

$$\sigma_p^2 = Var(R_p) = Var(\alpha_p + \beta_p R_M + e_p) = \beta_p^2 \sigma_M^2 + \sigma^2(e_p) = (\sum_{i=1}^{N} w_i \beta_i)^2 \sigma_M^2 + \sum_{i=1}^{N} w_i^2 \sigma^2(e_i)$$

$$\sigma^2(e_p) = Var(w_1 e_1 + w_2 e_2 + \cdots + w_N e_N) = \sum_{i=1}^{N} w_i^2 Var(e_i) + \sum_{i=1}^{N} \sum_{\substack{j=1 \\ (i \neq j)}}^{N} w_i w_j Cov(e_i, e_j)$$

$$= \sum_{i=1}^{N} w_i^2 Var(e_i) = \sum_{i=1}^{N} w_i^2 \sigma^2(e_i) \quad (\because Cov(e_i, e_j) = 0)$$

Q1. (CFA 수정) A주식과 KOSPI200 간의 상관계수가 0.7이라고 할 때 A주식의 전체위험 중 기업 고유의 위험인 비체계적 위험은 얼마인가? (　　)

①　50%　　　　　②　51%　　　　　③　52%　　　　　④　53%

Q2. (CFA) 위험척도로 사용되는 베타와 표준편차의 차이에 대한 설명으로 맞는 것은? (　　)

①　표준편차는 총위험의 척도인 반면 베타는 비체계적 위험의 척도이다.
②　표준편차는 총위험의 척도인 반면 베타는 체계적 위험의 척도이다.
③　표준편차가 단지 비체계적 위험의 척도인 반면 베타는 체계적 위험과 비체계적 위험 모두의 척도이다.
④　표준편차가 단지 체계적 위험의 척도인 반면 베타는 체계적 위험과 비체계적 위험 모두의 척도이다.

Q3. (2000 CPA) 시장모형이 성립한다고 가정하자. A주식($\beta_A = 1.4$)과 B주식($\beta_B = 0.6$)에 투자액의 3/4와 1/4을 각각 투자한 포트폴리오수익률의 표준편차가 0.04이다. 시장포트폴리오수익률의 표준편차는 0.02로 알려져 있다. 이 포트폴리오의 총위험에 대한 체계적 위험의 비율은? (　　)

①　32%　　　　　②　34%　　　　　③　36%
④　38%　　　　　⑤　40%

Q4. (2007 CPA) 몇 개의 주식으로 이루어진 어느 포트폴리오는 시장포트폴리오와 0.8의 상관계수를 갖는다. 포트폴리오의 수익률과 위험이 시장모형에 의해 설명된다고 가정하고 이 포트폴리오의 총위험 중 비체계적 위험의 비율은 얼마인가? (　　)

①　80%　　　　　②　64%　　　　　③　36%
④　20%　　　　　⑤　16%

Q5. A주식과 B주식의 회귀분석 결과가 다음과 같다.

$$R_A = 0.04 + 1.5R_M + e_A$$
$$R_B = 0.01 + 0.8R_M + e_B$$
$$\sigma_M = 0.20 \qquad \sigma(e_A) = 0.10 \qquad \sigma(e_B) = 0.12$$

A주식과 B주식의 공분산과 B주식의 표준편차는 각각 얼마인가? (   )

① 0.034, 0.1762   ② 0.048, 0.2000   ③ 0.052, 0.1950

④ 0.059, 0.1967   ⑤ 0.065, 0.2144

Q1. ②

[답]

$R^2 = \dfrac{\beta_i^2 \sigma_M^2}{\sigma_i^2} = \dfrac{체계적\ 위험}{총위험} = \rho_{iM}^2 = 0.7^2 = 0.49$이므로 총위험 중에서 체계적 위험은 49%, 비체계적 위험은 51%($= 1 - 49\%$)를 차지하고 있다.

Q2. ②

Q3. ③

[답]

$\beta_A = 1.4$, $\beta_B = 0.6$, $w_A = \dfrac{3}{4}$, $w_B = \dfrac{1}{4}$, $\sigma_p = 0.04$, $\sigma_M = 0.02$에서

$\dfrac{체계적\ 위험}{총위험} = \dfrac{\beta_p^2 \sigma_M^2}{\sigma_p^2} = \dfrac{(1.2)^2 (0.02)^2}{0.04^2} = 0.36$

단, $\beta_p = \displaystyle\sum_{i=1}^{2} w_i \beta_i = (\dfrac{3}{4})(1.4) + (\dfrac{1}{4})(0.6) = 1.2$

Q4. ③

[답]

$\rho_{iM}^2 = \dfrac{체계적\ 위험}{총위험} = (0.8)^2 = 0.64$, 따라서 $\dfrac{비체계적\ 위험}{총위험} = 0.36$

Q5. ②

[답]

$\sigma_{AB} = \beta_A \beta_B \sigma_M^2 = (1.5)(0.8)(0.20)^2 = 0.048$

$\sigma_B = \sqrt{\beta_B^2 \sigma_M^2 + \sigma^2(e_B)} = \sqrt{(0.8)^2 (0.2)^2 + (0.12)^2} = 0.2$

05

성과평가

본 장에서는 포트폴리오 운용성과를 측정하는 데 사용되는 성과측정지표에 대해 살펴본 후 성과기여요인을 분석해본다.

학습목표

- 성과측정지표
- 성과요인분석

성과측정지표

일반적으로 포트폴리오 운용 시에 위험을 감수하므로 단순한 평균수익률의 비교가 아닌 의미 있는 수익률로 비교하기 위해서 위험에 대해 조정된 수익률로 비교해야 한다. 위험조정 성과평가방식은 자본자산가격결정모형(CAPM)의 출현과 함께 고안되었다.[1] 구체적으로 Treynor(1966),[2] Sharpe(1966),[3] Jensen (1968, 1969)[4]이 CAPM과 관련하여 포트폴리오 운용실적 평가에 대한 척도를 제시하였으며, 투자위험 중에서 어떤 성격의 위험을 기준으로 투자성과를 평가하느냐에 따라서 서로 차이가 있다.

1. 샤프척도

샤프척도(Sharpe's measure)는 실현된 평균초과수익률을 총위험으로 나눈 것이다. 이 척도는 투자보상대변동성비율(reward-to-variability ratio)이라고도 하는데, 1단위의 총위험을 감수함으로써 얻는 초과수익률의 크기를 보여준다.

$$S_p = \frac{\overline{r}_p - \overline{r}_f}{\sigma_p} \tag{5-1}$$

식(5-1)에서 측정기간 중 포트폴리오의 수익률과 무위험수익률이 일정하지 않기 때문에 $\overline{r}_p$ 및 $\overline{r}_f$와 같이 표본평균으로 계산한다. 샤프척도는 평가대상 포트폴리오 이외의 다른 운용투자자산이 없고, 평가대상 포트폴리오가 전체 투자펀드를 구성하였을 경우 적절한 평가척도가 된다.

---

[1] CAPM은 제6장에서 자세히 다룬다.
[2] Jack Treynor, "How to Rate Management of Investment Funds," *Harvard Business Review* 43, January-February 1966.
[3] William Sharpe, "Mutual Fund Performance," *Journal of business* 39, January 1966.
[4] Michael C. Jensen, "The Performance of Mutual Funds in the Period 1945-1964," *Journal of Finance*, May 1968; "Risk, the Pricing of Capital Assets, and the Evaluation of Investment Portfolios," *Journal of Business*, April 1969.

2. 트레이너척도

트레이너척도(Treynor's measure)는 실현된 평균초과수익률을 체계적 위험으로 나눈 것이다. 이 척도는 포트폴리오의 체계적 위험 1단위당 실현된 초과수익률의 비율을 나타낸다.

$$T_p = \frac{\bar{r}_p - \bar{r}_f}{\beta_p} \tag{5-2}$$

트레이너척도는 평가대상인 펀드나 포트폴리오가 매우 큰 투자포트폴리오의 일부분일 경우에 적절한 방법이다. 예를 들어, 연기금을 분할하여 다수의 포트폴리오 매니저에게 분담하여 운용할 경우 트레이너척도는 개별포트폴리오의 운용성과를 상대적으로 평가할 때 적절하다. 왜냐하면, 투자자금을 분할하여 여러 포트폴리오로 운용할 경우 비체계적 위험은 대부분 제거할 수 있어서 총위험보다는 체계적 위험을 나타내는 베타가 적정한 위험척도가 되기 때문이다.

3. 젠센척도

젠센척도(Jensen's measure)는 포트폴리오 알파(α)값이다. 포트폴리오 수익률이 자본자산가격결정모형(CAPM)에 의해 계산되는 균형수익률을 얼마나 초과하여 성과를 내는지 식(5-3)과 같이 측정한다.

$$\alpha_p = \bar{r}_p - [\bar{r}_f + (\bar{r}_M - \bar{r}_f)\beta_p] \tag{5-3}$$

젠센척도도 트레이너척도처럼 체계적 위험을 기준으로 평가하지만, 특정 포트폴리오 수익률 $\bar{r}_p$와 증권시장선 $[\bar{r}_f + (\bar{r}_M - \bar{r}_f)\beta_p]$ 사이의 차이로 성과를 측정한다는 점에서 다르다. 트레이너척도는 비율로 표시되며 상대적인 차이로 나타나는 것에 비해 젠센척도는 크기로 표시되며 절대적인 차이로 나타난다.

성과평가

	$E(r)$	σ	β
포트폴리오 X	0.20	0.36	2.1
포트폴리오 Y	0.09	0.17	0.5
시장포트폴리오	0.10	0.25	1.0
무위험자산	0.05	0	0

포트폴리오 X와 Y의 샤프척도, 트레이너척도, 젠센척도를 계산하시오.

[답]

샤프척도: $S_X = \dfrac{0.20 - 0.05}{0.36} = 0.4167$ $S_Y = \dfrac{0.09 - 0.05}{0.17} = 0.2353$

트레이너척도: $T_X = \dfrac{0.20 - 0.05}{2.1} = 0.0714$ $T_Y = \dfrac{0.09 - 0.05}{0.5} = 0.0800$

젠센척도: $\alpha_X = 0.20 - [0.05 + (0.10 - 0.05)(2.1)] = 0.0450$

$\qquad\qquad \alpha_Y = 0.09 - [0.05 + (0.10 - 0.05)(0.5)] = 0.0150$

5.2 SECTION / 성과요인분석

포트폴리오 관리자는 주식이나 채권 등 질적으로 위험이 다른 각 자산군에 어떻게 자금을 배분할 것인가의 자산배분결정(asset allocation decision), 투자자산군 내에서 어떤 특정 종목을 선택하여 투자할 것인가의 종목선정결정(security selection decision)을 내려야 한다. 따라서 포트폴리오 성과의 기여요인분석은 광범위한 자산 간의 자금 배분 문제에서 시작하여 점차 세부적인 종목선정의 문제로 좁혀 나가게 되며, 포트폴리오 관리자의 성과는 자산배분능력과 종목선정능력에 의해 결정된다.

성과요인분석의 기본적인 방법은 운용대상 포트폴리오 P와 기준이 되는 벤치마크 포트폴리오 B의 수익률 차이의 원인을 분석하는 것이다. 벤치마크 포트폴리오의 수익률은 식(5-4)로 나타낼 수 있다. 식(5-4)에서 w_{B_i}는 벤치마크 포트폴리오에 포함된 자산군(asset class) i에 대한 투자비중이고 r_{B_i}는 벤치마크 자산군의 수익률이다.

$$r_B = \sum_{i=1}^{n} w_{B_i} r_{B_i} \tag{5-4}$$

포트폴리오 관리자는 자본시장에 대한 전망을 바탕으로 각 자산군별 투자비중을 결정하고 증권분석 결과를 근거로 각 자산군 내에서 종목을 선정한다. 실제로 운용한 포트폴리오 P의 수익률은 실제투자비중으로 포트폴리오 내의 개별자산의 수익률을 가중평균하여 식(5-5)로 나타낼 수 있다.

$$r_P = \sum_{i=1}^{n} w_{P_i} r_{P_i} \tag{5-5}$$

실제 운용한 포트폴리오 P와 벤치마크 포트폴리오 B의 수익률 차이는 식(5-6)과 같다.

$$r_P - r_B = \sum_{i=1}^{n} w_{P_i} r_{P_i} - \sum_{i=1}^{n} w_{B_i} r_{B_i} = \sum_{i=1}^{n} (w_{P_i} r_{P_i} - w_{B_i} r_{B_i}) \tag{5-6}$$

식(5-6)을 다음과 같이 분해하면 전체 포트폴리오 성과에 미친 기여도를 자산배분기여도과 종목선정기여도로 구분할 수 있다.

$$\text{자산군의 총기여분} = \text{자산배분의 기여분} + \text{종목선정의 기여분} \tag{5-7}$$

$$\downarrow \qquad\qquad\qquad \downarrow \qquad\qquad\qquad \downarrow$$

$$\sum_{i=1}^{n} (w_{P_i} r_{P_i} - w_{B_i} r_{B_i}) = \sum_{i=1}^{n} (w_{P_i} - w_{B_i}) r_{B_i} + \sum_{i=1}^{n} (r_{P_i} - r_{B_i}) w_{P_i}$$

식(5-7)에서 $\sum_{i=1}^{n}(w_{P_i}-w_{B_i})r_{B_i}$는 자산배분의 효과를 나타낸다. 포트폴리오 P 내의 특정 자산군의 비중과 벤치마크 포트폴리오 내의 특정 자산군의 비중의 차이 $(w_{P_i}-w_{B_i})$를 그 자산군의 벤치마크 수익률 r_{B_i}로 곱한 것이다. 벤치마크 B에 비해 포트폴리오 P의 자산배분이 뛰어나다면, r_{B_i}가 클수록 $(w_{P_i}-w_{B_i})$가 큰 값을 가지게 될 것이다.

$\sum_{i=1}^{n}(r_{P_i}-r_{B_i})w_{P_i}$는 종목선정의 효과를 나타낸다. 포트폴리오 관리자가 선택한 포트폴리오 P 내의 특정 자산군의 수익률과 벤치마크 포트폴리오 내의 특정 자산군의 수익률의 차이 $(r_{P_i}-r_{B_i})$에 자산의 실제투자비중 w_{P_i}를 곱한 것이다. 벤치마크 B에 비해 포트폴리오 P의 종목선정이 뛰어날수록 $(r_{P_i}-r_{B_i})$가 더 큰 양(+)의 값을 가지게 될 것이다.

예를 들어, 주식, 채권, 현금성자산에 각각 75%, 15%, 10% 투자하여 포트폴리오 P를 운영하였고, 각 자산의 실제수익률과 벤치마크의 투자비중 및 수익률이 〈표 5-1〉과 같다고 하자.

표 5-1	포트폴리오 P와 벤치마크 B			
	실제수익률	실제투자비중	벤치마크 수익률	벤치마크 투자비중
주식	2.3%	0.75	1.5%	0.60
채권	1.1%	0.15	0.8%	0.30
현금성자산	0.4%	0.10	0.4%	0.10

포트폴리오 P의 실제수익률은 $0.0193[=(0.75)(0.023)+(0.15)(0.011)+(0.10)(0.004)]$으로 벤치마크수익률 $0.0118[=(0.60)(0.015)+(0.30)(0.008)+(0.10)(0.004)]$보다 0.0075(0.75%)만큼 초과성과(over performance)를 보이고 있다. 이러한 초과성과는 벤치마크에 비해 자산배분과 종목선정이 얼마나 더 우수한가에 따라 결정된다.

벤치마크는 주식, 채권, 현금성자산에 60%, 30%, 10% 투자한 반면, 포트폴리오 P는 75%, 15%, 10% 투자하여, 주식에 15% 더 투자하고 채권에 15%

표 5-2	자산배분의 성과 분석		
	벤치마크 대비 초과 투자비중 (1)	벤치마크 수익률 (2)	성과에 대한 기여도 (1)×(2)
주식	0.15(=0.75−0.60)	0.015	0.00225
채권	−0.15(=0.15−0.30)	0.008	−0.0012
현금성자산	0 (=0.10−0.10)	0.004	0
			자산배분기여도: 0.00105

덜 투자한 셈이다. 과연 벤치마크의 자산배분에 비해 P의 자산배분이 얼마나 더 좋은 성과를 내었는지 다음과 같이 분석할 수 있다. 이때 종목선정 성과를 배제하기 위해 벤치마크 대비 초과 투자비중에 포트폴리오 P의 수익률 대신 벤치마크 수익률을 곱하여 성과기여도를 측정한다.

〈표 5-2〉와 같이 포트폴리오 P의 초과성과 0.0075(0.75%) 중에서 자산배분에 의한 기여도가 0.00105(0.105%)임을 보여준다. 이것은 벤치마크 대비 주식은 0.8%(=2.3%−1.5%), 채권은 0.3%(=1.1%−0.8%) 초과수익을 내었는데 포트폴리오 P는 주식에 15% 더 투자하고 채권에 15% 덜 투자하였기 때문이다.

한편, 0.75% 중 나머지 초과성과인 0.645%(=0.75%−0.105%)는 종목선정에 의해 발생한 것이며 〈표 5-3〉에서 이러한 종목선정의 기여도를 상세히 보여준다. 포트폴리오 P의 주식과 채권 모두 벤치마크 대비 초과 수익률을 내었으며, 이는 포트폴리오 관리자가 그만큼 주식과 채권 모두 종목선정을 잘

표 5-3	종목선정의 성과 분석		
	벤치마크 대비 초과수익률 (1)	포트폴리오 투자비중 (2)	성과에 대한 기여도 (1)×(2)
주식	0.008(=0.023−0.015)	0.75	0.006
채권	0.003(=0.011−0.008)	0.15	0.00045
현금성자산	0 (=0.004−0.004)	0.10	0
			종목선정기여도: 0.00645

하였기 때문이다. 주식과 채권의 우월한 초과 운용성과를 각 자산의 투자비중으로 가중평균하면 종목선정에 의한 성과기여분이 0.645%가 된다.

Q1. (2010 CPA) 다음 표는 지난 36개월간 월별 시장초과수익률에 대한 ㈜한국의 월별 주식초과수익률의 회귀분석 결과이다.

	계수	표준오차	t 통계량	p-값
Y 절편	0.0047	0.0044	1.0790	0.2882
X_1	0.8362	0.1996	4.1892	0.0002

주) X_1 변수는 시장초과수익률을 나타낸다.

이 기간 중 ㈜한국의 월별 주식수익률의 평균은 1.65%, 표준편차는 2.55%였고, 월별 시장수익률의 평균은 1.40%, 표준편차는 1.77%였다. 또한 무위험자산 수익률은 연 1.20%였고 36개월간 변동이 없었다. 주어진 정보를 이용하여 샤프척도, 트레이너척도, 젠센의 알파를 올바르게 계산한 것은? (   )

	샤프지수	트레이너지수(%)	젠센의 알파(%)
①	0.18	1.96	1.20
②	0.61	1.85	0.47
③	0.61	1.96	0.47
④	0.65	1.85	0.47
⑤	0.65	1.96	1.20

Q2. A는 다음 자산군에 투자하여 20% 수익률을 얻었다.

	투자비중	수익률
주식	80%	20%
채권	20%	8%

다음과 같은 벤치마크 포트폴리오의 수익률은 15.6%였다.

	투자비중	수익률
주식(주가지수)	60%	18%
채권(채권지수)	40%	6%

A의 초과수익률 중 자산배분 및 종목선정에 의한 기여도는 각각 얼마인가? (   )

① 1.2%, 3.2%   ② 1.5%, 2.9%

③ 1.9%, 2.5%   ④ 2.4%, 2.0%

⑤ 2.8%, 1.6%

05 성과평가: 연습문제 해답

Q1. ②

[답]

연수익률＝1.2% → 월수익률＝1.2%/12＝0.1%

샤프척도 $S_p = \dfrac{\overline{r}_p - \overline{r}_f}{\sigma_p} = \dfrac{1.65\% - 0.1\%}{2.55\%} = 0.61\%$

트레이너척도 $T_p = \dfrac{\overline{r}_p - \overline{r}_f}{\beta_p} = \dfrac{1.65\% - 0.1\%}{0.8362} = 1.85\%$

젠센척도 $\alpha_p =$ 회귀식의 절편＝0.47%

Q2 ④

[답]

	벤치마크 대비 초과 투자비중 (1)	벤치마크 수익률 (2)	성과에 대한 기여도 (1)×(2)
주식	0.2(＝0.8−0.6)	0.18	0.036
채권	−0.2(＝0.2−0.4)	0.06	−0.012
자산배분기여도:			0.024

	벤치마크 대비 초과수익률 (1)	포트폴리오 투자비중 (2)	성과에 대한 기여도 (1)×(2)
주식	0.02(＝0.20−0.18)	0.8	0.016
채권	0.02(＝0.08−0.06)	0.2	0.004
종목선정기여도:			0.020

MEMO

PART

03

자본시장균형이론

06

자산가격결정모형

CAPM이라고 불리는 자본자산가격결정모형은 현대 금융경제의 중심이론으로 자산의 위험과 기대수익률 간의 관계를 설명하는 모형이다. 현대 재무학계에서 다루는 가장 중요한 모형 중의 하나로서 실무적으로도 투자성과평가, 증권가치평가, 자본비용측정 등에 널리 이용되고 있다. 또한 자본자산가격결정모형(CAPM)에 대한 대안으로 제시된 모형인 차익거래가격결정모형(APT)에 대해서도 살펴본다.

학습목표

- 자본자산가격결정모형(CAPM)
- 차익거래가격결정모형(APT)

자본자산가격결정모형(CAPM)

1. CAPM

Markowitz(1952)는 현대 포트폴리오이론의 기초를 마련하였다. 이후 개별증권을 비롯한 모든 자산의 체계적 위험과 기대수익률 사이에 존재하는 균형관계를 설명하는 모형이 Sharpe(1964),[1] Lintner(1965),[2] Mossin(1966)[3]에 의해 개발되었으며, 이를 자본자산가격결정모형(CAPM: Capital Asset Pricing Model)이라고 한다. 먼저 CAPM의 가정을 요약하면 다음과 같다.

① 투자자들은 평균-분산기준[4]인 Markowitz모형의 선택이론에 따라 효율적 투자선상의 포트폴리오를 위험포트폴리오로 취한다.
② 투자대상은 주식, 채권 등 공개시장에서 거래되는 모든 금융자산과 무위험자산으로 한정하며, 투자자들은 무위험수익률로 얼마든지 자금을 차입하거나 대출할 수 있다.
③ 투자자들은 각 증권의 기대수익률과 분산-공분산에 대하여 동일한 예측을 한다.[5] 따라서 효율적 투자선을 구하는데 필요한 자료가 동일하다.
④ 투자자들의 투자 기간은 1기간(one period)으로 동일하다.
⑤ 완전(perfect)시장의 가정하에 투자자는 자신의 거래가 가격에 영향을 미치지 못하는 가격순응자이고, 거래비용과 세금이 없으며, 공매에 대한 제한도 없다.

---

1 William Sharpe, "Capital Asset Prices: A Theory of Market Equilibrium," *Journal of Finance,* September 1964.
2 John Lintner, "The Valuation of Risk Assets and the Selection of Risky investments in Stock Portfolios and Capital Budgets," *Review of Economics and Statistics*, February 1965.
3 Jan Mossin, "Equilibrium in an Capital Asset Market," *Econometrica*, October 1966.
4 평균-분산 기준은 불확실성하에서 투자자들이 미래 자산수익률의 확률분포에 대한 평균과 분산이라는 두 모수에 근거하여 투자안을 선택하는 투자원리이다.
5 투자자들은 미래증권수익률의 확률분포에 대하여 동일한 예측을 한다.

이와 같은 가정에 따르면, 모든 투자자는 동일한 최적위험포트폴리오를 보유하게 된다. 모든 투자자가 완전시장하에서(가정⑤) 동일한 증권모집단에 대해서(가정②) 동일한 데이터를 사용하여(가정③) 동일한 투자 기간(가정④)에 대해 동일한 분석기법(가정①)을 적용하면 모두 동일한 효율적 투자선을 가지게 될 것이고, 무위험자산과 이어지는 효율적 투자선상의 접점을 최적위험포트폴리오로 모두 동일하게 취하게 될 것이다. 이 최적위험포트폴리오는 시장에 존재하는 모든 위험자산을 포함하는 시장포트폴리오(M)가 된다.[6] 이때 무위험자산과 시장포트폴리오(M)를 연결하는 선을 자본시장선(CML: capital market line)이라고 한다.[7]

CAPM의 세계에서는 모든 투자자들이 시장포트폴리오(M)를 최적위험포트폴리오로 취한다. 그러면 시장포트폴리오(M)의 기대수익률과 위험은 얼마나 될까? 일반적으로 시장포트폴리오(M)의 기대수익률은 시장포트폴리오(M)의 위험에 근거하여 얻을 수 있으므로 먼저 시장포트폴리오(M)의 위험을 측정해야 한다. 시장포트폴리오(M)의 위험은 모든 개별자산(개별주식)의 위험을 합친 것이 될 것이고, 개별자산의 위험은 개별자산이 시장포트폴리오(M)의 총위험을 구성하는 데 얼마나 기여하고 있는지의 공헌도(contribution)에 의해서 측정할 수 있다.

설명의 편의상 시장에 존재하는 모든 자산이 3개라고 가정하자. 3개의 자산으로 구성된 시장포트폴리오(M)의 총위험[8]에 대한 각 개별자산의 공헌을 측정하기 위하여 시장포트폴리오(M)의 위험 σ_M^2을 분해하면 〈그림 6-1〉과 같이 나타낼 수 있다.

〈그림 6-1〉에서 포트폴리오의 총위험 $\sigma_M^2 = \sum w_i \sigma_{iM}$을 형성하는 데 1주

---

6 만일 어떤 위험자산이 시장포트폴리오(M)에서 누락되면 아무도 그 자산을 보유하지 않게 된다는 의미이다. 따라서 가격이 급격히 내려갈 것이며, 충분히 내려가면 낮은 가격 때문에 투자자들이 다시 보유하게 되어 시장포트폴리오(M)에 다시 포함될 것이다.

7 CAPM의 세계에서는 모든 투자자들이 공통적으로 시장포트폴리오(M)를 최적위험포트폴리오로 취하고, 시장포트폴리오(M)가 바로 효율적 투자선상의 접점이 된다. 무위험자산과 시장포트폴리오(M)를 연결하는 선이 자본시장선(CML), 또한 무위험자산과 최적위험포트폴리오를 연결하는 선이 최적 자본배분선(CAL)이라고 정의되므로, CAPM 세계에서는 최적 자본배분선(CAL)이 자본시장선(CML)과 일치하게 된다.

8 시장에 존재하는 모든 자산으로 구성된 시장포트폴리오(M)는 비체계적 위험은 모두 사라지고 체계적 위험만 존재하게 되므로 시장포트폴리오(M)의 총위험은 체계적 위험이 된다.

그림
6-1

시장포트폴리오(M)의 위험분해

주식	1	2	3	
1	$w_1^2\sigma_1^2$ $(= w_1 w_1 \sigma_{11})$	$w_1 w_2 \sigma_{12}$	$w_1 w_3 \sigma_{13}$	→ 1주식의 공헌 $= w_1 \sigma_{1M}$
2	$w_2 w_1 \sigma_{21}$	$w_2^2 \sigma_2^2$ $(= w_2 w_2 \sigma_{22})$	$w_2 w_3 \sigma_{23}$	→ 2주식의 공헌 $= w_2 \sigma_{2M}$
3	$w_3 w_1 \sigma_{31}$	$w_3 w_2 \sigma_{32}$	$w_3^2 \sigma_3^2$ $(= w_3 w_3 \sigma_{33})$	→ 3주식의 공헌 $= w_3 \sigma_{3M}$

$$\sigma_M^2 = \sum_{i=1}^{N} w_i \, \sigma_{iM}$$

식이 공헌하고 있는 부분은 $w_1 w_1 \sigma_{11} + w_1 w_2 \sigma_{12} + w_1 w_3 \sigma_{13}$이며, 이를 정리하면 $w_1 \sigma_{1M}$이 된다.[9]

$$1\text{주식의 공헌(기여) 부분} = w_1 w_1 \sigma_{11} + w_1 w_2 \sigma_{12} + w_1 w_3 \sigma_{13}$$
$$= w_1 \sigma_{1M} \tag{6-1}$$

식(6-1)은 개별자산의 위험이 개별주식과 시장포트폴리오와의 공분산 σ_{iM}에 의해서 측정될 수 있음을 보여준다. 따라서 위험에 근거한 개별자산의 기대수익률은 무위험수익률(r_f)에 위험프리미엄(=위험의 균형가격×위험의 크기)을 더하여 다음과 같이 나타낼 수 있다.

$$E(r_i) \quad = \quad r_f \quad + \quad x \quad \times \quad \sigma_{iM} \tag{6-2}$$

기대수익률 = 무위험수익률 + 위험의 균형가격 × 위험의 크기

---

[9] $\quad w_1 w_1 \sigma_{11} + w_1 w_2 \sigma_{12} + w_1 w_3 \sigma_{13} = w_1 [w_1 Cov(r_1, r_1) + w_2 Cov(r_1, r_2) + w_3 Cov(r_1, r_3)]$
$\qquad\qquad\qquad\qquad\qquad\qquad\qquad\quad = w_1 [Cov(r_1, w_1 r_1) + Cov(r_1, w_2 r_2) + Cov(r_1, w_3 r_3)]$
$\qquad\qquad\qquad\qquad\qquad\qquad\qquad\quad = w_1 Cov(r_1, w_1 r_1 + w_2 r_2 + w_3 r_3)$
$\qquad\qquad\qquad\qquad\qquad\qquad\qquad\quad = w_1 Cov(r_1, r_M)$
$\qquad\qquad\qquad\qquad\qquad\qquad\qquad\quad = w_1 \sigma_{1M}$

식(6-2)를 시장포트폴리오에 적용하면 식(6-3)과 같이 시장에서의 위험의 균형가격을 나타낼 수 있다.

$$E(r_M) = r_f + x \times \sigma_M^2 \rightarrow x = \frac{E(r_M) - r_f}{\sigma_M^2} \qquad (6\text{-}3)$$

식(6-3)을 식(6-2)에 대입하면 식(6-4)가 도출된다.

$$E(r_i) = r_f + \left[\frac{E(r_M) - r_f}{\sigma_M^2} \right] \sigma_{iM} = r_f + [E(r_M - r_f)] \frac{\sigma_{iM}}{\sigma_M^2} \qquad (6\text{-}4)$$

식(6-4)에서 σ_{iM} / σ_M^2을 β_i로 놓으면 식(6-5)와 같이 표시되며, 이 식을 증권시장선(SML: security market line)이라고 한다.[10]

$$E(r_i) = r_f + [E(r_M) - r_f] \beta_i \qquad (6\text{-}5)$$

위험과 기대수익률 간의 균형관계를 나타내는 직선으로 자본시장선(CML) $E(r_c) = r_f + [(E(r_M) - r_f)/\sigma_M] \sigma_c$와 증권시장선(SML) $E(r_i) = r_f + [E(r_M) - r_f] \beta_i$ 두 개가 있는데, 이 두 직선이 어떤 차이가 있는지 비교해 보자.

〈그림 6-2〉의 왼쪽 그림은 자본시장선(CML)을 나타낸 것이다. 자본시장선(CML)상에 있는 포트폴리오는 효율적 포트폴리오이고, 투자자가 자본시장선(CML)상에 있는 시장포트폴리오(M)를 최적위험포트폴리오로 취하기 때문에 완전분산투자 되어 비체계적 위험이 모두 사라지고 체계적 위험만이 남아 있으므로 표준편차를 위험지표로 사용하여도 무방하다.

하지만 〈그림 6-2〉의 왼쪽 그림과 같이 효율적 투자선 내에 위치하여 체계적 위험과 비체계적 위험을 모두 가지고 있는 A와 같은 개별주식의 위험과

---

10 β_i는 σ_{iM}을 σ_M^2으로 나누어 표준화시킨 것이고, σ_M^2은 모든 주식에 동일하게 주어지므로 개별주식 위험은 σ_{iM} 또는 β_i로 측정될 수 있다. 실제로 σ_{iM}보다도 β_i가 직관적으로 쉽게 이해할 수 있으므로 많은 경우 β_i를 체계적 위험의 척도로 이용하고 있다.

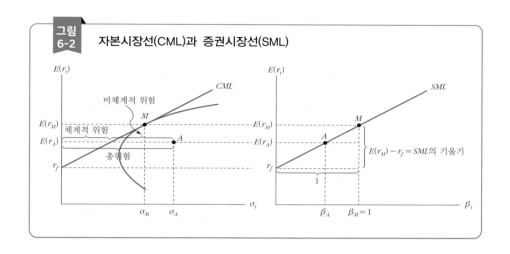

그림 6-2 자본시장선(CML)과 증권시장선(SML)

기대수익률 간의 관계는 자본시장선(CML)으로 나타내지 못한다. 따라서 자본시장선(CML)으로는 개별증권(혹은 비효율적 포트폴리오)의 위험과 기대수익률 간의 균형관계를 설명할 수 없고 오직 효율적 포트폴리오의 위험과 기대수익률 간의 균형관계만 설명할 수 있다.

한편, 〈그림 6-2〉의 오른쪽 그림은 기대수익률과 베타의 관계를 나타낸 증권시장선(SML)이다. 시장포트폴리오의 베타는 1이기 때문에 증권시장선(SML)의 기울기는 시장포트폴리오의 위험프리미엄 $E(r_M) - r_f$와 같다.[11]

시장포트폴리오(M)를 구성하는 개별주식 위험은 총위험에 대한 기여도인 공분산(σ_{iM}) 혹은 베타(β_i)이며, 이것이 총위험을 나타내는 표준편차(σ_p)에 비해 보다 적절한 위험지표가 된다. 따라서 증권시장선(SML)은 자본시장선(CML)에 비해 시장포트폴리오(M)와 같은 효율적 포트폴리오뿐만 아니라 A와 같은 개별주식(혹은 비효율적 포트폴리오)의 기대수익률과 체계적 위험 간의 균형관계까지도 설명한다.

---

11 시장베타 $\beta_M = \sigma_{MM}/\sigma_M^2 = \sigma_M^2/\sigma_M^2 = 1$. 만약 A라는 개별주식의 베타($\beta_A$)가 0.8일 경우 시장수익률이 10% 상승하거나 하락할 때 주식 A의 수익률은 8% 상승하거나 하락한다는 의미이다. 따라서 베타는 시장수익률 변동에 대한 개별주식의 민감도를 나타내고, 1보다 큰 베타를 갖는 주식을 공격적 주식, 1보다 작은 베타를 갖는 주식을 방어적 주식이라고 한다.

토빈 리스크-수익 최적비율 설명…샤프 자산가격결정이론 만들어

해리 마코위츠(Harry M. Markowitz)가 금융경제학의 물꼬를 튼 이후 금융업계에 혁신을 불러일으킬 것으로 보였지만, 그의 연구를 실제로 활용하기엔 걸림돌이 하나 있었다. 1950년대 당시의 최신형 컴퓨터를 사용해도 1,000여 개 주식 간에 공분산(두 변수 간 관계를 나타내는 양)을 계산해 '효율적인 포트폴리오'를 찾아내는 데 너무 많은 시간과 비용이 든다는 점 때문이었다.

이때 경제학자 제임스 토빈(James Tobin)이 마코위츠의 이론을 한 발자국 더 진보시킬 아이디어를 내놓았다. 경제학계에서 이단아로 취급받던 마코위츠와 달리 토빈은 이미 스타 경제학자였는데, 케인스의 이론을 정교화하고 유동성과 채권이자율에 대해 깊이 연구해온 차였다.

Q. 투자자별 맞춤형 포트폴리오가 필요한가?

A: 주식은 수익이 높은 대신 투자금을 잃을 가능성을 지닌 위험한 상품이다. 주식시장 투자자들은 각자 높은 수익률과 안정성 중에서 중요시하는 것이 달랐고, 고객마다 적합한 주식 종목을 골라 추천하는 것이 당시 투자자문사의 일이었다. 은퇴자들에겐 시류를 타지 않는 전력이나 통신주를, 과감한 젊은이들에게는 정보기술(IT)이나 모험적인 기업 주식을 추천하는 것이 상식이었다.

이때 토빈은 반대의견을 제시했다. 투자는 단지 주식에만 할 수 있는 것이 아니라, 현금이나 안전한 국채에도 할 수 있다. 만약 여러 포트폴리오 중에서 변동성(위험) 대비 수익률 비율이 가장 높은 포트폴리오를 찾아 '슈퍼 포트폴리오'라고 이름 붙였다고 생각해보자. 합리적인 투자자라면 이 포트폴리오에 투자하려고 할 것이다.

그러나 그것은 높은 수익성 때문에 위험 또한 상당히 높을 것이며, 위험을 싫어하는 투자자는 이것에 투자하길 꺼릴 수 있다. 하지만 슈퍼 포트폴리오와 국채에 반반 투자한다면 위험을 절반으로 줄일 수 있다. 따라서 마코위츠의 방법처럼 투자자가 원하는 변동성 수준의 '효율적 포트폴리오'를 그때그때 찾을 필요 없이, 가장 우수한 '슈퍼 포트폴리오'를 찾아낼 수 있다면, 투자 성향에 상관없이 모든 투자자가 이 포트폴리오를 이용해 투자하면 된다.

기업도 주주들 간에 서로 상반된 의견을 어떻게 맞춰야 할지 고민할 필요가 없다. 위험 대비 수익을 높여 기업 가치를 높게 만들면, 주주들은 이제 자신의 구미에 맞춰 주식과 채권 보유량을 조절해 자신이 원하는 위험 수준과 수익을 선택할 수 있다. 이것이 토빈의 '분리정리'다.

Q. 주식수익률의 결정 요인은 무엇일까?

A: 그럼 이제 그 '슈퍼 포트폴리오'를 어떻게 찾는가 하는 문제가 남아 있다. 이 문제에 도전한 윌리엄 샤프(William Sharpe)는 UCLA 소속 대학원생으로, 그의 최초 박사논문 주제는 금융과 거리가 먼 것이었다. 그러나 논문이 별로라는 지적을 받으면서 그의 진로는 크게 바뀌었고, 마침 같은 연구소에 합류했던 마코위츠에게 논문지도를 받으면서 금융경제학의 개척자로 진입할 수 있었다.

샤프는 각 주식들의 수익은 예측하기 어렵지만, 대신 근본적인 요인에서 영향받는 부분이 있을 것이라고 생각했다. 호경기에는 대부분 주가가 상승하는 법이다. 물론 기업 그 자체의 경영 성과에 따라 경기와 상반되게 움직이는 부분도 있지만, 여러 주식으로 분산투자를 하면 이런 개별적 변동성은 제거할 수 있다. 샤프는 이러한 근본적 요인이 '시장 포트폴리오(기업 크기에 따라 골고루 투자한 포트폴리오)'라고 주장했다.

시장 포트폴리오에 민감하게 반응하는 주식은 높은 수익률을, 둔감하게 반응하는 주식은 낮은 수익률을 얻게 된다. 그는 여기서 더 나아가 가장 우월한 '슈퍼 포트폴리오'는 사실상 시장 포트폴리오라는 것을 수학적으로 입증해냈다. 투자자들이 분리정리에 따라 합리적으로 행동한다면 모두 슈퍼 포트폴리오를 선택할 것이며, 모든 투자자가 동일한 포트폴리오를 선택하면 결국 시장 포트폴리오가 될 것이다. 따라서 주식수익률은 그 주식이 시장 포트폴리오에 얼마나 민감하게 반응하는지에 따라 결정된다는 것이다. 이러한 의미에서 샤프가 만들어낸 모형은 자본자산가격결정모형(CAPM: Capital Asset Pricing Model)이라고 불리고 있다.

Q. 시장 평균 수익을 추구하는 인덱스펀드는?

A: 샤프의 연구는 투자자문업 종사자들을 당황시키는 내용이었다. 펀드운용사들은 자신들이 특수한 분석을 통해 앞으로 수익을 잘 볼 수 있는 주식 종목을 고를 수 있다고 홍보한다. 그러나 CAPM에 따르면 일부 종목만 선택하는 것보다 시장 포트폴리오로 투자하는 것이 더 우수하며, 따라서 적극적으로 투자 전략을 짜는 펀드매니저는 시장 이상의 수익을 낼 수 있다고 장담할 수 없다.

차라리 기계적으로 시장 포트폴리오를 따르는 인덱스펀드에 투자해 수수료를 절약하는 게 나을 수 있다는 것이다. CAPM은 단·한 가지 요인에 의해 주식 수익을 설명한다는 한계점 때문에 비판을 받았지만, 이론의 간결함과 아름다움으로 아직까지도 널리 사용되고 있다. 특히 펀드 운용실적을 평가하는 기준점으로 주가지수 수익률이 사용되고 있는 것을 보면 금융 이론에 대한 샤프의 공적을 짐작할 수 있다.

출처: 매일경제(www.mk.co.kr), 2020. 4. 1.

2. CAPM의 활용

(1) 균형기대수익률

증권시장선(SML)은 기대수익률 $E(r_i)$와 체계적 위험 β_i의 균형관계를 나타내는 식이기 때문에 적정가격(fair price)이 형성된 자산은 정확히 증권시장선(SML)상에 위치한다. 또한 증권시장선(SML) 상의 기대수익률은 균형상태에서 투자위험을 감안한 적정수익률이 되므로 위험자산에 대한 요구수익률(required rate of return)을 추정할 때 증권시장선(SML)으로 계산되는 기대수익률을 이용할 수 있다.

예를 들어, 어떤 주식이 과소평가 되었다면 이것은 증권시장선(SML)이 제시하는 적정 기대수익률을 상회하는 기대수익률을 가져오게 된다는 의미이므로 〈그림 6-3〉에서 보듯이 증권시장선(SML)보다 위쪽에 위치하게 된다. 반대로 과대평가된 주식은 증권시장선(SML)보다 아래쪽에 위치한다.

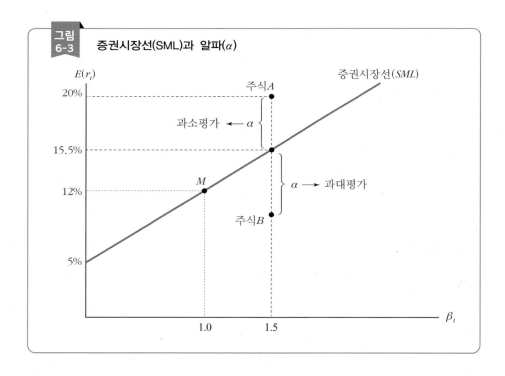

그림 6-3 증권시장선(SML)과 알파(α)

예상된 수익률과 적정 기대수익률의 차이를 알파(α)라고 한다.[12] 예를 들어, 시장수익률이 12%, 무위험이자율이 5%, 베타가 1.5인 주식 A의 적정 기대수익률은 $5\% + (12\% - 5\%)(1.5) = 15.5\%$이다. 이 경우 주식 A의 수익률이 20%로 예상된다면, 이 주식의 알파(α)는 $4.5\%(= 20\% - 15.5\%)$이다.

예제

균형기대수익률

i주식의 예상수익률이 16%, 무위험수익률이 7%, 시장수익률이 12%, i주식의 베타가 1.2일 경우 A주식의 알파값을 구하시오. 만일 i주식의 시장포트폴리오와의 공분산이 2배가 되면, 적정 기대수익률은 얼마가 되는지 계산하시오.

[답]

$E(r_i) = r_f + [E(r_M) - r_f]\beta_i = 0.07 + [0.12 - 0.07](1.2) = 13\%$

$\alpha = 0.16 - 0.13 = 3\%$

$\beta_i = \dfrac{\sigma_{iM}}{\sigma_M^2}$: σ_{iM}이 2배가 되면 β_i도 2배가 된다. 즉, $\beta_i = 2.4$

$E(r_i) = r_f + [E(r_M) - r_f]\beta_i = 0.07 + [0.12 - 0.07](2.4) = 19\%$

---

(2) 위험자산의 평가

기업이 새로운 투자안을 검토할 경우 투자안의 위험이 클수록 큰 위험을 부담하므로 그에 상응하는 요구수익률(required rate of return)도 높아야 할 것이다. 증권시장선(SML)은 균형상태에서 위험에 대한 적정 기대수익률을 나타내므로, 증권시장선(SML)으로 계산되는 수익률을 투자안의 요구수익률로 삼을 수 있다.

예를 들어, 현재 500만원을 투자하면 향후 10년 동안 매년 160만원의 세후 현금흐름이 예상되는 투자안이 있다고 하자. 이 투자안의 베타가 2, 시장

---

12 제5장 성과평가에서 다룬 젠센척도에 해당한다.

기대수익률이 12%, 무위험수익률은 6%라고 할 때 이 투자안의 순현가(NPV: net present value)는 다음과 같이 구할 수 있다.

$$NPV = -500 + \sum_{t=1}^{10} \frac{160}{(1 + 요구수익률)^t}$$

이 투자안의 베타(위험)에 상응하여 기대되는 수익률인 요구수익률은 증권시장선(SML)을 이용하여 $E(r_i) = 0.06 + (0.12 - 0.06)(2) = 18\%$이며, 이 투자안의 순현가는 219만원이 되어 투자안을 채택한다.

예제

위험자산의 평가

현재 100만원을 투자하면 1년도 말에 80만원, 2년도 말에 80만원 벌어들이는 투자안이 있다. 이 투자안의 베타는 1이며, 무위험수익률은 5%, 시장수익률은 10%이다. 이 투자안의 채택여부를 평가하시오.

[답]

$E(r_i) = r_f + [E(r_M) - r_f]\beta_i = 0.05 + (0.1 - 0.05)(1) = 10\%$

$NPV = -100 + \dfrac{80}{(1 + 0.1)^1} + \dfrac{80}{(1 + 0.1)^2} = 38.84 > 0$이므로 투자안 채택

6.2 SECTION / 차익거래가격결정모형(APT)

Ross(1976)는 차익거래가격결정모형(APT: Arbitrage Pricing Theory)을 개발하였다.[13] 차익거래(arbitrage)란 서로 등가관계에 있는 두 개의 증권 간의 가격 차이로부터 이익을 내기 위해 고평가된 증권을 매도하고 동시에 저평가된

---

13 Stephen A. Ross, "The Arbitrage Theory of Capital Asset Pricing," *Journal of Economic Theory*, December 1976.

증권을 매수하는 거래를 말한다. 만일 차익거래 기회가 존재하면 고평가 증권을 매도하고 저평가 증권을 매수하게 되어 고평가 증권의 가격이 하락하고 저평가 증권의 가격은 상승하여 차익거래 기회가 사라지게 되므로, 균형시장에서 차익거래기회가 주어지지 않는다.

CAPM은 증권수익률이 시장포트폴리오수익률이라는 단일요인과 선형관계를 가진다고 보지만, APT는 식(6-6)과 같이 k개의 공통요인에 의해 생성된다고 가정하고 있어 CAPM보다 더 일반성을 갖는다.

$$r_i = \alpha_i + \beta_{i1}F_1 + \beta_{i2}F_2 + \cdots + \beta_{ik}F_k + \epsilon_i \tag{6-6}$$

여기서, F_k = 모든 자산에 영향을 미치는 k번째 요인
β_{ik} = k요인에 대한 i번째 자산수익률의 민감도
ϵ_i = i번째 자산의 오차항

설명의 편의상 $k=2$라고 가정하고 식(6-6)의 기댓값을 구하면 식(6-7)이 된다.

$$E(r_i) = \alpha_i + \beta_{i1}E(F_1) + \beta_{i2}E(F_2) \tag{6-7}$$

식(6-6)에서 $k=2$라고 가정한 다음 식(6-6)에서 식(6-7)을 차감하여 정리하면 식(6-8)의 수익률생성과정이 도출된다.

$$r_i = E(r_i) + \beta_{i1}[F_1 - E(F_1)] + \beta_{i2}[F_2 - E(F_2)] + \epsilon_i \tag{6-8}$$

만약 공통요인이 1개라고 가정하면, 식(6-8)은 식(6-9)가 된다.

$$r_i = E(r_i) + \beta_i[F - E(F)] + \epsilon_i \tag{6-9}$$

베타가 1인 포트폴리오의 기대수익률 $E(r_p)$를 $E(F)$라고 나타내면, 공통요인이 1개일 경우의 기대수익률은 다음과 같이 나타낼 수 있다.[14]

---

14 자세한 유도과정은 Appendix 참조

$$E(r_i) = r_f + [E(F) - r_f]\beta_i \tag{6-10}$$

공통요인을 k개로 확장하면 증권 i의 기대수익률은 다음과 같이 되며, 이는 CAPM 보다 더 일반적인 모형으로 확장된 것을 의미하고, CAPM은 APT에서 자산의 수익률을 설명하는 공통요인이 시장포트폴리오 하나뿐인 특수한 경우에 해당함을 알 수 있다.

$$E(r_i) = r_f + \beta_{i1}[E(F_1) - r_f] + \beta_{i2}[E(F_2) - r_f] + \cdots$$
$$+ \beta_{ik}[E(F_k) - r_f] \tag{6-11}$$

예제

2요인모형

GNP성장률과 물가상승률이 각각 5%와 8%로 기대되며, GNP성장률과 물가상승률에 대한 베타계수가 각각 1과 0.8인 A기업 주식의 기대수익률이 15%이다. 만일 GNP성장률이 6%, 물가상승률이 10%라면 주식의 기대수익률 수정추정치(revised estimate)는 얼마인가? 단, A기업 고유의(firm-specific) 요인에 의한 수익률 변동은 0이라고 가정한다.

[답]
$$r_i = E(r_i) + \beta_{i1}[F_1 - E(F_1)] + \beta_{i2}[F_2 - E(F_2)] + \epsilon_i$$
$$= 0.15 + 1(0.06 - 0.05) + 0.8(0.1 - 0.08) + 0 = 17.6\%$$

예제

2요인 APT

포트폴리오 A와 B의 기대수익률은 각각 20%, 15%이다. 포트폴리오 A의 요인1의 민감도(베타계수)는 1.5, 요인2의 민감도는 2.4이다. 포트폴리오 B의 요인1의 민감도는 1.8, 요인2의 민감도는 0.4이다. 무위험수익률이 3%일 경우 균형기대수익률과 민감도 간의 관계식을 구하시오.

[답]

$E(r_i) = r_f + \beta_{i1}[E(F_1) - r_f] + \beta_{i2}[E(F_2) - r_f]$에서

$0.2 = 0.03 + 1.5x_1 + 2.4x_2$ ... ①

$0.15 = 0.03 + 1.8x_1 + 0.4x_2$ ... ②

①과 ②를 연립하여 풀면, $x_1 = 0.056$ $x_2 = 0.036$

$E(r_i) = 0.03 + 0.056\beta_{i1} + 0.036\beta_{i2}$

6.3 SECTION / CAPM과 APT의 비교

APT는 CAPM에 비해 전반적으로 다음과 같은 장점이 있다.

첫째, CAPM은 자산수익률이 정규분포를 이루고 투자자의 효용함수가 2차효용함수라고 가정하지만 APT는 자산수익률의 분포와 개인의 효용함수에 대해 어떠한 가정도 하지 않는다. 즉 위험회피도(risk aversion)나 평균-분산효율성(mean-variance efficiency)에 대한 가정이 필요 없다.

둘째, CAPM은 시장포트폴리오가 효율적이어야 함을 요구하는 데 반해 APT에서는 시장포트폴리오에 국한시켜 수익률을 결정할 필요가 없으며 어떠한 요인도 수익률생성과정에 포함될 수 있다.

셋째, CAPM에서 자산의 균형수익률은 단 하나의 요인에 의해 결정되지만 APT에서는 많은 요인들에 의해 자산의 균형수익률이 결정되는 것을 인정하고 있다.

넷째, CAPM은 단일기간을 가정하고 있지만, APT는 단일기간을 가정하고 있지 않으므로 다기간으로 쉽게 확장할 수 있다.

하지만, APT에서는 요인의 수가 몇 개인지 그리고 그 요인이 무엇을 의미하는지 명확하게 알려져 있지 않다는 문제점이 있다.

2요인 APT

투자자 A는 충분히 분산투자된 포트폴리오를 보유하고 있으며, 이 포트폴리오의 베타는 1이고 CAPM의 위험프리미엄 $[E(r_M) - r_f]$가 8%였다. APT 측면에서 볼 때 이 포트폴리오의 기대수익률은 산업생산성장률과 물가상승률 두 가지 요인에 의해 형성되며, 산업생산성장률(요인1)과 물가상승률(요인2)에 대한 위험프리미엄이 각각 5%, 12%라고 할 때 다음 물음에 답하시오. 단, 무위험수익률은 6%이다. 첫 번째 요인에 대한 민감도 계수가 -0.4일 경우 요인2(물가상승률)에 대한 민감도 계수는 얼마인가?

[답]

$E(r_i) = r_f + [E(r_M) - r_f]\beta_i \rightarrow 0.06 + 0.08 \times 1 = 0.14$

따라서, $E(r_i) = r_f + \beta_{i1}[E(F_1) - r_f] + \beta_{i2}[E(F_2) - r_f]$에서

$0.14 = 0.06 + \beta_{i1}[0.05] + \beta_{i2}[0.12] \rightarrow 0.14 = 0.06 + (-0.4)[0.05] + \beta_{i2}[0.12]$

$\rightarrow \beta_{i2} = 0.8333$

APT 유도과정

공통요인이 1개일 경우 수익률생성과정은 다음과 같다.

$$r_i = E(r_i) + \beta_i[F - E(F)] + \epsilon_i \qquad \text{(A6-1)}$$

APT의 기본개념은 투자자들이 순투자액 영(0)인 무투자 무위험($\beta_p = 0$) 포트폴리오를 만들 수 있다는 것이다. 즉, 균형상태에서 고평가된 자산을 팔고 동시에 저평가된 자산을 사서 이익을 내는 차익거래기회가 없으려면, 추가적인 부(wealth)의 투자가 없어야 하고, 위험도 부담하지 않는 무투자(zero-investment)·무위험(zero-beta, risk-free) 포트폴리오의 기대수익률이 0이 되어야 할 것이다. 만일 무투자[15]($\sum w_i = 0$, w_i가 음수도 될 수 있음, 즉 공매가능)로 구성한 무위험[16]($\sum w_i\beta_i = 0$) 포트폴리오의 수익률이 영(0)이 아니라면, 차익거래가 가능하게 된다.

먼저, 순투자액이 영(0)인 무위험 포트폴리오를 만들기 위해 식(A6-1)의 양변에 w_i를 곱한 후 모든 i에 대해 합해주면 다음과 같다.

$$\sum_{i=1}^{N} w_i r_i = \sum_{i=1}^{N} w_i E(r_i) + [F - E(F)] \sum_{i=1}^{N} w_i \beta_i + \sum_{i=1}^{N} w_i \epsilon_i \qquad \text{(A6-2)}$$

$$\downarrow$$

$$r_p = E(r_p) + [F - E(F)] \sum_{i=1}^{N} w_i \beta_i + \sum_{i=1}^{N} w_i \epsilon_i \qquad \text{(A6-3)}$$

식(A6-3)에서 포트폴리오가 무위험($\sum w_i\beta_i = 0$)이고, 고유위험을 분산시킬 수 있는 충분한 수의 증권들이 포트폴리오에 포함된다고 가정하면 $\sum w_i \epsilon_i \approx 0$

---

15 무투자 포트폴리오는 기존 자산을 매각한 자금으로 추가적으로 자산을 매입하여 구성할 수 있다.
16 무위험 포트폴리오는 각 증권의 체계적 위험 계수들의 가중평균을 0으로 하여 구성할 수 있다.

이므로 식(A6-3)은 다음과 같이 된다.

$$r_p = E(r_p) \tag{A6-4}$$

무투자·무위험 포트폴리오의 수익률(r_p)은 균형상태에서 차익거래기회가 없으려면 영(0)이 되어야 한다. 즉, $r_p = 0$이 되어야 하므로 식(A6-4)에서 $E(r_p) = 0$이 되어야만 한다. 이를 다시 정리하면 다음과 같다.

무투자: $\displaystyle\sum_{i=1}^{N} w_i \times 1 = 0,$

무위험: $\displaystyle\sum_{i=1}^{N} w_i \beta_i = 0 \rightarrow E(r_p) = \sum_{i=1}^{N} w_i E(r_i) = 0$

선형대수(linear algebra)의 표준정리(standard theorem)에 의하면 위의 세 식이 만족될 경우 $E(r_i)$는 다음과 같이 1과 β_i의 선형결합(linear combination)으로 표시될 수 있다.[17]

$$E(r_i) = a_0 + a_1 \beta_i \tag{A6-5}$$

식(A6-5)에서 a_0와 a_1은 각각 무엇을 의미하는가? 먼저 a_0의 의미를 알기 위해서 $\sum w_i = 1$이고 $\sum w_i \beta_i = 0$(위험=0)인 포트폴리오 Z를 고려해 보자. 식(A6-5)에 w_i를 곱하여 모든 i에 대해 더해주고, 포트폴리오는 위험이 제로(0)인 포트폴리오 Z로 구성했으므로 $r_p = r_z$가 되어 식(A6-6)으로 정리된다.

---

[17] 예를 들어, 2개의 증권으로 구성된 포트폴리오의 경우,

$\begin{aligned} w_1 + w_2 &= 0 \\ w_1\beta_1 + w_2\beta_2 &= 0 \end{aligned} \rightarrow \begin{array}{l} a_0(w_1 + w_2) = 0 \\ +)\ \underline{a_1(w_1\beta_1 + w_2\beta_2) = 0} \\ (a_0 + a_1\beta_1)w_1 + (a_0 + a_1\beta_2)w_2 = 0 \end{array} \Rightarrow E(r_1)w_1 + E(r_2)w_2 = 0$

따라서 $E(r_1) = a_0 + a_1\beta_1 \qquad E(r_2) = a_0 + a_1\beta_2$

$$\sum_{i=1}^{N} w_i E(r_i) = a_0 \sum_{i=1}^{N} w_i + a_1 \sum_{i=1}^{N} w_i \beta_i$$

$$\downarrow$$

$$E(r_z) = a_0 \times 1 + a_1 \times 0 \quad \rightarrow \quad a_0 = E(r_z) \tag{A6-6}$$

식(A6-6)에서 위험이 제로(0)인 포트폴리오 Z의 기대수익률 $a_0 = E(r_z)$는 무위험수익률 r_f를 의미한다. 식(A6-6)을 식(A6-5)에 대입하면, 식(A6-7)이 된다.

$$E(r_i) = r_f + a_1 \beta_i \tag{A6-7}$$

다음은 a_1의 의미를 알기 위해 $\sum w_i = 1$이고 $\sum w_i \beta_i = 1$(위험=1)인 포트폴리오를 고려해 보자. 식(A6-7)에 w_i를 곱하여 모든 i에 대해 더해주면, a_1은 포트폴리오의 초과수익률을 의미함을 알 수 있다.

$$\sum_{i=1}^{N} w_i E(r_i) = r_f \sum_{i=1}^{N} w_i + a_1 \sum_{i=1}^{N} w_i \beta_i$$

$$\downarrow$$

$$E(r_p) = r_f \times 1 + a_1 \times 1 \quad \rightarrow \quad a_1 = E(r_p) - r_f \tag{A6-8}$$

이제 식(A6-8)을 식(A6-7)에 대입하면 식(A6-9)가 된다.

$$E(r_i) = r_f + [E(r_p) - r_f] \beta_i \tag{A6-9}$$

식(A6-9)는 공통요인이 1개이며 그 공통요인이 베타가 1인 포트폴리오, 즉 시장지수일 경우 CAPM과 동일하게 됨을 보이고 있다. 베타가 1인 포트폴리오의 기대수익률 $E(r_p)$를 $E(F)$라고 하면, 식(A6-9)는 식(A6-10)과 같이 나타낼 수 있다.

$$E(r_i) = r_f + [E(F) - r_f]\beta_i \qquad\qquad\qquad\qquad (A6\text{-}10)$$

공통요인을 k개로 확장하여 일반적으로 표현하면 식(A6-11)의 차익거래 가격결정모형(APT)이 얻어진다.

$$E(r_i) = r_f + \beta_{i1}[E(F_1) - r_f] + \beta_{i2}[E(F_2) - r_f] + \cdots$$
$$+ \beta_{ik}[E(F_k) - r_f] \qquad\qquad\qquad (A6\text{-}11)$$

06 자산가격결정모형: 연습문제

Q1. (CFA) 분산투자된 포트폴리오에서 위험척도로서 적절한 것은? (　)

① 비체계적 위험 　　　　　② 수익률의 표준편차
③ 투자위험 　　　　　　　④ 공분산

Q2. (CFA 수정) 무위험수익률 5%, 시장포트폴리오의 기대수익률 11.5%, A주식의 베타 1.5, B주식의 베타 0.80이다. A주식의 수익률이 13.25%이고 B주식의 수익률이 11.25%로 예상될 경우 다음 중 A주식과 B주식의 요구수익률과 평가여부에 대해서 옳은 것은? (　)

	A주식	B주식	A주식	B주식
①	12.35%	13.20%	과대평가	과소평가
②	13.63%	12.55%	과소평가	과대평가
③	14.75%	10.20%	과대평가	과소평가
④	15.18%	9.78%	과소평가	과대평가

Q3. (1998 CPA) 시장포트폴리오의 기대수익률은 연 20%이고 무위험수익률은 연 10%이다. 당신은 시장포트폴리오에 부의 25%를, $\beta = 2$인 자산에 나머지 75%를 투자했다. CAPM이 옳다면 당신의 포트폴리오의 연평균 기대수익률은 얼마인가? (　)

① 20% 　　　　　　② 22.5%
③ 25% 　　　　　　④ 27.5%
⑤ 30%

Q4. (2002 CPA) CML과 SML과의 관계에 대한 서술 중 옳지 않은 것은? (　)

① 동일한 β를 가지고 있는 자산이면 SML선상에서 동일한 위치에 놓이게 된다.
② CML과 SML은 기대수익률과 총위험 간의 선형관계를 설명하고 있다는 점에서 공통점을 가지고 있다.
③ 비체계적 위험을 가진 포트폴리오는 CML선상에 놓이지 않는다.

④ 어떤 자산과 시장포트폴리오 간의 상관계수가 1이면 CML과 SML은 동일한 표현식이 된다.

⑤ SML선상에 있는 자산이라고 하여 모두 다 CML선상에 위치하지는 않는다.

Q5. (2004 CPA) 다음의 위험에 관한 여러 설명 중 옳은 것은? (   )

① 총위험이 큰 주식의 기대수익률은 총위험이 낮은 주식의 기대수익률보다 항상 크다.

② 증권시장선(SML)보다 위쪽에 위치하는 주식의 기대수익률은 과대평가되어 있으므로 매각하는 것이 바람직하다.

③ 시장포트폴리오의 베타는 항상 1로서 비체계적 위험은 모두 제거되어 있다.

④ 상관관계가 1인 두 주식으로 포트폴리오를 구성하는 경우에도 미미하지만 분산투자의 효과를 볼 수 있다.

⑤ 베타로 추정한 주식의 위험과 표준편차로 추정한 주식의 위험 사이에는 일정한 관계가 있다.

Q6. (2005 CPA) CAPM에 대한 다음의 설명 중 가장 올바른 것은? (   )

① 증권시장선(SML)에서 다른 조건은 동일하고 시장포트폴리오의 기대수익률이 커진다면 β가 1보다 매우 큰 주식의 균형수익률은 상승하지만, β가 0보다 크지만 1보다 매우 작은 주식의 균형수익률은 하락한다.

② 자본시장선(CML)에서 무위험자산과 시장포트폴리오에 대한 투자가중치는 객관적이지만, 시장포트폴리오에 대한 투자비율은 주관적이다.

③ 증권시장선(SML)의 기울기는 β값에 상관없이 항상 일정한 값을 가진다.

④ 자본시장선(CML)상에 있는 포트폴리오는 효율적이므로 베타는 0이다.

⑤ 자본시장선(CML)상에 있는 포트폴리오와 시장포트폴리오의 상관계수는 0이다.

Q7. (2005 CPA) 무위험수익률은 3%, 시장포트폴리오의 기대수익률은 13%이다. 아래 두 자산 가격의 균형/저평가/고평가 여부에 대하여 가장 적절한 것은? ( )

자산	β 계수	기대수익률
A	0.5	9%
B	1.5	17%

① 두 자산의 가격은 모두 균형상태이다.
② 두 자산의 가격은 모두 저평가되어 있다.
③ 두 자산의 가격은 모두 고평가되어 있다.
④ 자산 A는 저평가되어 있고 자산 B는 고평가되어 있다.
⑤ 자산 A는 고평가되어 있고 자산 B는 저평가되어 있다.

Q8. (2006 CPA) CAPM에 대한 설명으로 틀린 것은? (   )

① 시장위험프리미엄(market risk premium)은 항상 0보다 커야 한다.
② 시장포트폴리오와 무위험자산 간의 상관계수는 정확히 0이다.
③ SML에 위치한다고 해서 반드시 CML에 위치하는 것은 아니다.
④ 위험자산의 기대수익률은 무위험자산의 수익률보다 항상 높아야 한다.
⑤ 개별자산의 진정한 위험은 총위험의 크기가 아니라 체계적 위험의 크기만으로 평가되어야 한다.

Q9. (2011 CPA) ㈜대한은 투자자금 1,000,000원으로 베타가 1.5인 위험자산포트폴리오를 구성하려고 한다. ㈜대한의 투자정보는 다음 표와 같다. 무위험자산수익률은 5.0%이다. C자산의 기대수익률과 가장 가까운 것은? (   )

투자자산	베타	기대수익률(%)	투자금액(원)
A자산	1.0	13.0	280,000
B자산	2.0	21.0	240,000
C자산	?	?	?
포트폴리오	1.5	?	1,000,000

① 16.90%　　② 17.33%　　③ 17.54%
④ 17.76%　　⑤ 18.03%

Q10. (2011 CPA) ㈜대한은 총 5억원의 기금을 3개 프로젝트에 투자하고 있으며, 투자금액과 베타계수는 다음과 같다.

프로젝트	투자금액	베타계수
A	1.4억원	0.5
B	2.0억원	1.6
C	1.6억원	2.0

무위험수익률은 5%이며, 내년도 시장수익률의 추정확률분포는 다음과 같다.

확 률	시장수익률
0.2	9%
0.6	12%
0.2	15%

주어진 자료에 근거하여 추정된 증권시장선(SML)으로부터 산출한 기금의 기대수익률로 가장 적절한 것은? (   )

① 12.95%   ② 13.52%   ③ 13.95%

④ 14.52%   ⑤ 14.94%

Q11. (CFA 수정) X와 Y는 잘 분산된 포트폴리오이고 무위험수익률은 8%이다.

포트폴리오	기대수익률	베타
X	16%	1.00
Y	12%	0.25

포트폴리오 X, Y에 대해서 옳은 설명은? (   )

① 균형상태이다.   ② Y는 과소평가되어 있다.

③ 모두 과대평가되어 있다.   ④ 모두 공정하게 평가되어 있다.

Q12. (CFA 수정) CAPM과 APT를 비교 설명한 것으로 옳은 것은? (   )

① CAPM과 APT는 모두 평균-분산 효율적인 시장포트폴리오를 필요로 한다.

② CAPM이나 APT 어느 것도 증권수익률이 정규분포를 따른다고 가정하지 않는다.

③ CAPM은 하나의 특정한 요인이 증권수익률을 설명하지만 APT는 그렇

지 않다.

④ CAPM과 APT 모두 투자자의 효용함수가 2차효용함수라고 가정한다.

Q13. 포트폴리오 A의 1요인에 대한 베타는 0.8이고 위험프리미엄은 2%이다. 2요인에 대한 베타는 1.5이고 위험프리미엄은 5%이다. 무위험수익률이 6%일 때 차익거래기회가 존재하지 않으려면 포트폴리오 A의 기대수익률이 얼마여야 하는가? (　　)

① 12.7%　　② 15.1%　　③ 17.5%

④ 19.0%　　⑤ 21.5%

Q1. ④

Q2 ③

[답]

$E(r_i) = r_f + [E(r_M) - r_f]\beta_i$ 이므로

A주식: $E(r_A) = 0.05 + [0.115 - 0.05](1.5) = 14.75\%$

$\rightarrow$ 예상수익률 − 요구수익률 $= 13.25\% - 14.75\% = -1.50\%$

B주식: $E(r_B) = 0.05 + [0.115 - 0.05](0.8) = 10.20\%$

$\rightarrow$ 예상수익률 − 요구수익률 $= 11.25\% - 10.20\% = 1.05\%$

따라서 A주식은 과대평가, B주식은 과소평가

Q3 ④

[답]

$E(r_i) = r_f + [E(r_M) - r_f]\beta_i \rightarrow 0.1 + [0.2 - 0.1](2) = 0.3$

따라서 $E(r_p) = w_i E(r_i) + (1 - w_i) E(r_M) = (0.75)(0.3) + (0.25)(0.2) = 0.275$

Q4 ②

[답]

SML은 기대수익률과 체계적 위험 간의 선형관계를 설명하고 있다.

Q5 ③

[답]

① 총위험이 큰 주식의 기대수익률은 총위험이 낮은 주식의 기대수익률보다 항상 큰 것은 아니다.

② 증권시장선(SML)보다 위쪽에 위치하는 주식의 기대수익률은 과소평가되어 있으므로 매수하는 것이 바람직하다.

④ 상관관계가 1인 두 주식으로 포트폴리오를 구성하는 경우에는 분산투자의 효과가 없다.

⑤ 베타로 추정한 주식의 위험과 표준편차로 추정한 주식의 위험 사이에는 일정한 관계가 없다. 즉, 총위험인 표준편차는 체계적 위험 척도인 베타뿐만 아니라 비체계적 위험에 의해서도 영향을 받기 때문에 베타와 일정한 관계를 갖지는 않는다.

Q6 ③

[답]

① 증권시장선(SML)에서 다른 조건은 동일하고 시장포트폴리오의 기대수익률이 커진다면 β가 1보다 매우 큰 주식의 균형수익률과 β가 0보다 크지만 1보다 매우 작은 주식의 균형수익률 모두 상승한다.

② 자본시장선(CML)에서 무위험자산과 시장포트폴리오에 대한 투자가중치는 주관적이지만, 시장포트폴리오에 대한 투자비율은 객관적이다.

④ 자본시장선(CML)상에 있는 포트폴리오는 효율적이지만, 베타가 0인 포트폴리오는 무위험자산에 전부를 투자한 포트폴리오뿐이다.

⑤ 자본시장선(CML)상에 있는 포트폴리오와 시장포트폴리오의 상관계수는 1이다.

Q7 ④

[답]

A의 균형수익률은 $0.03 + [0.13 - 0.03](0.5) = 8\%$이고, B의 균형수익률은 $0.03 + [0.13 - 0.03](1.5) = 18\%$이다. 따라서 자산 A는 저평가되어 있고 자산 B는 고평가되어 있다.

Q8 ④

[답]

위험자산의 기대수익률 $E(r_i) = r_f + [E(r_M) - r_f]\beta_i$에서 위험의 단위당 가격인 위험프리미엄 $[E(r_M) - r_f]$은 항상 양$(+)$이다. 하지만 $\beta_i = \sigma_{iM}/\sigma_M^2$에서 상관계수가 음$(-)$의 값을 가질 수 있기 때문에 β값도 음$(-)$의 값을 가질 수 있다. 만약, β값이 음$(-)$의 값을 가진다면 위험자산의 수익률은 무위험자산의 수익률보다 낮다.

Q9 ②

[답]

A자산의 베타가 1이므로 시장포트폴리오이다. 따라서 $E(r_M) = 13\%$이다. SML식을 이용하여 $E(r_p) = 0.05 + [0.13 - 0.05](1.5) = 0.17$이 된다.

따라서 $0.17 = (0.13)(0.28) + (0.21)(0.24) + E(r_C)(0.48) \rightarrow E(r_C) = 17.33\%$

또는, $\beta_p(=1.5) = (1)(0.28) + (2)(0.24) + (\beta_C)(0.48) \rightarrow \beta_C = 1.5417$

따라서 $E(r_C) = 0.05 + (0.13 - 0.05)(01.5417) = 17.33\%$

Q10 ⑤

[답]

포트폴리오 베타: $\beta_p = (0.5)(0.28) + (1.6)(0.4) + (2)(0.32) = 1.42$

시장 기대수익률: $E(r_M) = (0.2)(0.09) + (0.6)(0.12) + (0.2)(0.15) = 0.12$

따라서 기금의 기대수익률 $= 0.05 + [0.12 - 0.05](1.42) = 14.94\%$

Q11 ②

[답]

포트폴리오 X의 베타가 1이므로 X는 시장포트폴리오이다. 따라서 $E(r_M) = 16\%$. 포트폴리오 Y의 기대수익률이 12%이고 균형기대수익률은 10%가 되므로 과소평가되어 있다.

Q12 ③

[답]

① CAPM은 평균-분산 효율적인 시장포트폴리오를 필요로 하지만 APT는 그렇지 않다.

② CAPM은 증권수익률이 정규분포를 따른다고 가정하지만, APT는 그렇지 않다.

④ CAPM은 투자자의 효용함수가 2차효용함수라고 가정하지만, APT는 그렇지 않다.

Q13 ②

[답]

$0.06 + (0.8)(0.02) + (1.5)(0.05) = 0.151$

CHAPTER

07

증권시장 효율성

본 장에서는 시장의 모든 이용 가능한 정보가 주식가격에 반영되어 있어 초과수익을 얻을 수 없다는 효율적 시장가설에 대해서 알아본다. 시장효율성을 검증하는 실증분석 방법론을 살펴보고, 효율적 시장가설로 설명되지 않는 시장의 이상 현상들을 다룬다.

학습목표

- 효율적 시장가설
- 효율적 시장가설의 검증 방법
- 시장 이상 현상

7.1 / 효율적 시장가설
SECTION

1. 효율적 시장가설의 개념

효율적 시장가설(EMH: Efficient Market Hypothesis)은 이용 가능한 모든 정보(information)가 이미 주가에 다 반영되었다는 주장이다. 주가는 오직 새로운(new), 예측할 수 없는(unpredictable) 정보에 대해서만 반응하게 되므로, 주가변동이 무작위적(random)이고 예측 불가능(unpredictable)하게 된다. 만약 주가의 움직임이 예측 가능하다면 이것은 이용 가능한 모든 정보가 아직 주가에 다 반영되지 않았다는 의미이기 때문에 주식시장의 비효율성을 나타내는 증거가 된다.

2. 효율적 시장가설의 종류

(1) 약형 효율적 시장가설

효율적 시장가설은 이용 가능한 정보의 종류에 따라 약형(weak-form), 준강형(semistrong-form), 강형(strong-form)으로 구분한다. 약형 효율적 시장가설에 의하면 현재의 주가는 과거 주가변동의 양상, 거래량의 추세, 과거 이자율의 동향에 관한 정보 등 역사적 정보를 이미 완전히 반영하고 있다. 따라서 과거 주가변동의 형태나 시장과 관련된 자료(market-related data)를 바탕으로 미래 주가의 변동추이를 예측하려는 기술적 분석(technical analysis)으로는 초과수익을 얻을 수 없다고 주장한다. 대표적인 기술적 분석방법으로는 차트 분석 및 이동평균선 분석 등이 있다.

(2) 준강형 효율적 시장가설

준강형 효율적 시장가설에 의하면 현재의 주가는 역사적 정보뿐만 아니라 공개적으로 이용 가능한 모든 정보를 이미 완전히 반영하고 있다. 따라서 과거의 주가와 거래량뿐만 아니라 기업의 회계정보 발표, 회계처리 방법의 변경, 취급제품관련 공시사항, 공표된 정부의 경제정책, 경쟁업체의 공지사항, 기업의 배당이나 유·무상증자 또는 합병계획, 신문 등에 발표된 모든 공시된 정보 등과 같은 공개정보에 바탕을 둔 기본적 분석(fundamental analysis)으로는 초과수익을 얻을 수 없다고 주장한다.

(3) 강형 효율적 시장가설

강형 효율적 시장가설은 현재 주가는 역사적 정보, 공개된 정보뿐만 아니라 공개되지 않은 사적인 정보(private information)까지 이미 완전히 반영하고 있으므로 투자자는 어떠한 정보에 의해서도 초과수익을 얻을 수 없다는 주장이다. 따라서 내부정보를 갖고 있는 정부관료(government officials)나 기업 내부자(corporate insiders: 임원, 이사회, 대주주)들조차도 강형 효율적 시장에서는 초과수익을 얻을 수 없다고 본다.

| 읽을거리 |

'노벨상' 파마의 주가 예측이론 … 뭐?

스웨덴 왕립과학원 노벨위원회는 지난 14일(현지시간) '자산가격에 대한 경험적 분석'에 대한 공로로 유진 파마(Eugene Fama) 미국 시카고대 교수와 함께 라르스 피터 한센(Lars Peter Hansen) 시카고대 교수, 로버트 실러(Robert J. Shiller) 예일대 교수 등 3명을 공동 선정했다. 이 가운데 특히 파마 교수는 2000년 이후 줄곧 유력한 노벨경제학상 수상자 후보로 거론돼 온 인물이다.

파마 교수의 업적은 크게 2가지다. 첫째는 '효율적 시장가설'(Efficient Market Hypothesis)을 정립한 것이고, 둘째는 '자본자산가격결정모형(CAPM)'을 진일보시킨 것이다. 우선 효율적 시장가설은 주가가 시장의 모든 정보를 이미 가격에 반영하고 있다는 것이다. 시장은 효율적이기 때문에 정보의 비대칭, 즉 시장의 비효율성을 활용해 초과수익을 올리는 것은 불가능하다는 논리다. 파마 교수가 1960년대부터 정립한 효율적 시장가설은 이후 주가지수를 추종하는 인덱스펀드가 성장하는 발판이 됐다.

파마 교수의 비교적 최근 업적은 CAPM을 현실적으로 보완한 것이다. 주식 등 위험자산의 기대수익률을 산출하는 CAPM은 '기대수익률 = 무위험수익률 + (시장의 기대수익률 − 무위험수익률)×베타'로 설명된다. 여기서 베타는 시장변동성에 대한 민감도로, 이 값이 클수록 위험은 높아진다.

지금도 전 세계의 수많은 자산운용회사, 헤지펀드 등이 이 CAPM을 토대로 투자 전략을 세우고 위험자산과 무위험자산을 섞은 최적의 포트폴리오를 구성해 실전 투자에 나선다. 그러나 베타는 천차만별인 개별 종목들의 주가를 모두 설명하기에는 역부족이었다. 이에 파마 교수는 케네스 프렌치(Kenneth French) 다트머스대 교수와 함께 1963년부터 1990년까지 27년에 걸친 9,500개 종목의 주가 추이를 분석한 결과를 토대로 1992년 '파마−프렌치 3요인(3Factors) 모델'을 제시하는 논문을 내놨다. 여기서 3요인은 시가총액, 주가순자산비율(PBR), 시장 등 3가지 변수를 뜻한다. 파마 교수는 이를 통해 시가총액이 작고 PBR이 낮은 종목일수록 초과수익을 올리기에 유리하다는 것을 증명해냈다. 이는 이후 주식시장에서 소형 가치주 투자의 확대로 이어졌다. 또 이 논문 이후 전 세계에서 CAPM은 '파마−프렌치 3요인 모델'에 따른 보완을 거쳐 활용되고 있다.

출처: 머니투데이(www.mt.co.kr), 2013. 10. 15.

효율적 시장가설의 검증

1. 효율적 시장가설의 검증 방법

(1) 약형 효율적 시장가설의 검증 방법

1) 시계열 자기상관 검증

시계열 자기상관 검증(serial correlation test)은 주식수익률이 시계열 상관관계를 가지는지 검증하는 것이다. 양(+)의 시계열 상관관계는 양(+)의 수익률 다음에 다시 양(+)의 수익률이 관측되는 경향이 있고, 음(−)의 상관관계는 양(+)의 수익률 다음에 음(−)의 수익률이 관측되는 경향이 있음을 의미한다.

시장이 효율적이라면 과거의 정보는 이미 현재의 주가에 모두 반영되어 있어 현재의 주가변동이 과거에 발생했던 주가변동과 상관관계가 없을 것이다. 만약 시장이 비효율적이어서 주식수익률이 양(+)의 상관관계를 보일 경우 현재 수익률이 양(+)이라면 다음 수익률도 양(+)이라고 보고 투자하며, 현재 수익률이 음(−)이라면 다음 수익률도 음(−)이라고 보고 투자하여 초과수익을 얻을 수 있을 것이다.

2) 연의 검증

동일한 부호를 갖는 가격변동들의 연속인 연(run)을 이용하여 이익(+)과 손실(−)의 연속된 부호(sign)를 검증하는 방법이 연의 검증(run test)이다. 만약 부호가 '+ + − − + + − −'로 규칙적으로 나타난다면 이는 네 개의 연을 갖는 주가변동으로 과거 주가변동이 미래 주가변동에 반복되어 나타남을 의미하므로 과거 정보를 이용하여 초과수익을 얻을 수 있어 시장이 비효율적이라는 증거가 된다. 반면에 부호가 섞여 무작위로 나타난다면 미래 주가변동과 과거 주가변동은 상관성이 없고 주가는 무작위적으로 움직이며 시장이 효율적이라는 것을 의미한다.

3) 필터기법

필터는 사전에 정해 놓은 일정가격폭을 말한다. 만약 시장이 효율적이어서 주가가 무작위적으로 움직일 경우에는, 주식가격이 저점으로부터 일정비율($x\%$: 필터)만큼 상승하면 주식을 매수하고 고점으로부터 일정비율($x\%$: 필터)만큼 하락하면 매도하는 투자기법인 필터기법(filter test)의 성과가 단순한 매입보유전략(buy-and-hold strategy)의 성과보다 더 나은 초과수익을 실현할 수 없다.

(2) 준강형 효율적 시장가설의 검증 방법: 사건연구

시장이 준강형 효율적이라면 공개적으로 이용 가능한 정보를 이용해서 초과수익을 얻을 수 없다. 따라서 시장이 준강형 효율적인가를 검증하기 위해

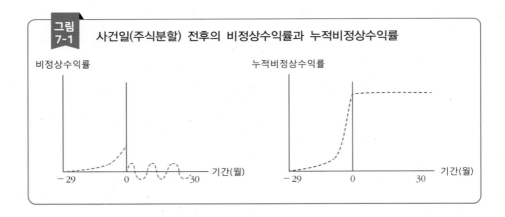

그림 7-1 사건일(주식분할) 전후의 비정상수익률과 누적비정상수익률

서는 기업의 이익, 배당, 합병 등 공개적으로 이용 가능한 공시정보의 발표가 있을 때 이를 전후하여 초과수익이 존재하는지를 검증하면 된다.

사건연구(event study)는 어떤 특정사건(기업의 이익, 배당, 주식분할 등)이 기업의 주가에 미치는 영향을 분석하는 실증적 재무연구방법으로서, Fama, Fisher, Jensen, and Roll(FFJR, 1969)이 처음 제시했다. 이들은 주식분할이라는 사건이 발생하기 전의 29개월부터 주식분할 후의 30개월의 각각에 대하여 비정상수익률과 누적비정상수익률을 산출하였다.[1]

이론적으로 주식분할은 분할비율에 따라 발행주식수는 증가, 주가는 감소하며, 총시장가치에는 영향을 주지 않는 사건으로서 주식분할 그 자체는 경제적 가치가 없다. 그럼에도 불구하고 〈그림 7-1〉에서 보듯이 주식분할 공표일(announcement day, 사건일, $t=0$시점) 이전 5개월 전부터 비정상수익률이 급격히 증가함을 보였다.

이러한 현상에 대해서 FFJR은 주식분할이 미래의 이익증대를 의미하는 배당증대와 관련된 정보를 포함하고 있기 때문이라고 주장하였다. 주식분할 5개월 전인 주식분할 공고시점부터 시장이 미래의 이익증대를 기대하면서 주가를 상향 조정해 왔기 때문에 실제로 주식분할 시점에는 주가가 더 이상 오르는 조정이 일어나지 않는다고 하였다. 따라서 회사의 미래 배당과 관련된

---

1 Eugene F. Fama, Lawrence Fisher, Michael C. Jensen, and Richard Roll, "The Adjustment of Stock Prices to New Information," *International Economic Review*, February 1969.

주식분할 안에 포함된 정보는 이미 사건이 발생한 월(event month)까지 모두 반영되어 주가에 공개적으로 이용 가능한 모든 정보가 완전히 반영되었다는 점에서 주식시장은 준강형 효율적 시장이라고 하였다.

2. 시장 이상 현상

효율적 시장에서는 이용 가능한 모든 정보가 이미 주가에 반영되어 있기 때문에 기술적 분석과 기본적 분석을 통해서는 초과수익을 얻을 수 없다. 이에 대해서 현실의 시장이 과연 정말로 효율적인가에 대해서 많은 실증연구들이 이루어졌다. 이 연구들 중에는 현실의 시장은 효율적이라는 주장도 많은 반면 효율적 시장가설을 지지하지 않는 이상 현상(anomaly)이 존재함을 보여주는 주장도 있다.

(1) 주말효과

Cross(1973)[2]는 일별수익률 중에서 월요일의 평균수익률이 낮고, 금요일의 수익률이 이례적으로 높게 나타난다는 주말효과(day-of-the-week effect)를 주장하였다. 주말효과에 대한 정보는 월요일에 주식을 매수하여 금요일에 매도하는 투자를 유발하게 되는데, 이러한 정보가 이미 가격에 반영되어 있는 효율적 시장에서는 어느 요일이든 관계없이 다른 요일보다 높은 초과수익을 얻을 수 없게 될 것이다. 그럼에도 불구하고 지속적으로 관찰되는 주말효과는 약형 효율적 시장가설을 지지하지 않는 시장 이상 현상이다.

(2) 1월효과

Rozeff and Kinney(1976)[3]는 1월의 평균투자수익률이 다른 달보다 높게 나타나는 현상인 1월효과(January effect)가 존재함을 보였다. 주말효과와 마찬

---

2 Frank Cross, "The Behavior of Stock Prices on Friday and Monday," *Financial Analysts Journal* 19, 1973.
3 Michael S. Rozeff and William R. Kinney, "Capital Market Seasonality: The Case of Stock Returns," *Journal of Financial Economics*, November 1976.

가지로 1월효과에 의하면 더 높은 투자수익률을 얻기 위해 12월에 매수하여 1월에 매도하게 되는데, 이러한 정보가 이미 가격에 반영되어 있는 효율적 시장에서는 1년 중 어느 월이든 관계없이 다른 월보다 높은 초과수익을 얻을 수 없게 될 것이다. 그럼에도 불구하고 지속적으로 관찰되는 1월효과는 약형 효율적 시장가설을 지지하지 않는 시장 이상 현상이다.

(3) PER효과

Basu(1977)[4]는 저PER(price-to-earnings ratio)기업의 수익률이 고PER기업의 수익률보다 높게 나타난다는 PER효과(P/E effect)를 주장하였다. Basu는 PER의 크기에 따라 주식군을 다섯 그룹(A, B, C, D, E)으로 나누어 매년 초 포트폴리오를 재구성하면서 투자수익률을 비교하여 저PER주식의 수익률이 고PER주식의 수익률보다 높음을 보였다. 이것은 저PER투자전략을 구성할 경우 주식시장에서 체계적으로 수익을 낼 수 있다는 의미로 준강형 효율적 시장가설을 지지하지 않는 이상 현상이 된다.

(4) 기업규모효과

Banz(1981)[5]는 소형주의 수익률이 대형주의 수익률보다 높게 나타난다는 기업규모효과(size effect)를 주장하였다. 특히 Keim(1983),[6] Reinganum(1983),[7] Blume and Stambaugh(1983)[8] 등은 기업규모효과의 대부분이 1월의 첫 2주 동안 발생한다는 소형주 1월효과(small-firm-in-January effect)를 보고하고 있

---

4 S. Basu, "The Investment Performance of Common Stocks in Relation to Their Price-Earning Ratios," *Journal of Finance*, June 1977.
5 Rolf Banz, "The Relationship between Return and Market Value of common Stocks," *Journal of Financial Economics* 9, March 1981.
6 Donald B. Keim, "Size Related Anomalies and Stock Return Seasonality: Further Empirical Evidence," *Journal of Financial Economics* 12, June 1983.
7 Marc R. Reinganum, "The Anomalous Stock Market Behavior of Small Firms in January: Empirical Tests for Tax-Loss Effects," *Journal of Financial Economics* 12, June 1983.
8 Marshall E. Blume and Robert F. Stambaugh, "Biases in Computed Returns: An Application to the Size Effect," *Journal of Financial Economics*, 1983.

다. 기업규모효과가 존재한다는 것은 준강형 시장에서 초과수익을 얻을 수 있는 현상으로 이러한 현상의 존재는 준강형 효율적 시장가설을 지지하지 않음을 나타내고 있다.

(5) PBR효과

Fama and French(1992)[9]는 PBR(price-to-book ratio)효과를 주장하였다. 이들은 저PBR 주식이 고PBR 주식보다 높은 투자수익을 보임에 따라 주식의 시장가격을 장부가격으로 나눈 PBR이 증권별 수익률의 강력한 예측지표라고 보고하고 있다. PBR효과도 공개적으로 이용 가능한 재무비율인 PBR을 이용하여 투자전략을 구성할 경우 주식시장에서 체계적으로 수익을 낼 수 있다는 의미로 준강형 효율적 시장가설을 지지하지 않는 시장 이상 현상이 된다.

(6) 역전효과

DeBondt and Thaler(1985)[10]와 Chopra, Lakonishok and Ritter(1992)[11]는 한 기간에 성과가 좋지 못했던 주식은 다음 기간에는 반전되어 상당한 성과를 보이는 반면 어느 한 기간에 최상의 성과를 보인 주식은 다음 기간에 나쁜 성과를 나타내는 역전효과(reversal effect)가 있음을 발견하였다. 역전효과가 존재한다는 것은 초과수익기회를 제공하는 것이 되므로 시장의 비효율성을 암시하는 증거가 될 수 있다.

(7) 강형 효율적 시장가설에 대한 검증

Seyhun(1986)[12]은 증권거래위원회(SEC: Securities and Exchange Commission)

---

9 Eugene F. Fama and Kenneth R. French, "The Cross Section of Expected Stock Returns," *Journal of Finance* 47, 1992.
10 Werner F. M. DeBondt and Richard Thaler, "Does the Stock Market Overreact?," *Journal of Finance* 40, 1985.
11 Navin Chopra, Josef Lakonishok, and Jay Ritter, "Measuring Abnormal Performances: Do Stocks Overreact?," *Journal of Financial Economics* 31, 1992.
12 H. Nejat Seyhun, "Insiders' Profits, Costs of Trading, and Market Efficiency," *Journal*

의 'Official Summary of Insider Trading'이라는 정기간행물에서 대주주나 임원 등 내부자들의 대량거래 공표일자를 추적한 결과 내부자의 주식매수가 보고된 후에 어느 정도 수익률이 오르긴 하지만 거래비용을 넘어설 만큼 충분히 크지는 않다고 밝히고 있다. 따라서 Seyhun(1986)의 연구는 내부정보를 이용해서도 초과수익을 얻을 수 없다는 강형 효율적 시장가설을 지지한다.

읽을거리

한치 앞 보기 힘든 주식시장, 장기 예측은 가능할까?

만약 여러분에게 타임머신을 사용할 수 있는 기회가 주어진다면 당신은 어떤 시점으로 시간 여행을 가고 싶은가? 영화 속 주인공은 죽어서 다시는 볼 수 없는 연인이 있는 시절로 돌아가거나 평생 자신을 힘들게 했던 엄청난 실수를 만회할 수 있는 순간으로 돌아가려고 할 수도 있다. 그러나 평범한 우리들은 과거보다는 미래로 가서 부동산 가격이 크게 오른 지역을 찾거나 미래의 주식시세표를 구해 오려고 할 것이다. 현실에서는 불가능한 가정이지만 영화 같은 상상력을 발휘해 당신이 미래에서 구해온 주식시세표를 가지고 실제 투자를 한다고 가정해 보자.

Q. 어떤 정보가 주식투자에 도움이 될 수 있나요?
A. 처음 주식투자를 시작했을 때 당신은 익명의 소액 투자자에 불과하므로 당신의 투자는 시장에 영향을 미치지 않는다. 그래서 당신이 주식을 매입해도 주가는 예상에서 벗어나지 않고 미래의 시세표대로 정확하게 상승해 기대했던 만큼 수익을 얻을 수 있을 것이다. 하지만 시간이 지날수록 당신이 한 번도 손해를 보지 않고 매번 높은 수익을 가져가는 투자자로 주목받게 되면 사정은 달라진다.
예를 들어, 투자의 귀재가 된 당신이 주식을 사들이기 시작하면 다른 사람들도 당신을 따라 같은 회사 주식을 매입해 주식가격은 당신이 계획했던 가격보다 높은 수준이 될 것이다. 당신이 주식을 팔기 시작하면 다른 투자자들도 대량으로 시장에 주식을 내놓게 돼 당신이 예상했던 가격보다는 더 낮은 가격에 주식을 매도할 수밖에 없다. 결과적으로 당신이 유명해지고 대량으로 주식을 사고팔게 되면 다른 투자자들은 당신의 투자 행위를 근거로 미래의 시세표에 대한 정보를 간접적으로 얻게 된다. 따라서 미래에서 가져온 당신의 정보는 더 이상 감춰진 유니크한 정보가 아니라 많은 사람이 알 수 있는 정보가 된 것이다.

of Financial Economics 16, 1986.

Q. 효율적 시장가설은 무엇인가요?

A. 노벨경제학상을 수상한 밀턴 프리드먼(Milton Friedman)과 유진 파마(Eugene Fama) 시카고대 교수는 시장가격에는 투자자들이 이용 가능한 모든 정보가 실시간으로 반영돼 누구도 초과수익률을 얻을 수 없다는 효율적 시장가설을 기반으로 금융시장을 분석하고 금융상품의 가격을 예측하는 이론을 만들었다. 이들은 매 순간 주식시장에서 형성되는 가격은 주식에 관한 모든 정보가 반영된 균형가격이므로 미래의 주가 변화는 예측할 수 없는 우연한(random) 요인들의 영향을 받아 새롭게 형성된다고 주장한다.

특정 시점의 주가를 정확히 계산하는 것은 불가능하며, 장기적으로는 분산 투자를 통해 시장의 평균 수익률만 얻을 수밖에 없다는 것이다. 현재의 주식가격에는 모든 정보가 다 포함되어 있고, 향후 있을 가격변화는 기대하지 못했던 정보나 사건에 따라 불규칙하게 움직인다는 것이다.

그런데 효율적 시장가설을 정면으로 부정하는 대표 현상이 캘린더 효과(calendar effect)다. 캘린더 효과란 가장 합리적이고 효율적으로 작동해야 하는 주식시장이 설명할 수 없는 독특한 요인에 따라 움직이며 이러한 현상이 일정한 주기로 반복된다는 것이다. 주식시장에서 뚜렷한 이유 없이 특정 날짜에 주가가 상승하거나 하락하는 대표적인 현상이 바로 1월효과다. 1월효과란 특별한 호재가 없어도 1월이 되면 평균 수익률이 다른 기간에 비해 유의미하게 높은 현상을 말한다.

Q. 증시에서 캘린더 효과와 같은 특이 현상이 발생하는 원인은 무엇인가요?

A. 효율적 시장가설에 따르면 1월이라는 계절적 특성은 주식가격과 상관없는 요인으로 주식가격에 영향을 미칠 수 없다. 그런데도 1월 수익률은 다른 때보다 통계적으로 유의미하게 더 높았다. 주식시장이 합리적이라면 특정 해 1월 수익률이 다른 때보다 더 높더라도 어떤 해에는 1월 수익률이 평균치보다 낮아 전체 1월 수익률은 다른 기간의 수익률과 장기적으로 유의미한 차이가 없어야 한다.

그런데 상당 기간 해마다 다른 달에 비해 1월의 수익률이 더 높다는 것은 효율적 시장가설로는 설명할 수 없는 현상이다. 이것은 앞서 타임머신 사례처럼 사람들이 매번 1월의 주가가 12월보다 이례적으로 상승한다는 사실을 알게 된다면 12월에는 전보다 주식을 사려는 더 사람이 늘어 주가가 상승하고, 1월에는 수익을 실현하려는 사람들이 증가해 주가가 하락해야 한다. 그래서 장기적으로는 1월에 초과수익률이 발생하는 특이 현상은 사라져야 한다. 그런데 이러한 1월효과는 최근까지도 지속적으로 나타나고 있다.

1월효과와 같은 특이 현상은 효율적 시장가설보다는 사람들의 불합리한 기대와 이러한 기대를 실현하려는 움직임이 시장에 영향을 미친 결과라는 행동경제학의 설명이 더 설득력을 얻게 되었다. 주식시장에는 1월효과 외에도 이론적으로는 설명할 수 없는 특이 현상들이 있다. 이는 성공적인 주식투자를 위해서는 수리적인 근거뿐만 아니라 경험적이고 직관적인 요소도 필요하다는 것을 보여준다.

출처: 매일경제(www.mk.co.kr), 2021. 10. 8.

Q1. 주가는 역사적 정보, 공개된 정보뿐만 아니라 공개되지 않은 사적인 정보
까지 모두 반영되어 있다고 주장하는 효율적 시장가설은? (   )

① 약형 효율적 시장가설   ② 준강형 효율적 시장가설
③ 강형 효율적 시장가설   ④ 답 없음

Q2. 다음 효율적 시장가설에 대한 설명으로 틀린 것은? (   )

① 약형 효율적 시장의 경우 현재 주가에 과거 정보가 반영되어 있다고
믿는다.
② 준강형 효율적 시장에서는 기본적 분석을 통해서 초과수익을 낼 수 없다.
③ 효율적 시장에서 주가는 예측할 수 있는 새로운 정보에 대해서만 그
정보를 반영한다.
④ 강형 효율적 시장에서는 어떠한 분석을 해도 초과수익을 낼 수 없다.

Q3. 약형 효율적 시장가설을 검증하는 방법론이 아닌 것은? (   )

① 시계열 자기상관   ② 연의 검증
③ 필터기법   ④ 사건연구

Q4. 사건연구에 대한 설명으로 틀린 것은? (   )

① Fama, Fisher, Jensen, Roll이 처음 제시하였다.
② 비정상수익률은 특정사건 발생에 기인한 주식수익률에서 단일지수모
형을 이용한 기준수익률을 뺀 값으로 추정한다.
③ 강형 효율적 시장가설을 검증하는 방법이다.
④ 어떤 특정 사건이 기업의 주가에 미치는 영향을 분석하는 실증적 방법
론이다.

Q5. 다음 중 시장 이상 현상이 아닌 것은? (   )

① 주말효과   ② PER효과

③ 역전효과   ④ 투자효과

Q6. 다음 중 준강형 효율적 시장가설을 지지하지 않는 시장 이상 현상은? (   )

① 1월효과   ② 역전효과

③ 기업규모효과   ④ PBR효과

07 증권시장 효율성: 연습문제 해답

Q1. ③

Q2 ③

[답]

③ 효율적 시장에서 주가는 예측할 수 없는 오직 새로운 정보에 대해서만 그 정보를 반영한다.

Q3 ④

Q4 ③

[답]

③ 준강형 효율적 시장가설을 검증하는 방법이다.

Q5 ④

Q6 ①

PART 04

주식 및 채권투자

CHAPTER

08

주식가치평가

본 장에서는 앞에서 배운 포트폴리오이론 및 자본시장균형이론을 바탕으로 개별 투자
자산인 주식에 어떻게 투자하는지 배운다. 특히 주식의 적정가격을 찾기 위한 노력으
로 이론적으로나 실무적으로 중요한 다양한 주식의 가치평가모형에 대해서 학습한다.

학습목표

- 배당할인모형
- EVA모형
- 주가수익비율(PER)평가모형
- 주가장부가비율(PBR)평가모형

절대가치평가모형

주식의 가치를 평가하는 방법으로 절대가치평가모형(absolute valuation model)과 상대가치평가모형(relative valuation model)이 있다. 절대가치평가모형은 미래현금흐름을 요구수익률로 할인한 현재가치인 내재가치(intrinsic value)를 구하는 현금흐름할인모형이 대표적 모형이며, 주식으로부터 발생하는 배당을 현금흐름으로 삼는 배당할인모형과 경제적 부가가치(EVA)를 현금흐름으로 삼는 EVA모형이 있다. 상대가치평가모형은 주당순이익이나 주당순자산 등에 비해 주가가 상대적으로 어느 수준인지를 평가하는 방법으로서 PER(price-to-earnings ratio)을 이용하는 모형과 PBR(price-to-book ratio)을 이용하는 모형이 있다.

1. 배당할인모형

배당할인모형(DDM: dividend discount model)은 가장 단순하고 가장 오래된 주식평가모형이다. 주식보유 시에 얻을 수 있는 현금흐름은 배당과 주식매도 시의 매도금액이 있다. 예를 들어, 현재 주가는 P_0, 첫해 말에 받는 배당은 D_1, 첫해 말의 주가는 P_1이라고 하자. 〈그림 8-1〉에서 보듯이 투자자가 첫해 말에 주식을 매도할 경우 첫해 말의 주식매도금액은 P_1이며, P_1은 둘째 해의 배당 D_2와 주가 P_2를 한 기간 할인한 값이 된다. 이처럼 주식의 매도시점에서 주식가치는 매도시점 이후의 배당에 의해서 결정된다. Williams(1938)[1]는 미래에 영원히 지급되는 배당의 현재가치가 주식가치가 된다는 배당할인모형의 일반 형태인 식(8-1)을 처음 제안하였다.

$$P_0 = \frac{D_1}{(1+r)^1} + \frac{P_1}{(1+r)^1}$$

---

1 John Burr Williams, *The Theory of Investment Value*, Cambridge, MA: Harvard University Press, 1938.

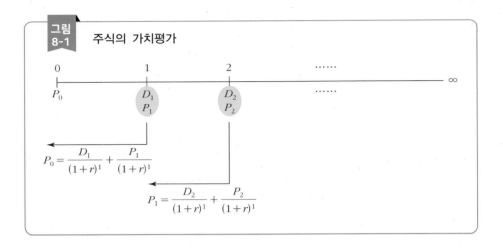

그림 8-1 주식의 가치평가

$$P_0 = \frac{D_1}{(1+r)^1} + \frac{P_1}{(1+r)^1}$$

$$P_1 = \frac{D_2}{(1+r)^1} + \frac{P_2}{(1+r)^1}$$

$$= \frac{D_1}{(1+r)^1} + \frac{1}{(1+r)^1}\left[\frac{D_2}{(1+r)^1} + \frac{P_2}{(1+r)^1}\right]$$

$$= \frac{D_1}{(1+r)^1} + \frac{D_2}{(1+r)^2} + \frac{P_2}{(1+r)^2}$$

$$\vdots$$

$$= \frac{D_1}{(1+r)^1} + \frac{D_2}{(1+r)^2} + \frac{D_3}{(1+r)^3} + \cdots$$

$$= \sum_{t=1}^{\infty} \frac{D_t}{(1+r)^t} \tag{8-1}$$

(1) 항상성장모형

일반적인 배당할인모형은 무한히 배당을 추정해야 하기 때문에 실제로 사용하기 어려운 한계점이 있다. 이에 Gordon and Shapiro(1956)[2]와 Gordon (1962)[3]은 식(8-1)의 일반적인 배당할인모형에 대해서 배당이 매년 일정한 비율로 무한히 성장한다고 가정하는 항상성장모형(constant growth model)을 제

---

2 Myron Gordon and Eli Shapiro, "Capital Equipment Analysis: The required Rate of Profit," *Management Science* 3, 1956.

3 Myron Gordon, The Investment, Financing, and Valuation of Corporation, Homewood, IL: Richard D, Irwin, 1962.

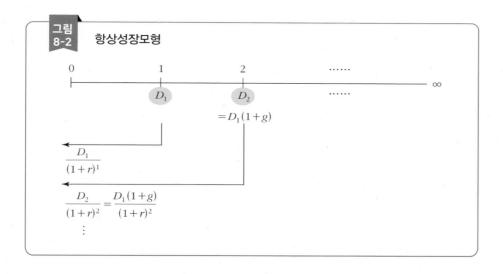

그림 8-2 항상성장모형

시하였다.

  항상성장모형은 배당이 일정한 성장률 g로 성장한다고 가정함에 따라 일반적인 배당할인모형의 실제 적용 가능성이 크게 향상되고 미래의 모든 배당을 추정하는 문제가 단순화된다. 즉, 일반적인 배당할인모형인 식(8-1)을 배당이 항상 일정한 g만큼 성장한다고 가정하면 식(8-2)로 나타낼 수 있다. 식(8-2)의 좌변과 우변에 $(1+g)/(1+r)$을 곱하여 식(8-2)에서 차감하면 식(8-3)의 항상성장모형이 도출된다.

$$P_0 = \frac{D_1}{(1+r)^1} + \frac{D_1(1+g)}{(1+r)^2} + \frac{D_1(1+g)^2}{(1+r)^3} + \cdots \qquad (8\text{-}2)$$

$$\rightarrow \left(\frac{1+g}{1+r}\right)P_0 = \frac{D_1(1+g)}{(1+r)^2} + \frac{D_1(1+g)^2}{(1+r)^3} + \cdots$$

$$\rightarrow \left[1 - \left(\frac{1+g}{1+r}\right)\right]P_0 = \frac{D_1}{1+r}$$

$$\rightarrow P_0 = \frac{\dfrac{D_1}{1+r}}{1 - \dfrac{1+g}{1+r}}$$

$$\rightarrow P_0 = \frac{D_1}{r-g} = \frac{D_0(1+g)}{r-g} \quad (\text{여기서, } r > g) \qquad (8\text{-}3)$$

예제

항상성장모형

A기업은 금년 초에 배당금(D_0) 5,000원을 지급하였으며 이 기업의 배당금은 매년 10%로 일정하게 증가하고 있다. 주주의 요구수익률이 20%라고 할 경우 주식의 현재가치는 얼마인가?

[답]

$$P_0 = \frac{D_1}{r-g} = \frac{D_0(1+g)}{r-g} = \frac{5,000(1+0.1)}{0.2-0.1} = 55,000원$$

(2) 제로성장모형

항상성장모형에서 만약 첫해 말에 받는 배당은 D_1이고 영원히 같은 금액이 배당으로 지급된다면 이러한 주식의 현금흐름형태는 영구연금(perpetuity)과 동일하게 된다. 매년 일정한 고정된 배당을 받는 경우는 실제로 우선주에서 찾아볼 수 있다. 이 경우의 항성성장모형은 g가 0(제로)이 되어 매년 배당이 일정한 식(8-4)의 제로성장모형(zero growth model)이 된다. 식(8-4)의 좌변과 우변에 $1/(1+r)$을 곱하여 식(8-4)에서 차감하여 정리하면 식(8-5)로 정리된다.

$$P_0 = \frac{D_1}{(1+r)^1} + \frac{D_1}{(1+r)^2} + \frac{D_1}{(1+r)^3} + \cdots \tag{8-4}$$

$$\rightarrow \left(\frac{1}{1+r}\right)P_0 = \frac{D_1}{(1+r)^2} + \frac{D_1}{(1+r)^3} + \cdots$$

$$\rightarrow \left[1 - \left(\frac{1}{1+r}\right)\right]P_0 = \frac{D_1}{1+r}$$

$$\rightarrow P_0 = \frac{\dfrac{D_1}{1+r}}{1 - \dfrac{1}{1+r}}$$

$$\rightarrow P_0 = \frac{D_1}{r} \tag{8-5}$$

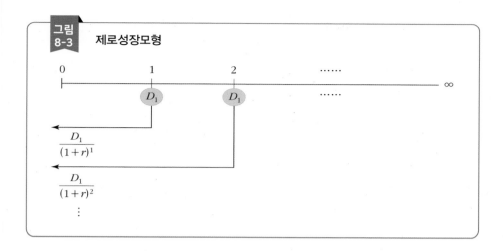

그림 8-3 제로성장모형

예제

제로성장모형

A기업은 작년 말에 배당금(D_0)을 2,000원을 지급하였다. 이 회사의 배당금은 매년 2,000원으로 일정하게 유지될 것으로 기대된다. 주식에 대한 요구수익률이 8%일 경우 주식의 현재가치는 얼마인가?

[답]

$$P_0 = \frac{D_1}{r} = \frac{2,000}{0.08} = 25,000\,원$$

(3) 2단계 배당할인모형

2단계 배당할인모형은 기업이 단계별로 처음 n년 동안은 고속성장을 하고 이후에는 일정한 성장을 할 것이라고 가정한다. 먼저 n년도까지의 고속성장단계인 1단계의 경우 개별배당을 추정하여 그 현재가치를 계산하고, n년도 이후의 안정적인 성장단계인 2단계의 가치는 항상성장모형을 적용하여 n년 시점에서의 가치를 현재가치로 할인한 다음, 1단계와 2단계의 가치를 모두 합하여 주식가치를 계산한다.

2단계 배당할인모형

급속한 성장을 하고 있는 A기업은 앞으로 3년도 말까지는 10%, 그 이후부터는 5%의 성장률이 기대된다. 이 회사의 올해의 배당금(D_0)은 2,000원이고 요구수익률(r)은 8%이다. 이 기업 주식의 현재가치를 구하시오.

[답]

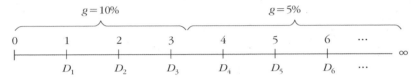

1단계(g=10%): 초기의 고속성장기간에는 개별배당을 각각 계산한다.

$D_1 = 2,000(1.10) = 2,200$

$D_2 = 2,200(1.10) = 2,420$

$D_3 = 2,420(1.10) = 2,662$

2단계(g=5%): 성장률이 5%인 경우에는 항상성장모형을 적용하여 3년 이후의 배당을 3년도의 가치로 계산한다.

$$P_3 = \frac{D_3(1+g)}{r-g} = \frac{2,662(1+0.05)}{0.08-0.05} = 93,170$$

끝으로, 1단계와 2단계의 가치를 모두 현재시점의 가치로 할인하여 더한다.

$$P_0 = \frac{2,200}{1.08} + \frac{2,420}{1.08^2} + \frac{2,662+93,170}{1.08^3} = 80,186.33원$$

2. EVA모형

Marshall(1980)[4]은 기업경영으로 인한 실질적 이익은 회계상 비용뿐만 아니라 투자된 자본에 대한 기회비용까지도 고려한 잔여이익(residual income)이

---

4 Alfred Marshall, *Principles of Economics*, New York: MacMillan, 1980, 142.

라고 주장하였다. 즉, 손익계산서에 나타나는 당기순이익은 부채 등의 타인자본사용에 대한 대가인 타인자본비용이 지급이자라는 명목으로 명시적으로 차감된 후의 금액이다. 이러한 당기순이익에서 주주의 기회비용인 자기자본비용까지 차감하고 남은 이익이 잔여이익이 된다. 따라서 회계적으로 양(+)의 당기순이익이 발생하더라도 당기순이익이 자기자본비용보다 작다면 경제적으로는 부가가치가 창출되지 못한 것이다.

EVA(economic value added)는 잔여이익을 나타내는 경제적 부가가치로서 세후순영업이익(NOPAT: net operating profit after taxes)에서 자금공급자(주주와 채권자)의 투자자본(IC: invested capital)인 총자본사용에 대한 기대수익인 자본비용을 차감한 금액으로 다음과 같이 정의한다.

$$EVA = NOPAT - WACC \times IC \qquad (8\text{-}6)$$
$$= (ROIC - WACC) \times IC \qquad (8\text{-}7)$$

식(8-6)으로 정의된 EVA는 투자자본수익률(ROIC: return on invested capital)을 이용하여 식(8-7)로 나타낼 수도 있다.[5] 이와 같은 EVA는 재무제표상에 나타나지 않는 주주의 기회비용까지 반영하여 실질적으로 주주의 이익을 나타내기 때문에 주주중시 경영, 수익중시 경영 유도를 위한 효율적 지표로 삼을 수 있다.

예제

EVA

매출액이 300억원, 영업이익이 200억원인 A기업의 투자자본은 900억원이다. 이 기업은 법인세로 50억원을 부담하고 있으며 장기성장률은 영원히 5%로 추정되었고, A기업의 요구수익률은 12%이다. A기업의 EVA를 계산하고, EVA를 이용하여 이론주가를 추정하시오. 단, A기업의 자본금(순자산)은 400억원이고 발행주식수는 600만주이다.

---

[5] 투자자본수익률(ROIC)은 영업활동에 투자된 투자자본(IC)을 가지고 세후 기준으로 얼마나 많은 세후순영업이익(NOPAT)를 올렸는지 그 수익성, 즉 이익창출능력을 평가하는 지표로 ROIC = NOPAT/IC로 구한다. 따라서 NOPAT = ROIC × IC로 전환할 수 있다.

[답]

$$ROIC = \frac{NOPAT(\text{세후순영업이익})}{IC(\text{투자자본})} = \frac{(200\text{억} - 50\text{억})}{900\text{억}} = 16.67\%$$

따라서 $EVA = (ROIC - WACC) \times IC = (16.67\% - 12\%) \times 900\text{억원} = 42\text{억원}$

한편, A기업이 장기적으로 영원히 5% 성장한다고 할 경우 매년 EVA도 5%씩 성장할 것이므로,

EVA의 현가 $= \dfrac{42}{(1.12)^1} + \dfrac{42(1.05)^1}{(1.12)^2} + \dfrac{42(1.05)^2}{(1.12)^3} + \cdots$

$\qquad\qquad = \dfrac{42}{0.12 - 0.05} = 600\text{억원}(\text{항상성장모형 공식 이용})$

시장부가가치(MVA: EVA의 현재가치)는 미래 발생가능한 모든 EVA를 가중평균자본비용(WACC)으로 할인한 현재가치이므로 기업가치의 총 증가분을 의미한다. 따라서 양(음)의 MVA는 장부가치에 부가(차감)되는 가치가 있음을 의미하므로 다음과 같이 주가를 추정할 수 있다.

주가 = 주당순자산 + 주당MVA

$\qquad = \dfrac{400\text{억원}}{600\text{만주}} + \dfrac{600\text{억원}}{600\text{만주}} = 16{,}667\text{원}$

8.2 상대가치평가모형
SECTION

상대가치평가모형은 주가가 당해 기업의 주당순이익, 주당순자산 등에 비해 상대적으로 몇 배정도 되는가를 평가하는 방법이다.

1. 주가수익비율(PER)평가모형

P/E비율로 불리는 주가수익비율(PER: price-to-earnings ratio)은 주가와 주

당순이익 간의 비율로서 기업의 순이익(이익창출능력)에 비해 주가가 어떻게 평가되고 있는가를 판단하는 지표이다.

$$PER = \frac{주가(P_0)}{주당순이익(E_1)} \tag{8-8}$$

식(8-8)의 주가수익비율(PER)을 이용하여 다음과 같이 미래주가를 추정하는 데 적용할 수 있다.

$$PER = \frac{P_0}{E_1} \rightarrow P_0 = PER \times E_1$$
$$\rightarrow 미래주가(P_1) = 정상적\ PER \times E_1 \tag{8-9}$$

식(8-9)에 의하면 미래주가(P_1)는 정상적 PER에 미래이익(E_1)을 곱하여 계산할 수 있다. 이때 정상적 PER을 어떻게 산정하는지가 중요한데, 정상적 PER을 구하는 방법으로 해당 기업의 과거 수년간(5~10년)의 평균 PER을 이용하는 방법, 동종산업의 평균 PER을 이용하는 방법, 동류위험을 지닌 주식의 PER을 이용하는 방법, 시장 전체의 평균 PER을 이용하는 방법이 있다.

예제

주가수익비율평가모형

A기업의 현재 주당순이익은 1,000원이며, 매년 10%의 성장을 계속할 것으로 전망된다. 한편 동종산업 내의 경쟁업체 평균 PER은 5배이고 과거 5년 간의 평균 PER은 6배였다. A기업의 1년 후 주가를 얼마로 예측할 수 있는가?

[답]

1년 후 주당순이익 = 1,000 × 1.1 = 1,100

산업평균을 이용할 경우: $P_1 = PER \times E_1 = 5 \times 1,100 = 5,500$원

과거평균을 이용할 경우: $P_1 = PER \times E_1 = 6 \times 1,100 = 6,600$원

2. 주가장부가비율(PBR)평가모형

주식의 시장가격(market value) 대비 장부가격(book value)의 비율인 주가
장부가비율(PBR: price-to-book ratio)도 주가수익비율(PER)과 함께 가치평가지
표로 널리 활용되어 왔다. 주가장부가비율(PBR)을 이용하여 식(8-10)과 같이
주가를 추정할 수 있다.

$$P = 주가(시장가치) = \frac{주가(시장가치)}{\left(\frac{총자산 - 총부채}{발행주식수} \right)} \times \left(\frac{총자산 - 총부채}{발행주식수} \right)$$

$$= \frac{주가(시장가치)}{주가(장부가치)} \times \left(\frac{총자산 - 총부채}{발행주식수} \right) = PBR \times 주당순자산 \qquad (8-10)$$

식(8-10)에서 (총자산 - 총부채)/발행주식수 = 총자본/발행주식수로 재무
상태표에 장부가치로 나타나는 1주당 주가를 의미한다. 또한 총자산에서 총
부채를 차감한 값을 순자산이라고도 하는데 이를 발행주식수로 나눠주면 1주
당 순자산이 된다. 따라서 식(8-10)을 이용하여 식(8-11)과 같이 미래주가는
정상적 PBR에 주당순자산을 곱하여 계산할 수 있다.

$$미래주가(P_1) = 정상적\ PBR \times 미래주당순자산 \qquad (8-11)$$

이때 정상적 PBR을 구하는 방법으로 해당 기업의 과거 수년간(5~10년)의
평균 PBR을 이용하는 방법, 동종산업의 평균 PBR을 이용하는 방법 등이 있다.

예제

주가장부가비율(PBR)평가모형

A기업의 내년 주당순자산은 30,000원으로 예상된다. A기업의 과거평균주가
장부가비율이 0.6이라면, A기업의 1년 후 주가를 얼마로 예측할 수 있는가?

[답]

미래주가 = 정상적 PBR × 미래주당순자산 = 0.6 × 30,000 = 18,000원

읽을거리

그레이엄에서 버핏까지 … 가치투자, 아직 유효한가

최근 증시 주도주가 성장주에서 가치주로 바뀌느냐에 대한 논의가 활발해지면서 가치투자가 다시 주목받고 있다. 가치주는 실적이나 자산과 비교해 주가가 저평가된 주식을 말한다. 금융, 항공, 에너지 등 경기순환에 민감한 업종에 쏠린 가치주는 지난 10년 내내 기술주로 대표되는 성장주에 밀려 빛을 보지 못하다가 지난주 코로나19 백신 기대감에 급등세를 연출했다.

그러나 한켠에선 가치주의 판단 기준을 두고 의문이 제기되고 있다. 공장, 사무실, 기계가 주축이 되던 산업시대에서 소프트웨어, 아이디어, 브랜드, 노하우가 더 중요해진 디지털시대로 접어든 현재 보유자산, 현금흐름, 실적을 토대로 기업가치를 평가하는 방식이 여전히 유효하냐는 물음이다. 이런 의문을 제기하는 이들은 기업의 내재가치가 더는 예전의 방식으로 포착되지 않는다고 말한다. 영국 경제주간지 이코노미스트는 14일자 최신호에서 달라진 경제환경에 맞게 기업가치를 평가하는 기준을 업그레이드할 때가 온 것으로 보인다고 지적했다.

◇ **한물간 가치투자?**

가치투자는 지난 한 세기 시장을 지배한 투자철학이다. 뿌리는 1930~1940년대 벤저민 그레이엄으로 거슬러 올라간다. '가치투자의 아버지' 그레이엄은 떠들썩한 선전이나 일시적 감정에 휘둘리던 당시 투자자들에게 기업 재무제표를 토대로 적정 주가를 식별하는 과학적 분석을 제안했다. 주가에 긴 '공포와 탐욕'을 걷어내고 실재하는 기업가치를 보라는 제안이었다.

주가수익비율(PER)이나 주가순자산비율(PBR)은 가치주를 가늠하는 대표 지표가 됐다. 이후 가치투자가 수십년 동안 이어질 수 있었던 건 그레이엄의 제자 워런 버핏의 공이 컸다. '투자의 귀재'로 유명한 버핏은 그레이엄의 생각에 자신의 아이디어를 접목시킨 투자철학으로 세계 최고 부호 반열에 오르면서 가치투자를 대중화했다. 1964년 논란 속에서도 아메리칸익스프레스 주식을 과감히 매입해 막대한 수익을 올리고 닷컴버블이 한창일 때 기술회사들을 멀리했던 것은 가치투자자 버핏의 전설적인 일화로 전해진다.

문제는 가치투자 성적이 예전만 못하다는 점이다. 이코노미스트에 따르면 지난 10년 동안 가치투자 성적은 초라하기 짝이 없다. 시가총액 기준 3,000대 미국 상장기업이 포함된 러셀3000지수에 따르면 10년 전 1달러를 가치주에 투자했다면 현재 2.5달러로 불어났을 것이다. 250%의 수익률이다. 그러나 이는 증시 전체 수익률인 345%나 가치주를 배제했을 때 수익률인 465%에 한참 못 미친다. 대부분의 가치투자 포트

CHAPTER 08 주식가치평가 169

폴리오가 미래보다 과거에 집착해 기술의 부상을 놓친 탓이다.

물론 가치투자자들은 지금까지 가치주가 외면받은 건 증시에 낀 버블 때문이고 결국엔 자신들의 투자철학이 옳았음이 증명될 것이라고 항변할 수 있다. 가치주가 마지막으로 지금만큼 괄시받았던 게 1998~2000년이고 이후 닷컴버블이 터진 것도 사실이다. 오늘날 증시는 실제로 무척 고평가된 것처럼 보인다.

◇ 가치평가 방식 바뀌어야

그러나 그동안 경제는 두 가지 커다란 변화를 겪었으며 기존의 기업가치 평가방식은 이런 변화를 반영하는 데 어려움을 겪고 있다고 이코노미스트는 분석했다. 변화 중 하나는 무형자산의 성장이다. 그레이엄 시대 경제의 중추는 유형자산이었지만 지금은 다르다. 기업을 독보적 지위에 올려놓는 것은 무형자산이다.

애플의 기술력이나 디자인, 구글의 검색 알고리즘, 마이크로소프트(MS)의 윈도 운영체제, 스타벅스의 브랜드 파워 등이 대표적이다. 회사의 노동력, 기업 문화, 출판 저작권도 전부 무형자산에 들어간다. 때문에 사업 가치가 무형자산으로 점점 기울어지는 시대에서 실적이나 장부가액을 바탕으로 기업의 내재가치를 판단한다면 그 지표에 대한 신뢰성은 떨어질 수밖에 없다는 게 이코노미스트의 지적이다.

또 다른 변화는 '외부효과'의 중요성이 커지고 있다는 점이다. 외부효과란 기업의 행위가 다른 경제주체에 의도치 않은 비용이나 편익을 초래하고도 그에 대한 대가나 보상은 치르지 않는 현상을 말한다. 일례로 환경을 오염시키는 행위는 부정적 외부효과에 해당한다. 오늘날 가치투자는 저평가된 자동차제조사나 석유생산업체를 더 담으라고 제안하지만, 이들 회사는 앞으로 탄소배출 규제가 강화하고 탄소세 부과가 확산할 때 큰 비용을 치를 위험이 있다.

이코노미스트는 경제가 변하면 가치평가에 대한 투자자들의 사고방식도 바뀌어야 한다고 지적했다. 가치투자가 안전해 보이는 건 사실이지만 과거의 가치평가 방식으로 투자종목을 고르는 건 미래의 수익이 기대되는 종목이 아니라 호시절을 끝낸 종목일 공산이 크다고 이코노미스트는 말했다.

출처: 비즈니스플러스(www.businessplus.kr), 2020. 11. 16.

Q1. (2004 CPA 수정) 항상성장모형(constant growth model)에 관한 다음 설명 중 옳은 것은? (　　)

① 고정성장배당모형이 적용되기 위해서는 주식의 요구수익률이 배당의 성장률보다 같거나 낮아야 한다.

② 다른 모든 조건이 동일한 경우, 기본적으로 배당 상승에 대한 기대와 주식가치의 변동은 관계가 없다.

③ 고정성장배당모형에 의해 주식가치를 평가하는 경우, 할인율로 무위험 이자율을 이용한다.

④ 다른 모든 조건이 동일한 경우, 배당성장률의 상승은 주식가치를 상승시킨다.

⑤ 고정성장배당모형에서 주식의 위험은 기대배당에 반영되어 있다.

Q2. (2007 CPA) A기업의 자기자본비용은 14%이며 방금 배당을 지급하였다. 이 주식의 배당은 앞으로 계속 8%의 성장률을 보일 것으로 예측되고 있으며, A기업의 현재 주가는 50,000원이다. 다음 중 옳은 것은? (　　)

① 배당수익률이 8%이다.

② 배당수익률이 7%이다.

③ 방금 지급된 주당 배당금은 3,000원이다.

④ 1년 후 예상되는 주가는 54,000원이다.

⑤ 1년 후 예상되는 주가는 57,000원이다.

Q3. (2011 CPA) 다음에 주어진 자료에 근거하여 A, B 두 기업의 현재 주당 주식가치를 평가했을 때, 두 기업의 주당 주식가치의 차이와 가장 가까운 것은? (단, 배당금은 연 1회 연말에 지급한다.) (　　)

> A기업: 내년($t=1$)에 주당 2,500원의 배당금을 지급하고 이후 2년간(= 2~3)은 배당금이 매년 25%로 고성장하지만, 4년째(=4)부터는 5%로 일정하게 영구히 성장할 것으로 예상된다. 주주의 요구수

익률은 고성장기간 동안 연 15%, 이후 일정성장기간 동안 연 10%이다.

B기업: 올해 주당순이익은 3,200원이며, 순이익의 80%를 배당금으로 지급하였다. 순이익과 배당금은 각각 매년 5%씩 성장할 것으로 예상되고, 주식의 베타(β)는 1.20이다. 무위험자산수익률은 2.5%, 위험프리미엄은 6.0%이다.

① 3,477원   ② 3,854원   ③ 4,114원

④ 4,390원   ⑤ 4,677원

Q4. (2001 CPA 수정) A기업의 영업용 투자자본 2,500백만원, 세전 영업이익 600백만원, 법인세 50백만원, 가중평균자본비용(WACC) 10%이다. A기업의 경제적 부가가치(EVA)는? ( )

① 50백만원   ② 250백만원   ③ 300백만원

④ 330백만원   ⑤ 350백만원

Q5. (2009 CPA 수정) 다음은 A, B 두 기업의 주식가치 평가를 위한 자료이다. 이들 자료를 이용하여 산출한 각 기업의 현재 주식가치의 차이는 얼마인가? 단, 두 기업의 발행주식수는 100만주로 동일하고, 주가순자산비율과 주가수익비율은 동종산업의 평균을 따른다. ( )

A기업: 현재($t=0$) 자기자본의 장부가치는 145억원이고, 동종산업의 평균 주가순자산비율(P_0/B_0)은 1.5이다.

B기업: 올해 말 기대되는 주당순이익은 1,500원이고, 동종산업의 평균 주가수익비율(P_0/E_1)은 14이다.

① 500원   ② 750원   ③ 1,035원

④ 1,250원   ⑤ 1,375원

08 주식가치평가: 연습문제 해답

Q1. ④

[답]

배당할인모형 중 항상성장모형은 $P_0 = \dfrac{D_0(1+g)}{r-g}$ (여기서, $r > g$)이다.

할인율은 자기자본비용이며, 주식의 위험은 자기자본비용에 반영되어 있다.

Q2 ④

[답]

항상성장모형 $P_0 = \dfrac{D_1}{r-g} \rightarrow 50,000 = \dfrac{D_1}{0.14-0.08} \rightarrow D_1 = 3,000$.

따라서 1년 후의 주가 $P_1 = \dfrac{D_2}{r-g} = \dfrac{D_1(1+g)}{r-g} = \dfrac{3,000(1+0.08)}{0.14-0.08} = 54,000$

Q3 ②

[답]

A기업: 2단계 배당할인모형

$$P_A = \frac{2,500}{(1.15)^1} + \frac{2,500(1.25)}{(1.15)^2} + \frac{2,500(1.25)^2}{(1.15)^3} + \frac{\left[\dfrac{2,500(1.25)^2(1.05)}{0.10-0.05}\right]}{(1.15)^3}$$

$$= 61,042.16원$$

B기업: 항상성장모형

$$P_B = \frac{3,200(0.8)(1.05)}{0.097-0.05} = 57,191.49원.$$

여기서 $r(= r_e) = 0.025 + (0.06)(1.2) = 0.097$

따라서, A기업의 주가 − B기업의 주가 $= 61,042.16 - 57,191.49 = 3,850.67$원

Q4 ③

[답]

EVA = NOPAT − IC × WACC = (600백만원 − 50백만원) − 2,500백만원 × 0.1

$\quad = 300$백만원

Q5 ②

[답]

A기업: 주가장부가비율(PBR)평가모형

현재 주가 = 정상적 PBR × 현재주당순자산

$$= 정상적 \ PBR × \frac{총자산 - 총부채}{발행주식수}$$

$$= 정상적 \ PBR × \frac{자기자본의 \ 장부가치}{발행주식수}$$

$$= 1.5 × \frac{145억원}{100만주} = 21,750원$$

B기업: 주가수익비율(PER)평가모형

$$P_0 = PER × E_1 = 14 × 1,500원 = 21,000원$$

따라서 A기업 주가 - B기업 주가 = 21,750원 - 21,000원 = 750원

09

채권투자분석

본 장에서는 채권투자에 필요한 기본적인 개념들을 다룬다. 먼저 채권가격을 계산하는 방법과 여러 종류의 수익률에 대해 알아본 다음, 채권수익률과 만기 사이의 관계를 나타내는 기간구조에 대해서 학습한다.

학습목표

- 채권가격과 채권수익률
- 기간구조

/ **채권가격과 채권수익률**

1. 채권가격

채권을 매입하면 채권보유기간 동안 정기적으로 이자를 받고 만기 시에 원금을 받는다. 따라서 채권가격은 이자와 만기에 발생하는 원금을 채권수익률로 할인하여 구한다. 일반적으로 액면이자액 C, 액면가액 F, 만기 n, 채권수익률 r이라고 할 때 채권가격은 다음과 같이 구할 수 있다.

$$P_0 = \frac{C}{(1+r)^1} + \frac{C}{(1+r)^2} + \cdots\cdots + \frac{C+F}{(1+r)^n} \qquad (9\text{-}1)$$

예제

채권가격의 결정

액면가액(F) 1,000원, 연 10% 이자후급, 만기(n) 2년, 채권수익률(r)이 8%인 채권이 있다. 이 채권이 ① 1년마다 이자를 지급할 경우, ② 반년마다 이자를 지급할 경우의 채권가격을 구하시오.

[답]

① 1년마다 이자를 지급할 경우

$$P_0 = \frac{100}{(1+0.08)^1} + \frac{1,100}{(1+0.08)^2} = 1,035.67$$

② 반년마다 이자를 지급할 경우

$$P_0 = \frac{50}{(1+0.04)^1} + \frac{50}{(1+0.04)^2} + \frac{50}{(1+0.04)^3} + \frac{1,050}{(1+0.04)^4} = 1,036.30$$

---

2. 채권수익률

채권수익률이란 채권투자로부터 미래에 획득 가능한 모든 투자수익의 현재가치와 채권의 시장가격을 일치시켜주는 할인율이라 할 수 있다. 채권수익률로 주로 만기수익률을 사용하고 있으나, 만기수익률 이외에도 여러 가지 수익률 개념이 있다.

(1) 명목수익률

명목수익률(nominal yield)은 채권의 권면에 기재된 이자율로서 이자지급액을 액면가로 나눈 것이다. 액면이자율, 쿠폰이자율 또는 표면이자율이라고 한다.

(2) 경상수익률

경상수익률(current yield)은 이자지급액을 시장가격(매입가격)으로 나눈 것으로 직접수익률, 단순수익률, 이자수익률이라고도 한다. 상환일까지의 기간은 무시하고 투자금액(매입가격)에 대해서 얼마의 이자를 얻을 수 있는지를 계산한 것이다.

(3) 만기수익률

만기수익률(YTM: yield to maturity)은 지금 채권을 사서 만기까지 보유할 때 얻을 수 있는 기간당 평균수익률에 해당되며, 시장의 여건에 따라 형성되는 유통수익률은 모두 만기수익률로 표시된다. 따라서 만기수익률을 유통수익률 혹은 시장수익률이라고 하며 일반적으로 채권수익률은 만기수익률을 의미한다.

만기수익률을 계산하기 위해서는 채권가격을 구하는 식을 이용하면 된다. 예를 들어, 액면가액 10,000원, 액면이자율 10%, 만기 3년인 채권이 10,253원에 거래된다고 하자. 이 채권의 현재가격과 채권의 미래현금흐름의 현재가치를 같게 해주는 할인율($r = 9\%$)은 아래의 식을 풀어서 구한다.

$$10,253원 = \frac{1,000원}{(1+r)^1} + \frac{1,000원}{(1+r)^2} + \frac{11,000원}{(1+r)^3} \rightarrow r = 9\% (만기수익률)$$

이는 식(9-2)로 일반화 할 수 있으며, 엑셀의 'RATE(기간, 정기불입액, 현재가치, 미래가치, 지급시점, 추정값)'함수를 이용해서 구할 수 있다.

$$P_0 = \frac{C}{(1+r)^1} + \frac{C}{(1+r)^2} + \cdots + \frac{C+F}{(1+r)^n} \rightarrow r(만기수익률) \qquad (9-2)$$

〈그림 9-1〉의 RATE함수에서 기간(nper)은 3년, 정기불입액(pmt)은 1,000원, 현재가치(pv)는 −0,253원, 지급시점(type)이 기간 초일 경우 1, 기간 말일

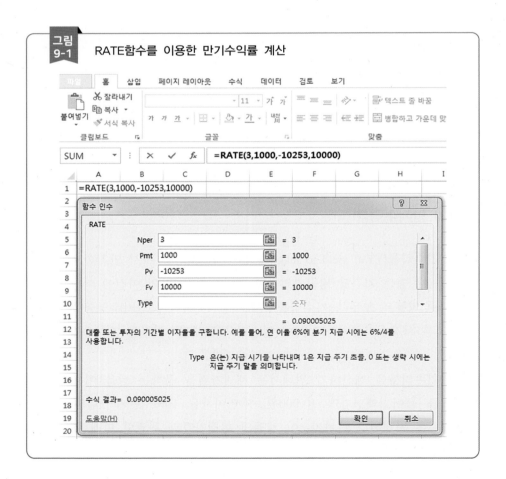

그림 9-1 RATE함수를 이용한 만기수익률 계산

경우 0이며, 생략하면 기간 말로 인식한다. RATE함수의 오른쪽 스크롤바를 아래로 내리면 추정값(guess)이 나타나는데, 이것은 구하고자 하는 이자율의 초기값이다.

엑셀은 위 예제의 좌변의 10,253원과 우변의 식을 일치시키는 이자율(r) 값을 기본적으로 10%(입력을 생략하면 10%부터 시작)부터 넣어봐서 좌변과 우변이 동일하게 되는지를 시행착오법(trial and error)으로 수행하여 동일하게 되는 이자율을 답으로 산출한다. 엑셀의 RATE함수를 〈그림 9-1〉과 같이 수행하면 미지수인 이자율(r)이 9%로 계산된다.[1]

한편, 만기수익률을 구하는 식(9-2)를 보면, 만기수익률은 현금유출의 현재가치(채권매입액)와 현금유입의 현재가치(이자 및 원금의 할인액)를 일치시키는 할인율이며, 이는 내부수익률(IRR: internal rate of return)이라 할 수 있다.

예제

채권수익률

액면가 10,000원, 연 10% 반년마다 이자후급, 만기 10년인 채권의 현재가격이 12,100원일 경우 명목수익률, 경상수익률, 만기수익률을 구하시오.

[답]

명목수익률: $\dfrac{1,000}{10,000} = 10\%$

경상수익률: $\dfrac{1,000}{12,100} = 8.26\%$

만기수익률: $12,100 = \dfrac{500}{(1+r)^1} + \dfrac{500}{(1+r)^2} + \cdots + \dfrac{10,500}{(1+r)^{20}}$

엑셀의 RATE함수를 이용하여 r을 계산하면 $r = 3.52\%$(반년이자율)
(또는 N=20, PV=−12,100, FV=10,000, PMT=500, COMP i=?)
참고로, 채권수익률(만기수익률)을 단순히 1년 단위 수익률로 환산한 3.52%×2 = 7.04%를 연수익률(APR: annual percentage rate) 또는 채권등가수익률(bond equivalent yield)이라고 한다.

---

1 재무용계산기를 이용할 경우 N=3, PV=−10,253, FV=10,000, PMT=1,000, COMP i를 누르면 만기수익률을 계산할 수 있다.

(4) 실현복리수익률

만기수익률은 미래에 발생하는 현금흐름들이 만기수익률로 재투자된다고 가정한다. 반면에 실현복리수익률(RCY: realized compound yield)은 미래 현금흐름이 미래시점에서의 시장금리로 재투자된다고 가정하기 때문에 보다 더 현실적이다. 예를 들어, 수익률 12%로 채권을 매입하였으나 매입 후 시장이자율이 하락(상승)하면 액면이자의 재투자수익률이 12%보다 작게(크게) 되기 때문에 투자자가 만기일까지 채권을 보유하더라도 투자자가 얻을 수 있는 수익률은 12%보다 작게(크게) 된다. 이에 이자를 지급받을 시점의 시장이자율로 이자지급액이 재투자된다는 가정이 보다 현실적이며, 이러한 가정하에 계산된 수익률을 실현복리수익률(RCY: realized compound yield)이라고 한다.

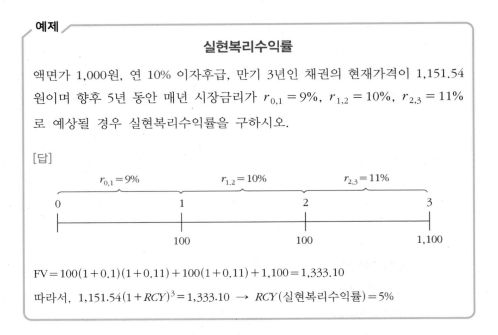

예제

실현복리수익률

액면가 1,000원, 연 10% 이자후급, 만기 3년인 채권의 현재가격이 1,151.54원이며 향후 5년 동안 매년 시장금리가 $r_{0,1} = 9\%$, $r_{1,2} = 10\%$, $r_{2,3} = 11\%$로 예상될 경우 실현복리수익률을 구하시오.

[답]

$$FV = 100(1+0.1)(1+0.11) + 100(1+0.11) + 1,100 = 1,333.10$$

따라서, $1,151.54(1 + RCY)^3 = 1,333.10 \rightarrow RCY(\text{실현복리수익률}) = 5\%$

(5) 채권수익률과 채권가격

채권발행 시 채권가격은 액면이자율, 만기, 이자지급방법, 채권수익률 등에 따라 결정되며, 채권발행 이후의 채권가격은 채권수익률에 따라 변동하게 된다. 채권수익률과 채권가격 간에는 다음과 같은 관계가 성립한다.

① 채권가격과 채권수익률은 역의 관계이다.[2]

예를 들어, 〈표 12-1〉에서 2년 만기 채권의 경우, 채권수익률이 10%일 때 채권의 가격은 10,000원(액면발행)이지만 채권수익률이 8%로 하락하면 채권가격이 원으로 1,036원으로 상승(할증발행)하고 반대로 채권수익률이 12%로 상승하면 채권가격이 966원으로 하락(할인발행)한다.

② 채권수익률 하락으로 인한 채권가격 상승폭은 동일한 크기의 채권수익률 상승으로 인한 채권가격 하락폭보다 크다.

예를 들어, 〈표 9-1〉에서 만기가 2년인 채권의 채권수익률이 10%에서 8%로 하락할 때 채권가격이 36원 올랐는데, 반대로 채권수익률이 10%에서 12%로 상승할 때 채권가격은 34원으로 하락하여 채권가격 상승폭이 채권가격 하락폭보다 크다.

③ 만기가 길수록 일정한 채권수익률 변동에 대해 가격변동률은 커지지만 그 변동률의 증감은 체감한다.

예를 들어, 〈표 9-1〉에서 채권수익률이 10%에서 8%로 하락할 경우, 2년

표 9-1 채권수익률과 만기에 따른 채권가격

		채권수익률 및 채권가격		
		8%	10%	12%
만기	2년	1,036원(3.44%)	1,000원	966원(−3.38%)
	3년	1,052원(4.90%)	1,000원	952원(−4.80%)
	4년	1,066원(6.21%)	1,000원	939원(−6.07%)

주: 액면가액 1,000원, 액면이자율 10%이며, ( )는 변동률임.

2 예를 들어, 액면가액 10,000원, 액면이자율 7%, 만기 1년인 채권이 있다고 하자. 시중의 채권수익률이 5%라면 7% 이자를 받을 수 있는 이 채권을 서로 사려고 할 것이므로 채권의 수요가 커져서 채권가격이 올라갈 것이다. 반대로 시중의 채권수익률이 9%라면 어느 누구도 7% 이자를 받는 채권을 사려고 하지 않을 것이고 채권의 수요가 줄어들어 채권가격이 하락할 것이다.

만기 채권은 3.44%상승하고 4년 만기 채권은 6.21% 상승하여 만기가 길수록 일정한 채권수익률 변동에 대해 가격변동률이 커졌다. 하지만 만기 2년 채권에서 만기 4년 채권으로 갈수록 채권가격상승률의 증가분은 1.46%(=4.90% -3.44%)에서 1.31%(=6.21%-4.90%)로 점차 체감함을 알 수 있다.

④ 액면이자율이 낮은 채권이 액면이자율이 높은 채권보다 채권수익률 변동에 따른 채권가격변동률이 크다.

예를 들어, 〈표 9-2〉에서 채권수익률이 10%에서 8%로 하락할 경우 액면이자율이 2%인 경우에는 채권가격이 3.72% 상승하지만 액면이자율이 6%일 경우에는 채권가격이 3.54% 상승하여 액면이자율이 낮을수록 채권가격의 상승률이 높다는 것을 알 수 있다.

⑤ 채권수익률 변화에 대한 채권가격의 민감도는 채권수익률과 역의 관계에 있다. 즉, 채권가격민감도는 채권수익률이 높을수록 낮아진다는 것을 의미한다. 높은 채권수익률의 경우 채권가치의 많은 부분이 조기지급액에 의한 것이기 때문에 유효만기가 짧아지므로 채권수익률 변화에 대한 채권가격의 민감도가 낮아진다고 볼 수 있다.

예를 들어, 〈표 9-2〉 액면이자율 2%의 경우 채권수익률이 8%에서 10%로 증가하면 채권가격변화율이 -3.58%(=(861-893)/893)가 되고, 10%에서 12%로 증가하면 채권가격변화율이 -3.48%(=(831-861)/861)가 된다. 따라서 채권수익률이 높을수록 채권가격민감도는 낮아짐을 알 수 있다.

표 9-2 액면이자율에 따른 채권수익률 민감도

액면이자율	채권수익률 및 채권가격		
	8%	10%	12%
2%	893원(3.72%)	861원	831원(-3.48%)
6%	964원(3.54%)	931원	899원(-3.44%)

액면가액 1,000원, 만기 2년인 채권. ( )는 변동률임.

채권가격과 채권수익률 간의 다섯 가지 속성 중 앞의 네 가지는 Malkiel (1962)[3]이 제시하여 Malkiel의 채권가격정리(Malkiel's bond pricing relationship)라 부르고 다섯 번째 속성은 Homer and Liebowitz(1972)[4]에 의해서 제시되었다. 채권의 다섯 가지 속성을 이용하여 투자자는 앞으로 이자율 하락이 예상된다면 자본이득을 극대화하기 위해 가격변동이 큰 채권, 즉 장기채권, 저액면이자율채권, 저만기수익률채권에 투자해야 할 것이다.

▌읽을거리▐
금리 오르면 채권값 떨어지는 원리 이해해야

채권은 특정 시점까지 약속된 이자를 지급하겠다는 증서입니다. 채권 소유자가 채권 발행자로부터 약속된 원금과 이자를 받을 수 있죠. 채권을 발행한 사람이나 법인은 자금을 조달하고, 반대로 사들인 사람은 수익을 냅니다.

채권은 종류가 매우 많습니다. 크게는 발행주체별로 나뉩니다. 채권을 발행하는 주체가 국가라면 국채, 지방자치단체면 지방채, 회사라면 회사채인 식입니다. 기간별로도 나뉩니다. 1년 미만으로 갚겠다는 증서라면 단기채, 1년 이상 3년 미만은 중기채, 3년 이상은 장기채라고 합니다. 예를 들어, 국가나 지방자치단체는 재정에 쓰기 위해 국채 또는 지방채를 발행하죠. 회사는 자금조달 수단으로 회사채를 활용합니다.

은행에 돈을 넣어두고 이자를 받는 예금과 뭐가 다르냐고요? 예금은 예금주를 바꿀 수 없죠. 통장을 사고팔 수 없습니다. 하지만 채권은 시장에서 거래할 수 있습니다. 자 그럼 문제! 미국 10년물 국채 금리가 3.9%라는 뜻은 무엇일까요? 바로 미국이 발행한, 10년 뒤 만기가 도래하는 국채의 연간 수익률이 3.9%라는 뜻입니다. 당연히 국가별 신용도가 다르기 때문에 발행 국가마다 금리가 다릅니다. 예를 들어, 필리핀 10년물 국채 금리는 7%대, 우간다는 18%대입니다. 국가가 파산하면? 채권은 휴지 조각이 되겠죠.

회사들이 발행할 때도 회사의 신용등급에 따라 회사채 금리가 달라집니다. AAA부터 D까지 18개 등급으로 나뉘어 있습니다. 세계 시가총액 1위 기업 애플의 신용등급은 AAA입니다. 신용도가 낮은 회사가 내놓은 회사채라면? 당연히 높은 수익률이어야

3 Burton G. Malkiel, "Expectations, Bond Prices, and the Term Structure of Interest Rates," *Quarterly Journal of Economics* 76, May 1962.
4 Sidney Homer and Martin L. Liebowitz, Inside the Yield Book: New Tools for Bond Market Strategy, Englewood Cliffs, N. J.: Prentice Hall, 1972.

사람들이 사고 싶겠죠. 이렇게 국가든 사람이든 신용등급에 따라 금리차이가 나는 것을 스프레드라고 부릅니다. '스프레드가 높다면? 신용도가 낮다!'만 기억하면 됩니다.

우리는 뉴스에서 미국 중앙은행(Fed)이 기준금리를 올렸다는 얘기를 듣곤 합니다. Fed가 인플레이션이나 경기 과열 등을 예상할 땐 금리를 올리고 반대로 시중에 돈을 풀고 경기를 활성화해야 할 때는 내립니다. 중앙은행이 기준금리를 움직이면 이에 따라 채권 금리도 달라지게 됩니다.

왜냐고요? 금리가 달라진 후 새로 발행되는 채권을 생각해보세요. 만약 10년 뒤에 3% 이자를 준다는 10년물 국채가 있었는데, 이후 기준금리가 올라 10년물 국채 금리가 5%가 됩니다. 그럼 기존에 있는 채권은 매력이 떨어지겠죠? 채권을 사고 싶어 하는 사람이 줄어들면 당연히 가격도 떨어집니다. 채권가격이 하락하면 그 채권을 사서 만기 때 낼 수 있는 수익률은 높아집니다. 마지막에 받을 수 있는 이자는 고정값인데, 사는 가격이 낮아지면 채권수익률은 높아진다는 얘기입니다. 즉 채권가격과 채권수익률은 반대로 움직입니다.

어렵나요? 예를 들어, 어떤 채권을 1억원어치 샀습니다. 이 채권이 약속한 금리는 연 5%. 만기는 1년 남았습니다. 그럼 투자자는 1년 뒤에 원금과 이자 500만원을 합쳐 1억 500만원을 받겠죠. 그런데 이후 금리가 오르면서 이 채권의 인기가 떨어졌습니다. 만기가 6개월 남은 시점에 채권가격이 9,900만원이 됐습니다.

이 채권을 산 사람은 6개월 뒤 1억 500만원을 받겠죠. 9,900만원 주고 반년 만에 600만원을 벌었으니 채권수익률은 연 기준 약 6.3%가 됩니다. 보세요. 채권가격은 100만원 떨어졌지만 채권수익률은 올랐지요. 채권이 약속한 금리는 변하지 않지만 그 채권을 사는 시점의 가격에 따라 채권의 수익률은 달라질 수 있다는 것만 기억하면 됩니다.

출처: 한국경제(www.hankyung.com), 2022. 10. 17.

기간구조

1. 수익률 곡선과 미래이자율

(1) 채권수익률의 기간구조

어느 일정 시점에서 채권의 여러 조건이 모두 동일하고 만기만 상이한 채권들의 채권수익률과 만기와의 관계를 채권수익률의 기간구조(term structure)라 한다. 우리나라의 경우 채권이 대부분 장외에서 거래되고 있으며, 매매호가를 채권수익률로 하며, 채권의 잔존기간별 매매 채권수익률이 발표되고 있다.

채무불이행의 가능성이 가장 낮은 국채의 잔존기간과 채권수익률 간의 관계는 다른 채권의 채권수익률 산정의 기준이 된다. 이 경우 사용되는 매매 채권수익률은 만기수익률인데, 만기수익률과 잔존기간 간의 관계를 그래프로 나타낸 것을 수익률 곡선(yield curve)이라고 한다. 수익률곡선은 다양한 형태를 가지고 있는데 대표적으로 상승형, 하강형, 수평형, 그리고 낙타형이 있다.

상승형 수익률 곡선은 가장 보편적인 수익률 곡선으로서, 장기 채권수익률이 단기 채권수익률보다 높은 수익률 곡선이다. 보통 경기상승이 시작되는 때, 즉 안정적인 경기 회복기에는 수익률 곡선이 우상향하는 경향을 보인다.

하강형 수익률 곡선은 단기 채권수익률이 장기 채권수익률보다 높은 수익률 곡선이다. 보통 경기상승의 정점 부근, 즉 경기상승이 끝나가는 때에 수익률 곡선이 우하향하는 경향을 보인다.

수평형 수익률 곡선은 앞으로 이자율 수준이 현재의 수준에 비해 큰 변동이 없을 것이라는 기대가 작용할 때 나타나며, 경기과도기나 경기순환의 중간단계에서 수평에 가까운 수익률 곡선 형태를 보인다.

낙타형은 단기 채권수익률이 급격히 상승하고 장기 채권수익률이 서서히 하강하는 곡선의 형태로 금융긴축 시기에 시중의 단기자금사정이 어려울 때 관찰된다.

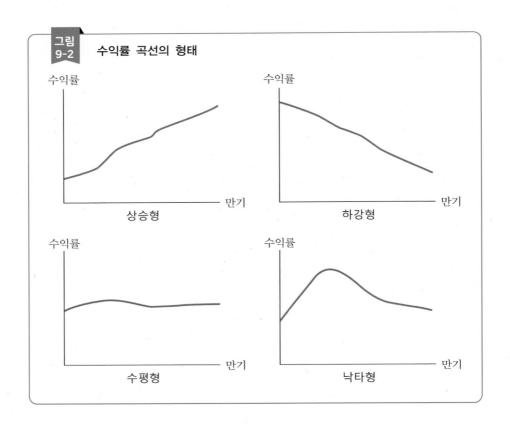

그림 9-2 수익률 곡선의 형태

수익률 / 만기 — 상승형

수익률 / 만기 — 하강형

수익률 / 만기 — 수평형

수익률 / 만기 — 낙타형

(2) 선도이자율

만기 5년 장기채에 투자하는 전략과 만기 1년 단기채에 투자하여 1년마다 연장하는 전략을 생각해보자. 식(9-3)에서 좌변은 5년 만기 무이표채에 현물이자율 $r_{0,5}$로 5년간 투자하는 전략이고, 우변은 1년 만기 무이표채에 현물이자율 $r_{0,1}$로 1년간 투자하고 1년 뒤에 투자수입금을 다시 $r_{1,2}$로 1년간 재투자하고, 다시 1년 뒤에 $r_{2,3}$, 그 다음 해에 $r_{3,4}$, 마지막 해에 $r_{4,5}$로 1년간 재투자하는 전략이다.

$$(1+r_{0,5})^5 = (1+r_{0,1})(1+r_{1,2})(1+r_{2,3})(1+r_{3,4})(1+r_{4,5}) \qquad (9\text{-}3)$$

현재 5년 만기와 1년 만기 채권은 존재하며 이들에 대한 만기수익률도 이미 정해져 있으므로, $r_{0,5}$와 $r_{0,1}$은 현물이자율이 된다. 하지만 1년 후, 2년 후, 3년 후, 4년 후의 1년 만기 이자율은 현재 모르는 상황이다. 식(9-3)과 같이 장기채 투자전략과 단기채의 재투자전략의 투자수익을 같게 만드는 미래의 일정 시점부터 더 먼 미래시점까지의 일정 기간 동안의 미래이자율인 $r_{1,2}$, $r_{2,3}$, $r_{3,4}$, $r_{4,5}$를 선도이자율이라고 정의한다. 식(9-3)을 n기간으로 확장하면 아래와 같다.

$$(1 + r_{0,n})^n = (1 + r_{0,1})(1 + r_{1,2}) \cdots (1 + r_{n-1,n}) \tag{9-4}$$

만일 n년 장기채에 투자하는 전략과 $n-1$년 장기채에 투자하고 1년간 재투자하는 전략을 고려하면 식(9-5)가 되며, $r_{0,n}$ 과 $r_{0,n-1}$ 은 현물이자율, $r_{n-1,n}$ 은 선도이자율을 나타낸다.

$$(1 + r_{0,n})^n = (1 + r_{0,n-1})^{n-1}(1 + r_{n-1,n}) \tag{9-5}$$

2. 기간구조이론

(1) 기대이론

기대이론은 기간구조가 미래에 이자율이 어떻게 될지에 대한 투자자들의 기대(expectations)를 반영한다고 주장한다. 예를 들어, 1년 만기 이자율이 6%, 2년 만기 이자율이 8%이면 수익률 곡선이 우상향인데 그 원인이 무엇일까? 식(9-4)로부터 $(1+0.08)^2 = (1+0.06)(1+r_{1,2})$에서 $r_{1,2} = 10.04\%$가 되어 1년 만기 이자율이 6%에서 1년 후에 10.4%로 오를 것으로 투자자들이 기대하기 때문이다. 반대로 1년 만기 이자율이 8%, 2년 만기 이자율이 6%인 우하향 수익률곡선은 $(1+0.06)^2 = (1+0.08)(1+r_{1,2})$에서 $r_{1,2} = 4.04\%$가 되어 1년 만기 이자율이 8%에서 4.04%로 내릴 것으로 기대하기 때문이다.

따라서 시장에서 다음 기간의 미래 현물이자율의 기대치 $E(r_{1,2})$가 올해의 현물이자율 $r_{0,1}$보다 높(낮)으면, 이 두 수익률의 평균수익률(2년 만기수익률)인 $r_{0,2}$는 $r_{0,1}$보다 높(낮)아져 수익률곡선은 우상(하)향한다. 이처럼 기대이론에 의하면 수익률 곡선은 미래 현물이자율에 대한 시장의 예상을 반영하며, 선도이자율 $r_{n-1,n}$은 미래 현물이자율의 기댓값 $E(r_{n-1,n})$과 같다. 이를 n기간에 대해 표현하면 식(9-6)으로 나타낼 수 있다.

$$(1 + r_{0,n})^n = (1 + r_{0,1})(1 + E(r_{1,2})) \cdots (1 + E(r_{n-1,n})) \tag{9-6}$$

식(9-6)은 장기채권의 만기수익률이 투자자의 미래 기간별 단기수익률에 대한 기대에 의해서 결정됨을 의미하고, 또한 단기채권수익률들의 기하평균과 같음을 의미한다.

예제

기대이론

액면가액 10,000원인 다음의 무이표채(순수할인채권)들의 만기수익률을 구하고, 선도이자율을 구하시오.

만기	무이표채가격	만기수익률	선도이자율
1	₩9,615.38		
2	₩9,157.30		

[답]

만기수익률은 엑셀의 RATE함수 혹은 재무용계산기로 구할 수 있다.

1년 만기 채권: (PV = −9,615.38, PMT = 0, N = 1, FV = 10,000, COMP i = ?)

$\rightarrow i = 4\%$

2년 만기 채권: (PV = −9,157.30, PMT = 0, N = 2, FV = 10,000, COMP i = ?)

$\rightarrow i = 4.5\%$

2년 만기 채권의 선도이자율: $(1.045)^2 = (1.04)(1 + r_{1,2})$

$\rightarrow r_{1,2} = 5\%$

(2) 유동성선호이론

만기가 길수록 유동성이 낮아지고 채권가격변동률이 커져서 장기채가 단기채에 비해 더 위험하므로 투자자들은 단기채를 선호한다. 유동성선호이론은 투자자들이 장기채를 사게 하려면 고위험에 대한 유동성프리미엄을 지급해야 한다고 주장한다. 따라서 유동성선호이론에서는 선도이자율 $r_{n-1,n}$이 미래의 기간별 기대수익률 $E(r_{n-1,n})$에 유동성프리미엄 L_n만큼 더한 값이 되어야 한다고 보며, 이러한 관계를 식(9-7)로 나타낼 수 있다.

$$(1+r_{0,n})^n = (1+r_{0,1})(1+E(r_{1,2})+L_2)\cdots(1+E(r_{n-1,n})+L_n) \qquad (9-7)$$

예를 들어, 1년 만기 이자율이 6%, 2년 만기 이자율이 8%, 유동성프리미엄이 1%라면, 식(9-7)로부터 $(1+0.08)^2 = (1+0.06)(1+E(r_{1,2})+0.01)$에서 $E(r_{1,2}) =$ 9.04%가 되어 선도이자율 10.4%는 미래이자율 기댓값 9.4%에 유동성프리미엄 1%가 더해진 값이다.

예제

유동성선호이론

1년 만기 무이표채의 만기수익률은 5%이고, 2년 만기 무이표채의 만기수익률은 6%이다. 액면가액이 1,000원이고 연 7% 이자를 지급하는 2년 만기 채권을 발행할 것을 고려하고 있다.

(1) 채권가격과 만기수익률을 구하시오.

(2) 기대이론에 의하면 1년도 말의 채권가격은 얼마인가?

(3) 유동성프리미엄이 1%일 경우 유동선선호이론에 의하면 1년도 말의 채권가격은 얼마인가?

[답]

(1) $P = \dfrac{70}{(1+0.05)} + \dfrac{1,070}{(1+0.06)^2} = 1,018.96$

엑셀의 RATE함수(또는 (PV=−1,018.96, N=2, PMT=70, FV=1,000, COMP i=?)

→ 만기수익률＝5.97%

(2) $(1+0.06)^2 = (1+0.05)(1+r_{1,2}) \rightarrow r_{1,2} = E(r_{1,2}) = 7.01\%$

$$P = \frac{1,070}{(1+0.0701)} = 999.91$$

(3) $(1+0.06)^2 = (1+0.05)(1+E(r_{1,2})+0.01) \rightarrow E(r_{1,2}) = 6.01\%$

$$P = \frac{1,070}{(1+0.0601)} = 1,009.34$$

(3) 시장분할이론

시장분할이론은 채권시장이 만기에 대한 선호도가 서로 다른 분할된 시장으로 구성되며, 채권수익률은 이들 각 시장에서의 수요공급의 원리에 의해서 결정된다고 주장한다. 단기부채가 많은 금융기관(시중은행)은 단기채에 주로 투자하고 장기부채가 많은 금융기관(연기금, 보험회사 등)은 장기채에 주로 투자하며, 이와 같이 분할된 각 시장의 수급 사정에 따라 채권수익률이 결정된다는 주장이다.

예제

기간구조

액면가액 1,000원, 액면이자율 9%, 만기 3년인 채권이 있다. 1년 만기 현물이자율 $r_{0,1}$은 3%, 1년 후 1년 만기 선도이자율 $r_{1,2}$는 4%, 2년 후 1년 만기 선도이자율 $r_{2,3}$은 5%이다.

(1) 채권가격과 만기수익률을 구하시오.

(2) 기대이론이 성립한다는 가정하에서 실현복리수익률을 구하시오.

(3) 1년 후 수익률곡선이 4%로 수평형이 된다면 향후 1년간의 채권 보유기간수익률은 얼마인가?

[답]

(1) $P_0 = \dfrac{90}{(1+0.03)} + \dfrac{90}{(1+0.03)(1+0.04)} + \dfrac{1,090}{(1+0.03)(1+0.04)(1+0.05)}$

$$= 1,140.49원$$

만기수익률: $1,140.49 = \dfrac{90}{(1+r)^1} + \dfrac{90}{(1+r)^2} + \dfrac{1,090}{(1+r)^3}$

$\quad\quad\quad \rightarrow (\text{PV} = -1,140.49, \ \text{N} = 3, \ \text{PMT} = 90, \ \text{FV} = 1,000, \ \text{COMP} \ \text{i} = ?)$

$\quad\quad\quad \rightarrow$ 만기수익률 $= 3.94\%$

(2) $FV = 90(1+0.04)(1+0.05) + 90(1+0.05) + 1,090 = 1,282.78원$

$\quad 1,140.49(1+RCY)^3 = 1,282.78 \ \rightarrow \ RCY(\text{실현복리수익률}) = 4.00\%$

(3) $P_1 = \dfrac{90}{(1+0.04)^1} + \dfrac{1,090}{(1+0.04)^2} = 1,094.30원$

$\quad$ 보유기간수익률 $= \dfrac{(1,094.30 - 1,140.49 + 90)}{1,140.49} = 3.84\%$

09 채권투자분석: 연습문제

Q1. (2001 CPA) 액면금액 10,000원, 3년 만기, 표면이자율 연 16%(이자는 매분 기말 지급)로 발행된 회사채가 있다. 만기일까지의 잔존기간이 5개월 남은 현 시점에서 이 회사채의 만기수익률이 연12%이면, 이 채권의 이론가격은? (가장 근사치) (   )

① 9,890원   ② 10,000원

③ 10,110원   ④ 10,290원

⑤ 10,390원

Q2. (CFA) 액면이자율 10%인 5년 만기 채권의 현재 만기수익률이 8%이다. 이자율이 일정하게 유지될 경우 1년 후 이 채권의 가격은 어떻게 되는가? (   )

① 더 높아진다.   ② 더 낮아진다.

③ 지금과 같다.   ④ 액면가와 같아진다.

Q3. 액면가액 1,000원인 순수할인채권이 다음과 같다.

채권	만기	가격
A	1	909.09
B	3	690.54

A채권과 B채권의 만기수익률은 각각 얼마인가? (   )

① 10%, 13%   ② 12%, 14%

③ 13%, 15%   ④ 14%, 16%

⑤ 15%, 17%

Q4. (CFA 수정) 액면가액 1,000원, 액면이자율 연 7%, 현재가격이 1,000원인 채권이 있다. 다음 자료로부터 5년 만기 현물이자율 및 선도이자율을 구하면 각각 얼마인가? (　　)

만기	현물이자율(%)	선도이자율(%)
1	5.00	5.00
2	5.21	5.42
3	6.05	7.75
4	7.16	10.56
5	?	?

① 7.13%, 7.01%　　　　② 7.54%, 8.25%

③ 8.14%, 9.86%　　　　④ 8.55%, 11.26%

Q5. (CFA 수정, 2010 CPA 수정) 정부가 발행한 채권의 만기에 따른 현물이자율과 선도이자율이 다음과 같을 때 2년 후의 2년간 선도이자율($r_{2,4}$)을 연 단위로 계산하면 얼마인가? (　　)

만기(년)	현물이자율	선도이자율
1	5.0%	−
2	6.5%	?
3	?	10.0%
4	8.5%	?

① 10.2%　　　　② 10.5%

③ 10.8%　　　　④ 11.1%

⑤ 11.3%

Q6. (CFA) 이자율의 기간구조에 관한 설명 중 옳은 것은? (   )

① 기대이론에 의하면 예상되는 미래 단기이자율이 현재 단기이자율을 초과하는 경우 수익률 곡선이 수평일 것임을 의미한다.

② 기대이론에서 장기이자율은 예상되는 단기이자율과 동일하다.

③ 유동성선호이론에 의하면 모든 조건이 같을 때 만기가 길수록 낮은 수익률을 나타낸다.

④ 유동성선호이론에 의하면 대출자는 수익률 곡선의 단기구간에서 증권 매수를 선호한다.

09   채권투자분석: 연습문제 해답

Q1. ④

[답]

$$P = \frac{400}{\left(1 + \frac{0.12}{12}\right)^2} + \frac{10,400}{\left(1 + \frac{0.12}{12}\right)^5} = 10,287.36$$

Q2 ②

Q3 ①

[답]

A채권: $\dfrac{1,000}{(1+r)^1} = 909.09 \rightarrow r = 10\%$

B채권: $\dfrac{1,000}{(1+r)^3} = 690.54 \rightarrow r = 13\%$

Q4 ①

[답]

현물이자율$(r_{0,5})$

$$1,000 = \frac{70}{(1+r_{0,1})^1} + \frac{70}{(1+r_{0,2})^2} + \frac{70}{(1+r_{0,3})^3} + \frac{70}{(1+r_{0,4})^4} + \frac{1,070}{(1+r_{0,5})^5}$$

$$\rightarrow 1,000 = \frac{70}{(1+0.05)^1} + \frac{70}{(1+0.0521)^2} + \frac{70}{(1+0.0605)^3} + \frac{70}{(1+0.0716)^4}$$

$$+ \frac{1,070}{(1+r_{0,5})^5}$$

$$\rightarrow r_{0,5} = 7.13\%$$

선도이자율 $r_{4,5} = \dfrac{(1+0.0713)^5}{(1+0.0716)^4} - 1 = 7.01\%$

Q5 ②

[답]

$$(1+0.085)^4 = (1+0.065)^2(1+r_{2,4})^2 \rightarrow r_{2,4} = 10.5\%$$

Q6 ④

10

채권투자전략

본 장에서는 채권수익률 변동에 따른 채권가격의 변동을 추정하는 데 매우 유용한 개념인 듀레이션과 볼록성에 대해 살펴보고, 채권투자전략을 소극적 전략과 적극적 전략으로 구분하여 학습한다.

학습목표

- 듀레이션과 볼록성
- 소극적 채권투자전략
- 적극적 채권투자전략

듀레이션과 볼록성

1. 듀레이션

(1) 듀레이션의 개념

채권의 만기, 액면이자율, 만기수익률은 채권가격변동에 영향을 미치는 매우 중요한 요인들이며, 채권수익률 변동에 대해 만기가 길수록, 액면이자율이 낮을수록, 만기수익률이 낮을수록 가격변동률이 크다. 따라서 앞으로 이자율 하락이 예상된다면 자본이득을 극대화하기 위해 가격변동이 큰 장기채권, 저액면이자율채권, 저만기수익률채권에 투자해야 할 것이다.

하지만 이런 요인들이 복합적으로 작용하기 때문에 실제 채권투자에 적용하기가 어렵다. 예를 들어, 액면이자율이 낮은 단기채와 액면이자율이 높은 장기채 중 어느 것이 변동성이 더 큰지 판단하기 쉽지 않다. 이에 만기, 액면이자율, 만기수익률을 동시에 고려하여 채권수익률 변동에 대한 채권가격변동을 포괄적으로 측정하는 척도가 Macaulay(1938)[1]에 의해 듀레이션(duration)이라는 개념으로 제시되었다.

$$D = \sum_{t=1}^{T} t \left[\frac{\left(\frac{C_t}{(1+r)^t} \right)}{P} \right] \tag{10-1}$$

듀레이션 D는 총현재가치 P에서 각 기간에 발생하는 현금흐름의 현재가치 $C_t/(1+r)^t$가 차지하는 비중으로 각 기간을 가중평균한 값으로서 채권에 투자된 원금이 회수되는 데 소요되는 가중평균시간(weighted average time)을 나타낸다.

---

[1] Frederick Macaulay, *Some Theoretical Problems Suggested by the Movements of Interest Rates, Bond Yields, and Stock Prices in the United States since 1856*, New York: National Bureau of Economic Research, 1938.

예를 들어, 채권수익률이 12%, 액면이자가 100원, 만기 2년, 액면가액이 1,000원인 채권의 투자원금이 회수되는 기간은 표면상 만기인 2년이지만, 만기까지 기간 동안 원리금을 각 기간에 나눠서 받기 때문에 실제로 투자원금이 회수되는 기간은 2년보다 짧을 것이다. 그러므로 실제로 투자원금이 회수되는 기간은 1년과 2년을 평균하여 계산하면 되는데, 이때 각 기간에 회수되는 현금의 크기가 다르므로 각 기간에 가중치를 주어 구한다.

각 기간의 가중치는 총회수되는 금액의 현가 966.2원($=100/(1+0.12)+$ $1,100/(1+0.12)^2$)에서 1년도에 회수되는 현금의 현가 89.29원($=100/(1+0.12)$)이 차지하는 비중과 2년도에 회수되는 현금의 현가 876.91원($=1,100/(1+0.12)^2$)이 차지하는 비중이다. 따라서 투자원금이 회수되는 데 소요되는 평균기간인 듀레이션은 1.91년($=(1년)(89.29원/966.2원)+(2년)(876.91원/966.2원)$)으로 계산된다.

예제

듀레이션

액면가액 10,000원, 액면이자율 연 10%, 이자후급, 만기 3년, 채권수익률이 12%인 채권이 있다. 이자를 1년에 한 번 지급할 경우의 듀레이션을 구하시오.

[답]

$$P = \frac{1,000}{(1+0.12)^1} + \frac{1,000}{(1+0.12)^2} + \frac{11,000}{(1+0.12)^3} = 9,519.63원$$

$$D = 1 \times \frac{\frac{1,000}{(1+0.12)^1}}{9,519.63} + 2 \times \frac{\frac{1,000}{(1+0.12)^2}}{9,519.63} + 3 \times \frac{\frac{11,000}{(1+0.12)^3}}{9,519.63} = 2.73년$$

채권시장에서 투자자가 가장 관심을 두는 것은 채권수익률이 변동할 때 채권가격이 얼마나 변동하는가이다. 듀레이션을 채권수익률변동률에 대한 채권가격변동률의 비율로 정의하면 식(10-2)와 같이 정리할 수 있다.

$$D = \frac{\text{채권가격변동률}}{\text{채권수익률변동률}} = -\frac{\dfrac{dP}{P}}{\dfrac{d(1+r)}{1+r}} \rightarrow dP = -D\left[\frac{d(1+r)}{1+r}\right]P \quad (10\text{-}2)$$

이자율 하락($d(1+r)$이 음수)이 예상된다면, 식(10-2)에서 듀레이션(D는 양수)을 극대화하여, 자본이득을 극대화($-D \times d(1-r)$이 양수)할 수 있다. 따라서 채권수익률이 하락이 예상되면 자본이득을 극대화하기 위해 가격변동이 큰 채권인 장기채권, 저액면이자율채권, 저만기수익률채권을 찾는 대신 듀레이션이 큰 채권을 찾아 투자하면 된다.

실무자들은 식(10-2)를 약간 변형하여 $D/(1+r)$를 수정듀레이션(modified duration) D_M, $d(1+r) = dr$로 정의한 식(10-3)을 사용한다.

$$dP = -\left(\frac{D}{1+r}\right)(dr)(P) = -D_M(dr)(P) \qquad (10\text{-}3)$$

따라서 채권가격변동률(dP/P)은 수정듀레이션(D_M)에 채권수익률의 변동률(dr)을 곱한 값이 되기 때문에 식(10-3)에서 수정듀레이션을 안다면 채권수익률 1% 변동에 대한 채권가격변동률을 식(10-4)처럼 쉽게 알 수 있다. 예를 들어, 수정듀레이션이 2.5라면 수익률이 1% 변할 때 채권가격변동률이 0.025($=2.5 \times 0.01$)가 된다.

$$\frac{dP}{P} = -D_M \times 1\% \qquad (10\text{-}4)$$

예제

듀레이션

듀레이션이 6년인 채권포트폴리오의 가치가 850억원이며 1년마다 이자가 지급된다. 현재 12%인 채권수익률이 1% 인하될 것으로 예상될 경우 이 채권포트폴리오의 가치는 얼마가 될 것인가?

[답]

$$dP = -\left(\frac{6}{1+0.12}\right)(-0.01)(850) = 45.54억원$$

따라서 채권수익률이 1% 인하됨에 따라 채권가격은 45.54억원 상승하므로 새로운 채권포트폴리오의 가치는 850억원＋45.54억원＝895.54억원이 된다.

(2) 듀레이션의 속성

① 무이표채(순수할인채)의 경우 모든 현금흐름이 만기에 발생하기 때문에 만기와 듀레이션이 같다.

② 채권포트폴리오의 듀레이션 D_p는 포트폴리오에 포함된 개별채권의 듀레이션 D_i를 가중평균하여 구한다. 가중치는 채권포트폴리오의 시장가치에서 개별채권의 시장가치가 차지하는 비중 w_i로 한다.

$$D_P = w_1 D_1 + w_2 D_2 + w_3 D_3 + \cdots + w_N D_N \tag{10-5}$$

여기서, w_i: i채권의 시장가치/채권포트폴리오의 시장가치

$\quad\quad\quad D_i$: i채권의 듀레이션

$\quad\quad\quad N$: 채권포트폴리오를 구성하는 채권의 개수

예제

채권포트폴리오 듀레이션

액면이자율 연 10%, 만기 2년, 액면가액 10,000원인 A채권과 액면이자율 연 7%, 만기 3년, 액면가액 10,000원인 B채권을 보유하고 있다. A채권과 B채권의 시장가치는 각각 20,000,000원, 13,880,000원이다. 두 채권의 만기수익률이 10%일 경우 채권포트폴리오의 듀레이션을 구하시오.

[답]

$$P_A = \frac{1,000}{(1+0.1)^1} + \frac{11,000}{(1+0.1)^2} = 10,000원$$

$$D_A = 1 \times \frac{\dfrac{1,000}{(1+0.1)^1}}{10,000} + 2 \times \frac{\dfrac{1,000}{(1+0.1)^2}}{10,000} = 1.91년$$

$$P_B = \frac{700}{(1+0.1)^1} + \frac{700}{(1+0.1)^2} + \frac{10,700}{(1+0.1)^3} = 9,253.94원$$

$$D_B = 1 \times \frac{\dfrac{1,000}{(1+0.1)^1}}{9,253.94} + 2 \times \frac{\dfrac{1,000}{(1+0.1)^2}}{9,253.94} + 3 \times \frac{\dfrac{11,000}{(1+0.1)^3}}{9,253.94} = 2.80년$$

$$D_P = (1.91)\left(\frac{20,000,000}{33,880,000}\right) + (2.80)\left(\frac{13,880,000}{33,880,000}\right) = 2.27년$$

③ 액면이자율이 일정할 때, 채권의 듀레이션은 일반적으로 만기가 길수록 증가한다. 예를 들어, 만기가 3년인 채권과 만기가 10년인 채권의 경우 일반적으로 만기 3년 채권의 듀레이션보다 만기 10년 채권의 듀레이션이 클 것이므로 만기가 긴 채권이 만기가 짧은 채권보다 듀레이션이 크다.

④ 만기가 일정할 때, 액면이자율이 낮을수록 듀레이션이 증가한다. 이는 채권가격정리의 네 번째 속성과 관련된다. 일반적으로 액면이자율이 높은 이표채일수록 액면가의 최종지급보다 이자지급이 더 큰 가치비중을 가지기 때문에 유효만기가 작아지고 반대로 액면이자율이 낮은 이표채일수록 액면가의 최종지급이 이자지급보다 더 큰 가치비중을 가지기 때문에 유효만기가 커진다는 것과 관련 있다.

⑤ 다른 요인들이 일정할 경우, 채권수익률이 높을수록 듀레이션은 감소한다. 만기수익률이 상승하면 먼 미래의 현금흐름의 현재가치가 상대적으로 더 작아진다. 따라서 채권수익률이 높을수록 초기의 지급액이 채권 총가치에서 더 높은 비중을 차지하게 되어 유효만기가 낮아진다.

2. 볼록성

채권가격은 채권수익률과 역의 관계이다. 액면가액 10,000원, 액면이자율 연 10%, 이자후급, 만기 3년, 채권수익률이 12%인 채권의 가격은 9,520원이고 듀레이션은 2.73년이다. 채권수익률이 2% 내릴 경우와 2% 오를 경우 식(10-3)의 듀레이션을 이용하여 채권가격 변화량(dP)을 계산해 보면 각각 464원 오르고 464원 내리는 것으로 나타난다.[2]

하지만 채권수익률이 2% 내려 10%일 경우 실제 채권가격은 10,000원이 되어 480원(=10,000−9,520) 오르고, 채권수익률이 2% 올라 14%일 경우 실제 채권가격은 9,071원이 되어 449원(=9,071−9,520) 내리는 것을 알 수 있다.[3] 채권수익률이 2% 내려가면 채권가격이 480원 올라가는데 듀레이션으로 계산하면 464원만 올라가는 것으로 나와 실제 가격상승분을 과소평가한다. 채권수익률이 2% 올라가면 채권가격이 449원 내리는데 듀레이션으로 계산하면 464원 내려가는 것으로 나와 실제 가격하락분을 과대평가한다. 이는 듀레이션이 볼록성을 무시하고 채권수익률 변화에 대한 채권가격 변화가 직선이라고 가정하고 있기 때문이다.

이처럼 채권가격과 채권수익률의 관계는 듀레이션으로 계산할 때처럼 직선이 아니라 실제로는 원점에 대해 볼록한 곡선의 형태를 보이는데, 이를 채권가격의 볼록성(convexity)이라고 한다. 이러한 관계를 〈그림 10-1〉에 나타내었다.

채권수익률이 변할 때 듀레이션에 의해 추정되는 채권가격은 실제 채권가격을 과대 혹은 과소평가하는데 어떻게 하면 실제 채권가격에 근접한 채권가격을 추정할 수 있을까? 듀레이션에 의해 직선의 형태로 추정되는 채권가격에 곡선기울기의 변화율로 정의되는 볼록성을 더하면 실제 채권가격에 근접한 채권가격을 추정할 수 있다. 볼록성을 고려할 경우 식(10-3)은 다음과 같이 수정된다.

---

2 $dP = -\left(\dfrac{D}{1+r}\right)(dr)(P) = -\left(\dfrac{2.73}{1+0.12}\right)(-0.02)(9,520) = 464원,$

$dP = -\left(\dfrac{2.73}{1+0.12}\right)(0.02)(9,520) = -464원$

3 $P = \dfrac{1,000}{(1+0.1)^1} + \dfrac{1,000}{(1+0.1)^2} + \dfrac{11,000}{(1+0.1)^3} = 10,000원,$

$P = \dfrac{1,000}{(1+0.14)^1} + \dfrac{1,000}{(1+0.14)^2} + \dfrac{11,000}{(1+0.14)^3} = 9,071원$

동일한 채권수익률 변동에 대해서 채권수익률이 내릴 때 채권가격이 오르는 폭이 채권수익률이 오를 때 채권가격이 내리는 폭보다 더 크게 나타난다.

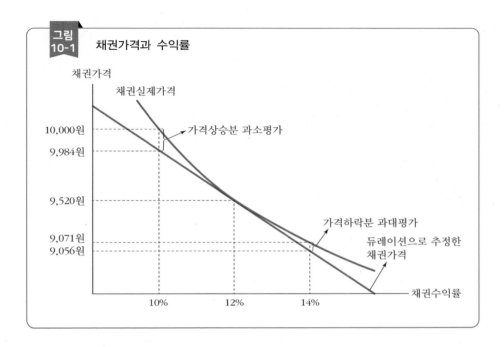

그림 10-1 채권가격과 수익률

$$\frac{dP}{P} = -\frac{D}{1+r}dr + \frac{1}{2}(볼록성)(dr)^2 \tag{10-6}$$

식(10-6)에서 볼록성은 식(10-7)과 같이 계산할 수 있다.[4]

$$볼록성 = \frac{1}{(1+r)^2} \times \frac{\left(\dfrac{(1)(2)(C)}{(1+r)^1} + \cdots + \dfrac{(n)(n+1)(C+F)}{(1+r)^n}\right)}{P} \tag{10-7}$$

위의 예에서 볼록성을 계산하면 8.418이 된다.[5] 식(10-6)을 이용하여 채권수익률이 2% 내릴 경우와 오를 경우의 가격상승분과 가격하락분을 다시 계산하면, 다음과 같이 듀레이션 추정오차의 문제가 해결됨을 알 수 있다.

---

4 볼록성은 채권가격을 채권수익률로 2차미분하여 유도할 수 있으며, 유도과정은 생략하기로 한다.

5 볼록성 $= \dfrac{1}{(1+0.12)^2}\left[\left(\dfrac{(1)(2)(1,000)}{(1+0.12)^1} + \dfrac{(2)(3)(1,000)}{(1+0.12)^2} + \dfrac{(3)(4)(11,000)}{(1+0.12)^3}\right)\middle/ 9,520\right] = 8.418$

채권수익률 2% 하락 시 $dP = 464 + \dfrac{1}{2}(8.418)(-0.02)^2(9,520) = 480$원

채권수익률 2% 상승 시 $dP = -464 + \dfrac{1}{2}(8.418)(0.02)^2(9,520) = -448$원

예제

듀레이션 및 볼록성을 이용한 채권가격 추정

액면가액 10,000원, 액면이자율 연 5%, 만기 3년인 채권의 채권수익률이 12%일 경우 채권가격은 8,318.72원이고 듀레이션은 2.84년이다.

(1) 채권수익률이 3% 하락하여 9%가 될 경우의 실제 채권가격변동량은 얼마인가?

(2) 듀레이션을 이용하여 채권가격을 추정하여 채권가격변동량을 비교하시오.

(3) 볼록성을 고려할 경우 채권가격은 얼마인가?

[답]

(1) 채권수익률이 12%일 경우:

$$P = \frac{500}{(1+0.12)^1} + \frac{500}{(1+0.12)^2} + \frac{10,500}{(1+0.12)^3} = 8,318.72원$$

채권수익률이 9%일 경우:

$$P = \frac{500}{(1+0.09)^1} + \frac{500}{(1+0.09)^2} + \frac{10,500}{(1+0.09)^3} = 8,987.48원$$

→ 채권수익률이 3% 하락할 경우 실제 채권가격상승폭은 668.76원이다.

(2) $dP = -\left(\dfrac{D}{1+r}\right)(dr)(P) = -\left(\dfrac{2.84}{1+0.12}\right)(-0.03)(8,318.72) = 632.82$

채권수익률이 3% 하락함에 따라 채권가격은 632.82원 상승하므로 새로운 채권의 가격은 8,951.54원(=8,318.72원+632.82원)이 된다. 따라서 듀레이션을 이용하여 채권가격을 추정하는 경우는 실제 채권가격 8,987.48원보다 35.94원 과소추정하는 오차가 발생한다. 즉, 듀레이션을 이용하여 채권가격을 추정할 때 실제 가격상승폭보다 35.94원(=668.76원-632.82원) 과소추정한다.

(3) $\dfrac{dP}{P} = -D_M(dr) + \dfrac{1}{2}(볼록성)(dr)^2$ → $dP = -D_M(dr)(P) + \dfrac{1}{2}(볼록성)(dr)^2 P$이므로, $dP = 632.82 + \dfrac{1}{2}(볼록성)(dr)^2 P$가 된다.

여기서, 볼록성은 다음과 같이 계산된다.

$$\frac{1}{(1+0.12)^2} \times \frac{\dfrac{(1)(2)(500)}{(1+0.12)^1} + \dfrac{(2)(3)(500)}{(1+0.12)^2} + \dfrac{(3)(4)(500+10,000)}{(1+0.12)^3}}{8,318.72} = 8.9093$$

따라서 $dP = 632.82 + \dfrac{1}{2}(8.9093)(-0.03)^2(8,318.72) = 666.17$원이 되므로, 볼록성을 고려하여 추정된 채권가격은 8,984.89원(= 8,318.72원 + 666.17원)이 된다. 이는 볼록성을 고려하지 않을 경우(듀레이션만 이용할 경우)의 추정된 채권가격 8,951.54원에 비해 실제 채권가격인 8,987.48원을 거의 정확하게 추정할 수 있다.

10.2 / 채권투자전략
SECTION

채권투자전략은 크게 소극적(passive) 투자전략과 적극적(active) 투자전략으로 구분된다. 소극적 투자전략은 채권시장이 효율적이어서 채권가격이 공정하게 형성되어 있다고 보고 채권투자위험을 제거하거나 극소화하려는 전략이다. 따라서 소극적 투자전략은 위험이 수반되는 수익성보다는 안정성, 유동성을 더 중요시한다. 소극적 투자전략으로는 채권지수의 성과를 복제하려는 인덱싱전략(indexing strategy)과 이자율변동위험을 제거하는 면역전략(immunization strategy)이 있다.

반면 적극적 투자전략은 채권가격에 시장의 모든 정보가 충분히 반영되어 있지 않다고 보고 우월한 정보나 예측을 통해 시장의 평균수익보다 높은 초과수익을 얻으려는 전략이다. 적극적 투자전략의 핵심은 수익률을 예측하는 것과 채권시장 내에서 상대적으로 저평가된 채권을 찾는 것으로 요약될 수 있다.

1. 소극적 채권투자전략

(1) 매입보유전략

매입보유전략(buy and hold strategy)은 채권을 매입하여 만기까지 보유함으로써 투자시점에 미리 투자수익을 확정하는 전략이다. 매입보유전략은 이자율 예측이 필요 없으며, 수익률이 비교적 안정적인 시장에서 평균적인 시장수익을 얻고자 할 때 선호하는 전략이다. 매입보유전략은 만기 전에 채권 발행회사가 부도가 나게 되면 원금과 이자를 약속대로 지급받지 못하게 되는 채무불이행위험이 있으므로 투자채권의 신용분석이 매우 중요하다.

(2) 사다리형만기전략

사다리형만기전략(laddered maturity strategy)은 채권의 보유물량을 각 만기별로 동일하게 분산시켜 보유하는 전략이다. 이 전략은 투자기간 동안의 장단기 수익률 변화에 대한 특별한 예측 없이 만기별로 채권을 균등하게 보유함으로써 시세변동에 따른 위험을 분산시키고 유동성을 확보할 수 있다.

(3) 바벨형만기전략

바벨형만기전략(barbell maturity strategy)은 채권포트폴리오에서 투자특성이 모호한 중기채는 제외시키고 단기채와 장기채 두 가지만을 보유하는 전략이다. 일반적으로 수익성은 낮지만 유동성이 높고 위험이 낮은 단기채의 장점과 위험은 높지만 수익성이 높은 장기채의 장점을 살려 유동성과 수익성을 동시에 확보할 수 있는 이점이 있다. 하지만 매년 중기채화 하는 채권을 매각하고 단기채 또는 장기채를 새로이 편입해야 하므로 관리가 복잡해지고 수수료비용이 발생하는 단점도 있다.

(4) 인덱싱전략

인덱싱전략(indexing strategy)은 채권시장을 대표하는 채권지수(bond index)의 성과를 복제하도록 채권포트폴리오를 구성하는 것을 말한다. 채권지수의 성과를 복제하는 채권포트폴리오를 인덱스펀드라고 한다. 국내 채권지수로는 현재 한국거래소에서 발표하는 KRX채권지수, 국고채프라임지수, KTB지수가 있다.[6] 또한 KIS채권평가㈜, 한국채권평가㈜, 나이스채권평가㈜ 등 3개의 채권시가평가회사에서도 다양한 채권지수를 발표하고 있다. 금융투자협회와 블룸버그에서 발표하는 금투협-블룸버그지수와 금융투자협회, 에프앤가이드, 매일경제신문이 공동으로 발표하는 MKF국고채지수도 있다.

(5) 면역전략

이자율이 상승(하락)하면 채권가격은 하락(상승)하지만, 높은(낮은) 이자율로 이자를 재투자할 수 있어 재투자수익은 상승(하락)한다. 이처럼 이자율변동에 따른 채권가격변동을 가격위험(price risk)이라 하고, 재투자수익률 변동을 재투자위험(reinvestment risk)이라 하며, 가격위험과 재투자위험을 합쳐 이자율위험이라 한다. 가격위험과 재투자위험은 상반되게 나타나기 때문에 이자율변동에 대해서 서로 상쇄시킬 수 있다. 면역전략(immunization strategy)은 가격위험과 재투자위험을 상쇄시킴으로써 투자기간 동안 이자율변동에 면역되어 채권매입 당시의 채권수익률을 실현시키는 전략을 말한다.

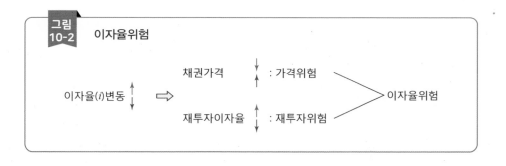

그림 10-2 이자율위험

---

6 한국거래소, 「알기쉬운 증권파생상품시장지표해설」 참조

1) 목표기간 면역전략(target date immunization strategy)

　　보험회사, 연기금과 같은 기관투자자는 고객으로부터 받은 자금을 운용하여 일정한 기간이 지난 후에 되돌려 줘야하기 때문에 투자자금이 운용기간 동안 이자율변동에 대해 면역되기를 원한다. 자금을 채권으로 구성되는 자산 포트폴리오에 투자할 때 듀레이션을 목표투자기간(보유기간)과 일치시키면 이자율변동에 대해서 재투자수익의 증가(감소)와 자산가격의 감소(증가)가 정확히 상쇄되어 자산가치는 변함이 없게(면역)된다.

예제

목표기간 면역전략

액면가액 10,000원, 액면이자율 연 7%, 만기 3년, 채권수익률 9%인 채권이 있다. 이 채권의 듀레이션을 계산하고, 채권수익률이 9%로 그대로 유지될 경우와 8%로 변화할 경우에 2.80년 후의 이자 재투자수익 증감분과 채권 잔존가치의 증감분을 계산하시오. 단, 채권의 보유기간 동안 이자 재투자수익률은 만기수익률로 재투자된다고 가정한다.

[답]
채권수익률이 9%일 경우의 듀레이션은 다음과 같이 2.80년으로 계산된다.

$$P = \frac{700}{(1+0.09)^1} + \frac{700}{(1+0.09)^2} + \frac{10,700}{(1+0.09)^3} = 9,493.74원$$

$$D = 1 \times \frac{\frac{700}{(1+0.09)^1}}{9,493.74} + 2 \times \frac{\frac{700}{(1+0.09)^2}}{9,493.74} + 3 \times \frac{\frac{10,700}{(1+0.09)^3}}{9,493.74} = 2.80년$$

(1) 채권수익률 9%일 경우 2.80년 후의 투자자의 부는 이자 재투자수익 1,567.42원과 채권잔존가치 10,517.16원의 합인 12,085원이 된다.

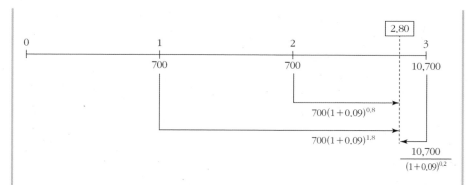

재투자수익: $700(1+0.09)^{1.8} + 700(1+0.09)^{0.8} = 1,567.42$

채권잔존가치: $\dfrac{10,700}{(1+0.09)^{0.2}} = 10,517.16$

(2) 채권수익률 8%로 내릴 경우 2.80년 후의 투자자의 부는 이자 재투자수익 1,548.46원과 채권잔존가치 10,536.56원의 합인 12,085원이 된다.

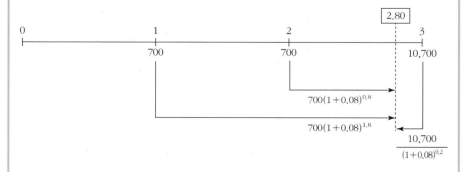

재투자수익: $700(1+0.08)^{1.8} + 700(1+0.08)^{0.8} = 1,548.46$ (19원 감소)

채권잔존가치: $\dfrac{10,700}{(1+0.08)^{0.2}} = 10,536.56$ (19원 증가)

→ 듀레이션(2.80년)을 보유기간(2.80년)과 일치시키면 이자율변동에 대해 가격위험과 재투자위험이 상쇄되어 자산가치(12,085원)가 영향을 받지 않게 된다.

2) 순자산 면역전략(net worth immunization strategy)

이자율위험은 보험회사나 연기금뿐만 아니라 은행 등의 저축기관에게도 공통 관심사이다. 왜냐하면 기업의 순자산가치나 미래 지급의무를 감당할 능력은 이자율에 따라 변동하기 때문이다. 특히 은행 등의 저축기관은 자산과 부채의 만기구조 불일치로 이자율이 변동함에 따라 순자산이 변동하는 구조를 갖고 있기 때문에 이러한 이자율변동위험을 통제하는 면역전략이 필요하다.

일반적으로 은행과 같은 저축기관의 자산은 기업이나 소비자 대출 또는 부동산대출 등으로 구성되는 장기자산이므로 긴 듀레이션을 갖는 반면 부채는 단기부채이므로 짧은 듀레이션을 갖는다. 이자율이 상승할 경우 자산과 부채의 가치는 모두 하락한다. 이때 자산듀레이션이 부채듀레이션보다 길기 때문에 자산의 가치가 부채의 가치보다 더 많이 하락하므로 순자산가치는 크게 하락할 수 있다. 따라서 순자산가치의 변동이 없으려면 자산듀레이션과 부채 듀레이션을 같게 하면 된다.

이자율변동에 대해 순자산(＝자산－부채)가치가 면역된다는 것은 자산가치변화분과 부채가치변화분이 같아지는 것을 의미한다. 식(10-2)에서 채권가격변화분은 듀레이션과 채권가격을 곱한 값에 의해 좌우되므로, 순자산가치변화분이 0이 되려면, 자산듀레이션 $D_{자산}$과 자산시가 $MV_{자산}$을 곱한 값에서 부채듀레이션 $D_{부채}$와 부채시가 $MV_{부채}$를 곱한 값을 차감한 값이 0이 되어야 한다. 만일 자산시가와 부채시가가 같다면, 순자산면역전략은 $D_{자산}$과 $D_{부채}$를 일치시키는 전략이 된다.

$$D_{자산} \times MV_{자산} - D_{부채} \times MV_{부채} = 0 \qquad (10\text{-}8)$$

예제

순자산면역전략

S은행은 10년 후에 21,589.25원을 지급해야 한다. 시장이자율은 8%이며 부채의 현재가치는 10,000원($= 21,589.25 / (1.08)^{10}$)이다. S은행은 4년 만기 무이표채와 듀레이션이 13.5년인 A채권으로 자산포트폴리오를 구성하여 부채를 면역시키고자 한다. 무이표채와 A채권에 각각 얼마나 투자해야 하는가? (단, 이자율은 8%로 변동이 없다고 가정한다.)

[답]
무이표채의 듀레이션은 만기와 동일하므로 4년이고, 면역화를 위해서 자산듀레이션

을 부채듀레이션 10년(부채도 무이표채에 해당)과 일치시켜야 한다.

$$w(4) + (1 - w)(13.5) = 10 \rightarrow w = 0.3684$$

무이표채에 3,684원, A채권에 6,316원 투자해야 하며, 시간이 흐름에 따라 자산듀레이션이 부채듀레이션과 불일치하게 되면 일치시키기 위해 채권포트폴리오를 재설정(rebalancing)해주어야 한다.

(6) 현금흐름일치전략

현금흐름일치전략(cash flow matching strategy)은 자산과 부채의 현금흐름을 정확히 일치시키는 전략이다. 예를 들어 3년 후에 133.1억원을 갚아야 하는 부채를 지고 있을 경우 현재 10% 수익률의 3년 만기 무이표채에 100억원에 투자하면 3년 후에 133.1억원의 투자수익이 발생되어 부채와 상쇄된다. 현금흐름일치전략은 면역전략에 비해 듀레이션을 계산할 필요가 없으며 포트폴리오를 재조정할 필요도 없다. 하지만 이 전략은 부채의 현금흐름과 완벽하게 일치하는 채권을 찾는 것이 불가능하기 때문에 현실적으로 이용하기 어려운 점이 있다.

2. 적극적 채권투자전략

(1) 수익률곡선타기전략

수익률곡선타기전략은 우상향하는 수익률곡선의 형태가 투자기간 동안 계속 유지된다고 예상될 때 이용할 수 있는 전략이다. 수익률곡선이 우상향한다는 것은 단기채권에 비해 장기채권의 수익률이 높다는 의미이다. 수익률곡선타기전략은 수익률곡선상의 롤링효과(rolling effect)와 숄더효과(shoulder effect)를 이용하여 높은 수익을 추구할 수 있다.

롤링효과란 수익률곡선이 우상향의 형태를 가질 때 보유채권의 잔존기간이 짧아지면서 수익률이 하락하여 채권가격이 상승하는 효과를 말한다.

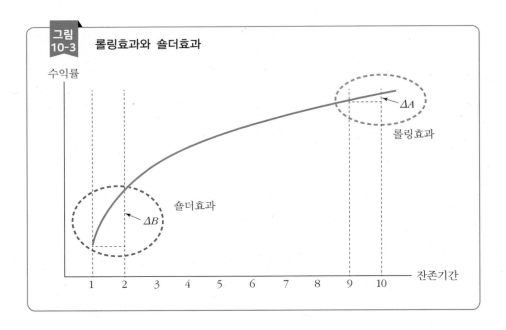

그림 10-3 롤링효과와 숄더효과

수익률

ΔA

롤링효과

숄더효과

ΔB

잔존기간

1 2 3 4 5 6 7 8 9 10

〈그림 10-3〉에서 만기 10년 채권을 매입한 후 1년이 경과하였다면 ΔA만큼 채권수익률이 하락하게 되고 이에 따라 가격이 상승하게 되는 현상을 말한다.

따라서 롤링효과를 이용하여 만기 10년인 채권을 1년 경과 후 매도하여 1년간 이자와 자본이득을 획득한 후 다시 만기 10년인 채권에 투자하여 1년 경과 후 매도하는 수익률곡선타기전략을 반복적으로 수행할 경우 지속적으로 이자와 자본이득을 얻을 수 있어 단순히 만기 10년인 채권을 매입하여 만기 까지 보유하는 것보다 더 높은 수익을 얻을 수 있다.

숄더효과란 〈그림 10-3〉에서처럼 장기채권의 잔존만기가 단축됨에 따른 수익률하락폭(ΔA)보다 단기채권의 잔존만기에 따른 수익률하락폭(ΔB)이 훨 씬 더 크게 나타나는 현상을 말한다. 예를 들어, 투자기간이 1년이라고 할 경 우 만기 10년 채권에 투자하였다가 1년 경과 후에 매도하는 것보다 만기 2년 채권에 투자하였다가 1년 경과 후에 매도하는 것이 보다 높은 투자수익을 얻 을 수 있다.

이러한 수익률곡선타기전략은 수익률곡선의 형태가 당초 기대대로 우상 향하는 형태를 유지하고 있어야만 투자목표의 실현이 가능하다는 한계를 갖 고 있다.

(2) 채권교체전략

채권교체전략(swap strategy)이란 단기적인 이익을 얻기 위하여 현재 포트폴리오에 포함되어 있는 채권을 채권수익률, 세금 및 미래의 수익률 예측 등을 고려하여 수익성이 높은 다른 채권으로 교체하는 것을 말한다.

1) 이자율예상스왑(rate anticipation swap)

이자율예상스왑은 미래의 시장이자율의 변동을 예측하여 수익성이 높은 채권으로 교체하는 전략을 말한다. 예를 들면, 이자율 하락이 예상되면 식(10-2)에서 설명하였듯이 자본이득을 극대화하기 위하여 듀레이션이 큰 채권으로 교체해야 한다. 이 전략은 채권투자의 매입·매도시점을 선택하는 데 도움이 되며 기대수익률은 높지만 예상이 빗나갈 경우 그에 따른 위험도 크다.

2) 시장간스프레드스왑(intermarket or yield spread swap)

서로 다른 종목 간의 수익률 차이(yield spread)가 일시적으로 정상균형에서 벗어나 있다고 믿는 투자자가 추구하는 전략이다. 만약 이종채권들 사이의 수익률 차이가 일시적으로 커서 곧 작아질 것이 예상되면 수익률이 낮은 채권을 수익률이 높은 채권으로 교체하여 자본이득을 얻을 수 있다.

예를 들어, 회사채와 국채의 수익률 추이가 〈그림 10-4〉와 같은 경우를 생각해보자. 회사채와 국채의 스프레드가 너무 커서 향후 작아질 것으로 예상되는 시점(A와 C시점)에서는 국채를 회사채로 교체한다. 왜냐하면 향후 회사채의 수익률하락폭이 국채의 수익률하락폭보다 커서 회사채의 가격상승폭이 국채의 가격상승폭보다 더 클 것으로 예상되기 때문이다. 반면, 회사채와 국채의 스프레드가 향후 커질 것으로 예상되는 B시점에서는 회사채를 국채로 교체하여 투자수익을 극대화한다.

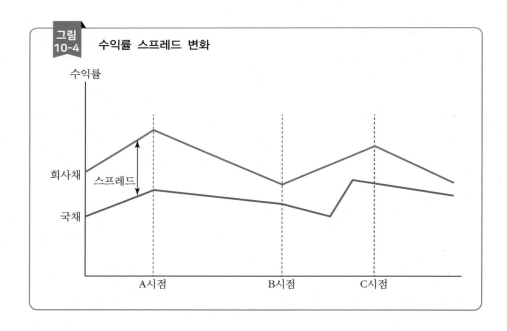

그림 10-4 수익률 스프레드 변화

(세로축) 수익률

회사채

국채

스프레드

A시점   B시점   C시점

3) 대체스왑(substitution swap)

대체스왑은 액면이자율, 만기, 신용등급 등 거의 모든 조건이 동일한 두 채권 간에 일시적으로 가격괴리가 발생할 경우 채권수익률이 낮은(가격이 높은) 채권을 매도하고 채권수익률이 높은(가격이 낮은) 채권을 매입함으로써 두 채권가격의 차이만큼 이익을 얻고자 하는 전략이다.

(3) 상황별 면역전략

상황별 면역전략(contingent immunization)은 Liebowitz and Weinberger (1982)[7]가 제안한 전략으로서 소극적 투자전략과 적극적 투자전략을 혼합한 것이다. 이 전략은 미리 설정해 놓은 투자수익을 얻기 위해서 상황이 유리할 경우에는 적극적으로 채권포트폴리오를 관리해 나가다가 상황이 불리하게 되면 면역전략으로 전환하는 전략이다.

예를 들어 현재 시장의 채권수익률이 10%이고, 10년 뒤에 236.74억원이

---

7 Martin L. Liebowitz and Alfred Weinberger, "Contingent Immunization-Part I: Risk Control procedures," *Financial Analyst Journal* 38, November-December 1982.

필요한 투자자가 100억원을 투자운용 하고자 한다. 이 경우 10년 후에 필요한 236.74억원을 보장받기 위해 안전자산인 10년 무이표채에 투자하는 데 현재 필요한 자금은 91.27억원($=236.74/(1.1)^{10}$)이다. 따라서 8.73억원($=100$억원-91.27억원)은 적극적 투자전략에 사용할 수 있는 투자자금이 된다. 이처럼 상황별 면역전략은 최저수익률을 확보하는 조건하에서 수익극대화를 추구하는 융통성 있는 전략이다.

읽을거리

채권으로 '머니무브' HOW TO 채권 투자

최근 세계 최대 자산운용사 블랙록은 주식과 채권투자 최적 비중을 기존 60 대 40에서 40 대 60으로 바꾸라고 조언했다. '주식 60 : 채권 40' 비중은 최적의 투자수익을 기대할 수 있는 '투자의 정석'으로 통했다. 블랙록이 채권투자 비중을 40%에서 60%로 늘리라고 조언한 것은 앞으로 상당 기간 주식 변동성이 더 커질 것으로 봤기 때문이다.

채권은 주식보다 훨씬 더 큰 시장이지만 국내에서는 다소 홀대받았다. 국내 투자자 기대수익률이 상대적으로 높은 데다 채권 상품 다양성 부족이 작용한 결과다. 이제는 상황이 달라졌다. 기관투자자 전유물로 통하던 채권시장에 뛰어든 개인 투자자가 크게 늘고 있다. 금융사가 내놓은 채권 관련 상품 구색도 한층 다양해졌다.

◇ 알쏭달쏭 채권

금융시장에서 주식에서 채권으로 '머니무브'가 뚜렷하다. 금융투자협회에 따르면 올 7~9월 3개월 동안 개인 투자자는 9조 3,400억원어치의 채권을 순매수했다. 이는 지난해 같은 기간(1조 2,223억원)보다 8배가량 많은 수준이다. 기간을 넓혀도 마찬가지다. 올 들어 지난 9월까지 장외 채권시장에서 개인 투자자는 총 14조 4,393억원의 채권을 순매수했다. 이는 개인이 지난해 한 해 동안 순매수한 채권 규모(4조 5,675억원)보다 3배 이상 많다.

채권투자에 앞서 채권은 주식과 구분되는 몇 가지 속성이 있다는 점을 유념해야 한다. 우선, 채권은 만기와 이자(쿠폰)가 정해져 있는 금융상품이다. 모든 금융상품 가치는 미래현금흐름을 적절한 할인율로 할인해 현재가치로 환산해 평가한다. 채권은 분자인 현금흐름이 고정돼 있는 반면, 분모인 시장금리는 자꾸 변한다. 이런 이유로 채권가격과 금리는 서로 반대로 움직인다. 금리가 하락하면(분모 크기 감소) 채권가격이 오르는 것이다. 통상 만기가 긴 장기채권일수록 금리가 높다. 긴 만기 동안 어떤 일이 발생할지 알 수 없으므로 투자자는 위험에 대한 대가(프리미엄)를 요구한다. 이 때문에 다른 변수가 없다면 장기채 금리는 단기채보다 높다.

채권투자 때 또 한 가지 생소한 개념은 '듀레이션'이다. 듀레이션은 크게 두 가지 의미를 갖는다. 첫 번째는 '평균적인 투자 만기 기간' 정도 개념으로 보면 된다. 쉽게 말해, A금융사가 만기 1년부터 20년까지 수백 개 채권을 갖고 있고 자산 듀레이션이 10년이라면 이 회사는 평균적으로 10년 만기인 자산을 가졌다고 보면 된다.

듀레이션의 두 번째 의미는 금리변동폭에 대한 채권가치의 변화다. 이는 주식 변동성을 뜻하는 베타와 비슷하다. 즉, 금리가 1% 오르거나 내릴 때 채권 가치가 어떻게 변하느냐를 보여주는 지표가 듀레이션이다. 대체로, 만기가 길수록 듀레이션 역시 길어진다. 듀레이션이 길다는 의미는 그만큼 금리 변화에 따른 채권가격 변동성이 크다는 의미다.

◇ 금리 상승기 땐 단기채 유리

금리 상승기에서는 만기가 짧은 단기채를 갖고 있는 게 대체로 유리하다. 이유는 이렇다. 통상 금리가 오르면 채권가격은 하락한다. 그러나 듀레이션에 따라 금리변동폭에 따른 가격변화가 다르다. 즉, 듀레이션이 긴 채권은 금리에 민감하므로 똑같이 금리가 1% 움직여도 가격변동성이 크다. 반대로 듀레이션이 짧은 채권은 금리에 상대적으로 덜 민감하므로, 똑같이 금리가 1% 등락해도 가격 변동성이 낮다.

이 때문에 앞으로 금리가 오를 것으로 예상된다면 하이일드 채권처럼 듀레이션이 상대적으로 짧은 채권을 중심으로 포트폴리오를 짜는 것이 유리하다. 그래야 채권 포트폴리오의 금리 민감도를 낮출 수 있기 때문이다. 금리가 내릴 것으로 예상된다면 정반대 논리로, 듀레이션이 긴 채권을 중심으로 포트폴리오를 짜는 편이 낫다. 통상 금리가 내릴 땐 채권 가격이 오르는데, 듀레이션이 긴 채권일수록 금리 민감도가 높아 가격 상승폭이 크기 때문이다.

다음으로, 채권투자에서 기대할 수 있는 이익은 크게 두 가지다. 첫째는 이자소득이다. 최근 각국 중앙은행의 잇단 금리 인상으로 채권 금리가 크게 뛰었다. 신용 리스크 프리미엄이 붙는 회사채 등 이율은 5%를 웃돈다. 리스크 프리미엄이 가장 낮은 축에 드는 국고채 금리도 4%를 넘어섰다. 한국은행 기준금리 인상이 향후 몇 차례 더 진행될 가능성이 있으나 현재 채권 시장금리는 이를 상당 부분 선반영했다. 따라서, 장기적 관점에서 볼 때 지금 금리는 다시 보기 힘들 만큼 높은 수준이라는 게 시장 시각이다.

둘째는 매매차익이다. 채권은 현금흐름인 이자가 고정돼 있는 상품이므로, 채권가격은 금리와 반대로 움직인다. 지금은 금리 인상으로 채권가격이 빠질 만큼 빠졌다. 이 때문에 수년 저금리 구간에서 상대적으로 비싸게 발행됐던 채권이 현재 시장에서는 할인된 가격에 거래 중이다. 이런 채권을 매수해 만기까지 보유하면 매매차익(액면가 −시장가)에 이자수익까지 노릴 수 있다. 단, 채권투자로 얻는 이자소득은 이자·배당소득세율이 적용되면서 금융소득종합과세 대상이다. 이자수익에는 15.4% 이자소득세가 붙고 금융소득종합과세 대상이 된다. 매매차익에는 따로 세금이 부과되지 않는다. 매매차익은 종합소득세 과세 대상에서도 제외된다. 이런 이유로 할인된 국고채 등을 매수해 만기까지 보유한다면 실질수익률을 더욱 높일 수 있다고 전문가들은 조언한다.

최근 '저쿠폰' 채권에 자금이 몰리는 것도 매매차익과 관련 깊다. 과거 저금리 시기에 낮은 금리로 발행된 저쿠폰 채권은 최근 금리 상승으로 채권가격이 액면가 대비 많이 떨어졌다. 매매차익을 기대할 수 있다는 의미다. 채권투자로 기대할 수 있는 수익 중 이자소득세를 내는 이자수익 비중이 상대적으로 적어 절세에 유리하다. 전문가들은 저쿠폰 채권이 절세 측면에서 연 2~3%포인트 수익률이 높을 것으로 분석한다.

◇ 유의사항은 신용 리스크 꼭 살펴야

채권에 투자할 때도 유의사항이 있다. 주식과 달리 발행사가 망하지 않는다면 원금과 이자를 보장받지만, 예금자 보호가 이뤄지는 예금과는 전혀 다르다. 실제 과거 연 8%대 고금리 후순위채를 발행했던 저축은행들이 2011~2012년 줄줄이 영업정지 되자 1만여 명의 투자자가 2,000억원 넘는 돈을 잃었다. 채권발행 기업이 파산한다면 원금을 잃을 수도 있다.

신용 리스크도 염두에 두자. 채권을 산다는 것은 이자수익을 얻기 위해 채권 발행사에 돈을 빌려주는 것과 같다. 이 때문에 일반적으로 채권 발행사의 신용 리스크가 높을수록 시장에서 요구하는 수익(이자)이 높다. 신용도가 낮은 하이일드(정크본드) 채권은 투자등급 채권보다 채무 불이행 가능성이 상대적으로 높다.

내년 금리 방향도 유의할 필요가 있다. 금융권에서는 내년 상반기 중 금리 고점이 확인될 것으로 보고 있다. 금리 고점이 확인되고 글로벌 경기 불황의 정도에 따라 향후 금리가 일정 수준 하락하면 단기보다는 장기채권 투자수익률이 높아질 수 있다.

출처: 매일경제(www.mk.co.kr), 2022. 10. 21.

10 채권투자전략: 연습문제

Q1. (CFA) 연 6%의 이자를 지급하는 이표채권의 가격이 800원이다. 이 채권의 수정듀레이션은 10년이고, 채권수익률은 8%이다. 채권수익률이 9%로 변할 경우 예상되는 가격변화는 얼마인가? ( )

① 75원 하락   ② 80원 하락

③ 85원 하락   ④ 90원 하락

Q2. (1999 CPA) 시장이자율이 하락할 것으로 예상하는 투자자가 앞으로 1년 동안의 수익률을 극대화하기 위해 취할 수 있는 채권투자전략 중 가장 유리한 것은? ( )

① 상대적으로 액면이자율이 낮은 만기 1년 이상의 장기채를 매각한다.
② 상대적으로 액면이자율이 높은 만기 1년 미만의 단기채를 매입한다.
③ 상대적으로 액면이자율이 낮은 만기 1년 미만의 단기채를 매입한다.
④ 상대적으로 액면이자율이 높은 만기 1년 이상의 장기채를 매입한다.
⑤ 상대적으로 액면이자율이 낮은 만기 1년 이상의 장기채를 매입한다.

Q3. (2003 CPA 수정) 채권투자에 관한 설명 중 가장 옳은 것은? ( )

① 채권수익률 하락이 예상되면 장기채와 액면이자율이 높은 채권에 대한 투자를 증가시킨다.
② 만기가 동일한 채권에서 채권수익률 상승으로 인한 가격하락폭보다 같은 크기의 수익률하락으로 인한 가격상승폭이 더 크다.
③ 무이표채의 듀레이션은 만기에 비해 일반적으로 더 짧다.
④ 수익률곡선타기전략은 수익률곡선이 우하향하는 경우에만 효과적인 전략이다.
⑤ 목표기간면역전략은 대표적인 적극적 채권투자전략이다.

Q4. (2007 CPA) 어표이자를 1년마다 한 번씩 지급하는 채권이 있다. 이 채권의 만기수익률은 연 10%이며, 이 채권의 듀레이션을 구한 결과 4.5년으로 나타났다. 이 채권의 만기수익률이 0.1% 포인트 상승한다면, 채권가격변화율은 근사치로 얼마이겠는가? (단, 채권가격의 비례적인 변화율과 만기수익률의 변화와의 관계식을 이용해야 한다.) ( )

① −0.4286%   ② −0.4091%   ③ −0.2953%

④ −0.2143%   ⑤ −0.2045%

Q5. (2000 CPA) 투자자 K씨는 액면가 100,000원, 표면이자율 연 20%(이자는 매년 말 1회 지급), 만기 2년인 채권의 매입을 검토하고 있다. 1년간의 현물이자율과 그 후 1년간의 선도이자율은 모두 15%로 알려져 있다. 채권가격과 이자율 사이의 볼록성관계는 무시하기로 한다. 이 채권 투자에 따르는 이자율위험을 제거하기 위해 투자기간을 얼마로 해야 하는가? (소수점 아래 셋째 자리에서 반올림할 것) ( )

① 1.57년   ② 1.66년   ③ 1.75년

④ 1.84년   ⑤ 1.93년

Q6. (2001 CPA) 자산의 시장가치가 1,000억원이고 듀레이션이 4년이며, 부채의 시장가치가 700억원이고 듀레이션이 5년인 가상은행이 있다고 하자. 이 은행은 어떤 금리위험에 노출되어 있으며, 이를 줄이기 위해 어떤 조치를 취할 수 있는가? (단, 아래 각 항의 조치는 나머지 변수들에는 영향을 미치지 않는다고 가정) ( )

① 금리상승위험을 줄이기 위해 부채의 시장가치를 줄인다.
② 금리하락위험을 줄이기 위해 부채의 듀레이션을 늘린다.
③ 금리상승위험을 줄이기 위해 자산의 시장가치를 줄인다.
④ 금리하락위험을 줄이기 위해 자산의 듀레이션을 늘린다.
⑤ 금리하락위험을 줄이기 위해 자산과 부채의 듀레이션을 일치시킨다.

Q7. (2002 CPA 수정) 총자산이 100조원이고 자기자본비율이 8%인 금융기관이 있다고 하자. 자산과 부채의 듀레이션은 각각 6년과 4년이다. 이 금융기관의 경영자는 조만간 이자율이 현재 8%에서 9%로 상승한다고 예측하고 대응전략을 강구하고 있다. 만일 이 예측이 사실이라면 주주의 입장에서 얼마만큼의 손익이 발생하는가? (단, 채권가격의 볼록성은 무시한다.) (   )

① 2.148조원 손실 ② 2.008조원 이익
③ 1.525조원 손실 ④ 1.525조원 이익
⑤ 1.945조원 이익

Q8. (CFA) 액면이자율, 만기 및 신용등급은 같지만 채권수익률이 더 높은 다른 채권으로 교체하는 스왑계약은 무엇인가? (   )

① 대체스왑 ② 이자율스왑
③ 세금스왑 ④ 시장간스프레드스왑

10 채권투자전략: 연습문제 해답

Q1. ②

[답]

$$\frac{dP}{P} = -D\left(\frac{dr}{1+r}\right) \;\rightarrow\; dP = -D_M \times dr \times P = (-10)(0.01)(800) = -80$$

Q2 ⑤

[답]

앞으로 이자율 하락이 예상되면 장기채권, 저액면이자율채권, 저만기수익률채권을 매입하면 더 큰 자본이득을 가질 수 있다.

Q3 ②

[답]

① 채권수익률 하락이 예상되면 장기채와 액면이자율이 낮은 채권에 대한 투자를 증가시킨다.

③ 무이표채의 듀레이션은 만기와 일치한다.

④ 수익률곡선타기전략은 수익률곡선이 우상향하는 경우에만 효과적인 전략이다.

⑤ 목표기간면역전략은 소극적 채권투자전략이다.

Q4 ②

[답]

$$dP = -D\left(\frac{dr}{1+r}\right)P \;\rightarrow\; \frac{dP}{P} = -4.5\left(\frac{0.001}{1+0.1}\right) = -0.004091 = -0.4091\%$$

Q5 ④

[답]

이자율변동위험을 회피하기 위해 투자기간을 듀레이션과 일치시키면 된다.

$$D = \frac{t\sum_{t=1}^{M}\dfrac{C_t}{(1+r)^t}}{P} = \frac{1 \times \dfrac{20,000}{(1+0.15)^1} + 2 \times \dfrac{120,000}{(1+0.15)^2}}{\dfrac{20,000}{(1+0.15)^1} + \dfrac{120,000}{(1+0.15)^2}}$$

$$= 1.84$$

Q6   ③

[답]

$D_{자산} \times MV_{자산} (= 4 \times 1,000) > D_{부채} \times MV_{부채} (= 5 \times 700)$ 이므로 이자율 하락 시에 자산가치가 부채가치보다 더 크게 상승하여 이득을 보게 되고, 이자율 상승 시에 자산가치가 부채가치보다 더 크게 하락하여 순자산가치가 감소할 것이다. 따라서 금리상승위험을 줄이기 위해서 ① 자산의 듀레이션을 감소시키든지 자산의 시장가치를 감소시키거나 ② 부채의 듀레이션을 증가시키든지 부채의 시장가치를 증가시키는 조치가 필요하다.

Q7   ①

[답]

$$dP = -D\left(\frac{dr}{1+r}\right)P \rightarrow dP_{(자산)} = -6\left(\frac{0.01}{1.08}\right)(100조원) = -5.555$$

$$dP_{(부채)} = -4\left(\frac{0.01}{1.08}\right)[100조원(1-0.08)] = -3.407$$

$$\therefore \quad dP_{(자기자본)} = dP_{(자산)} - dP_{(부채)} = -5.555 - (-3.407) = -2.148조원$$

Q8   ①

MEMO

PART

05

파생상품투자

11

선물

파생상품은 크게 선물, 옵션, 스왑의 세 축이 있다. 본 장에서는 선물의 이론가격결정모형과 이를 이용한 차익거래전략에 대해서 배운다. 또한 선물을 이용한 위험관리전략에 대해서도 학습한다.

학습목표

- 선물의 개념
- 보유비용모형
- 차익거래전략
- 헷지전략

선물의 개요

1. 선물의 개념

사물이나 현상이 본체로부터 갈려 나와 생기는 것을 파생이라고 한다. 파생상품(derivatives)은 밀, 옥수수, 주식과 같은 현물(기초자산: underlying asset)에서 갈려 나와 생긴 상품으로 기초자산의 가격변화에 따라 변하게 되는 금융상품을 말하는데, 예를 들어, 주식에서 파생된 주식선물, 채권에서 파생된 채권선물 등이 있다. 파생상품은 크게 선물, 옵션, 스왑으로 나눈다. 선물과 옵션은 거래소 내에서 거래되는 장내파생상품이고, 스왑은 거래소 밖에서 거래 당사자들끼리 거래하는 장외파생상품이다.

선물(futures)은 오늘 합의된 가격으로 미래에 물건을 사거나 팔기로 약속하는 계약이다. 미래의 거래를 지금 약속하는 것이다. 즉, 사람들이 필요한 물건이 있을 경우 지금 당장 돈을 주고 물건을 사 오게 되는데 이러한 거래를 현물거래라고 한다. 반면에 지금은 미래 물건가격을 미리 확정하여 계약만 하고 미래시점에 가서 이전에 확정한 가격을 주고 물건을 받는 것을 선물거래라 한다.

이러한 개념을 〈그림 11-1〉을 통하여 좀 더 자세히 살펴보자. 오늘 주식가격이 5만원, 즉 현재현물가격 S_0가 5만원이고, 거래 당사자인 A와 B 두 사람이 선물거래를 한다고 하자. 만약 A가 현재 5만원인 주식가격이 미래에 6만원보다 더 오를 것으로 예상한다면, 미래에 6만원만 주고 주식을 매수하겠다는 계약을 오늘 B와 체결한다. 이때 6만원을 미래시점의 거래가격이라는 의미에서 선물가격(F_0)이라고 한다. 이 경우 A는 오늘 주식선물을 6만원에 매수한 것이며, 따로 돈을 오늘 지급하지 않으므로 '공짜'로 선물을 매수하는 것이 된다.

A의 예상대로 주식의 가격이 올라서 미래 현물가격(S_T)이 9만원이 되었다면 A는 9만원짜리 주식을 선물가격인 6만원만 주고 B로부터 매수한다. 따라서 A는 3만원의 이익($= S_T - F_0 = 9만원 - 6만원$)을 얻고 B는 3만원의 손실을 본다. 예상이 빗나가 미래 현물가격이 예를 들어, 2만원으로 내려가도 A는

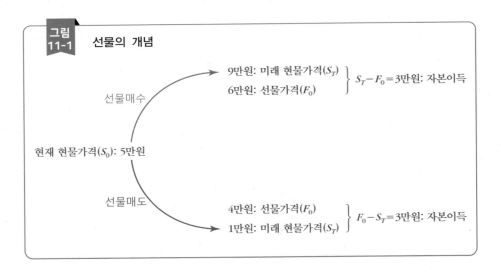

그림 11-1 선물의 개념

선물매수

9만원: 미래 현물가격(S_T)
6만원: 선물가격(F_0) } $S_T - F_0 = 3$만원: 자본이득

현재 현물가격(S_0): 5만원

선물매도

4만원: 선물가격(F_0)
1만원: 미래 현물가격(S_T) } $F_0 - S_T = 3$만원: 자본이득

6만원에 반드시 사야 하는 '의무'가 있고 따라서 2만원짜리를 6만 원에 사므로 손실이 4만원, 반면 B는 이익이 4만원이 된다. 즉 A와 B는 '제로섬 게임(zero-sum game)'을 벌이며, A가 이익이 나면 B는 손실이 나고, A가 손실이 나면 B는 이익이 나게 된다.

이제 반대로 생각해보자. 〈그림 11-1〉에서 만약 A가 현재 5만원인 주식의 가격이 미래에 4만원보다 더 내릴 것으로 예상한다면, 미래에 4만원에 주식을 매도하겠다는 계약을 오늘 B와 '공짜'로 체결한다. A의 예상대로 주식의 가격이 내려서 미래 현물가격(S_T)이 1만원이 되었다면 A는 1만원짜리 주식을 선물가격인 4만원에 B에게 매도한다. 따라서 A는 3만원의 이익($=F_0 - S_T = 4$만원 $- 1$만원)을 얻고 B는 3만원의 손실을 본다. 예상이 빗나가 주식이 예를 들어, 10만원까지 올라도 A는 4만원에 팔아야 하는 '의무'가 있고 따라서 10만원짜리를 4만원에 팔기 때문에 손실이 6만원, 반면 B는 이익이 6만원이 된다. 즉 이번에도 A와 B는 '제로섬 게임'을 벌인 것이다.

정리해보면, 가격이 오를 것으로 예상될 경우 선물을 매수하고, 가격이 내릴 것으로 예상될 경우 선물을 매도한다. 또한, 선물은 현재시점에서 '공짜'로 사고팔고, 만기 시에 손실을 보든 이익을 내든 매수했으면 반드시 사야 하고 매도했으면 반드시 팔아야만 하는 '의무'가 있으며, 매수자와 매도자는 항상 서로 '제로섬 게임'을 벌이게 된다는 특징을 가지고 있다.

2. 선물의 기능 및 종류

(1) 선물의 기능

1) 가격예시

〈그림 11-1〉에서 오늘 주식가격이 5만원인데 왜 A와 B는 선물이 만기가 되는 시점에 6만원에 주식을 서로 사고팔기로 했을까? A와 B는 선물시장 참여자로서 선물만기일에 주식가격이 얼마가 될지 고민하면서 수많은 정보에 근거하여 6만원이 가장 적정한 가격이라고 예측한 것이다. 따라서 선물가격을 쳐다보면 미래에 현물가격이 얼마가 될지 힌트를 얻을 수 있다.

즉, 선물시장은 현물시장에 현물가격의 움직임에 대한 정보를 지속적으로 제공하는 사회적 기능이 있으며 이를 선물의 가격예시(price discovery) 혹은 가격발견이라고 한다. 예를 들어, 오늘 주식가격이 5만원이고 3개월 후가 만기인 주식의 선물가격이 6만원이라고 하자. 이 경우 주식의 선물가격을 통해 주식의 현물가격이 3개월 후에는 1만원 더 오른 6만원 정도가 될 것이라고 예측할 수 있다.

2) 헷징

선물의 가장 중요한 기능은 위험관리기능이다. 위험관리를 다른 말로 헷징(hedging)이라고도 한다. 〈그림 11-1〉에서 지금 S주식을 이미 가지고 있는 C라는 사람이 향후 가격이 많이 떨어질 것이 우려된다고 하자. 가격하락이 우려되면 선물을 매도하여 헷징할 수 있다. 주식가격이 5만원에서 1만원으로 내려가면 4만원만큼 손실을 본다. 하지만 선물을 매도하여 1만원짜리를 4만원에 팔기 때문에 선물에서 3만원만큼 이익($= F_0 - S_T = 4 - 1$)을 얻는다. 따라서 순손실은 1만원이 된다. 이때 C처럼 현물을 보유하고 있는 투자자가 현물가격의 움직임으로 인한 손실을 줄이기 위해 선물을 거래하는 사람을 헷저(hedger)라 한다.

반대로 가격상승이 우려되면 선물을 매수하여 헷징할 수 있다. 예를 들어, 제빵회사의 경우 밀가루가격이 급격히 상승할 것이 우려되면 밀가루선물을 매수하여 헷징할 수 있다. 다른 예로 채권에 많은 돈을 투자한 사람이 있는데 한 달 후에 채권이 만기가 되면 목돈이 생길 것이고 이 돈을 주식에 투자할 계획이다. 하지만 앞으로 한 달 동안 주가가 급격히 상승할 것이 우려된다. 이 경우 주식선물을 매수하면 헷징할 수 있게 된다.

3) 투기

투기(speculation)는 현물포지션을 따로 취하지 않고, 선물시장에서 선물가격이 오를 것 같으면 선물을 사고, 내릴 것 같으면 선물을 파는 것이다. 그럼 투기는 무조건 나쁜 것인가? 그렇지 않다. 예를 들어, 100명의 헷저들이 선물을 매도하고 70명의 헷저들이 선물을 매수한다고 하자. 이 경우 30명의 헷저들은 선물을 매도할 수 없게 되고, 30명이 모두 선물을 매도하고자 하므로 선물가격이 상당히 많이 내려가게 된다.

이때 투기자(speculator)들은 매우 낮은 선물가격이 곧 다시 오를 것으로 보면서 30명의 헷저들로부터 아주 싼 가격으로 선물을 매수하게 된다. 투기적 거래가 없다면 헷저는 원하는 시점에 헷징을 위한 거래를 원활히 할 수 없게 된다. 결국 위험회피자인 헷저로부터 위험선호적인 투기자로 위험이 이전된다고 볼 수 있다.

(2) 선물의 종류

초기의 선물거래는 곡물거래 중심이었으나 양적·질적으로 비약적인 발전을 거듭하여 현재는 〈그림 11-2〉와 같이 선물거래의 대상 상품이 크게 확대되었다. 선물은 그 대상에 따라 상품선물(commodity futures)과 금융선물(financial futures)로 분류할 수 있다.

최초의 상품선물은 19세기 중반에 농산물을 대상으로 시카고상품거래소(CBOT: Chicago Board of Trade)에서 시작되었으며, 오늘날에는 농산물 외에도 축산물, 에너지, 귀금속, 비금속 등을 대상으로 거래하고 있다. 금융선물은 시카고상업거래소(CME: Chicago Mercantile Exchange)에서 1972년에 통화선물, 1982년에 S&P500을 기초자산으로 하는 주가지수선물을 도입하였으며, 1975

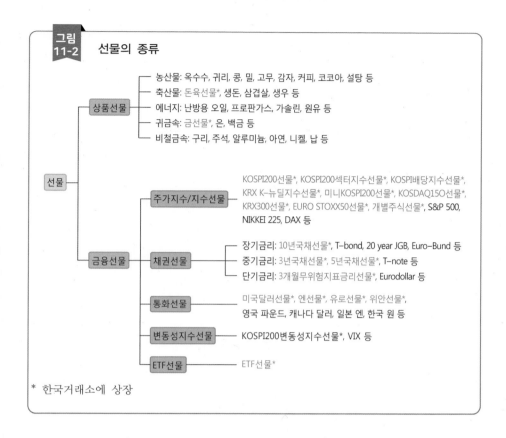

그림 11-2 선물의 종류

```
선물 ─┬─ 상품선물 ─┬─ 농산물: 옥수수, 귀리, 콩, 밀, 고무, 감자, 커피, 코코아, 설탕 등
      │            ├─ 축산물: 돈육선물*, 생돈, 삼겹살, 생우 등
      │            ├─ 에너지: 난방용 오일, 프로판가스, 가솔린, 원유 등
      │            ├─ 귀금속: 금선물*, 은, 백금 등
      │            └─ 비철금속: 구리, 주석, 알루미늄, 아연, 니켈, 납 등
      │
      └─ 금융선물 ─┬─ 주가지수/지수선물 ─ KOSPI200선물*, KOSPI200섹터지수선물*, KOSPI배당지수선물*,
                   │                      KRX K-뉴딜지수선물*, 미니KOSPI200선물*, KOSDAQ150선물*,
                   │                      KRX300선물*, EURO STOXX50선물*, 개별주식선물*, S&P 500,
                   │                      NIKKEI 225, DAX 등
                   │
                   ├─ 채권선물 ─┬─ 장기금리: 10년국채선물*, T-bond, 20 year JGB, Euro-Bund 등
                   │            ├─ 중기금리: 3년국채선물*, 5년국채선물*, T-note 등
                   │            └─ 단기금리: 3개월무위험지표금리선물*, Eurodollar 등
                   │
                   ├─ 통화선물 ─ 미국달러선물*, 엔선물*, 유로선물*, 위안선물*,
                   │             영국 파운드, 캐나다 달러, 일본 엔, 한국 원 등
                   │
                   ├─ 변동성지수선물 ─ KOSPI200변동성지수선물*, VIX 등
                   │
                   └─ ETF선물 ─ ETF선물*
```

* 한국거래소에 상장

년에는 시카고상품거래소에서 금리선물을 시작하였다.

한국거래소에서는 〈그림 11-2〉에서 보듯이 크게 상품선물과 금융선물이 상장되어 있다. 상품선물로는 돈육선물과 금선물이 상장되어 있고, 금융선물로는 주식시장, 채권시장, 외환시장에서 거래되는 현물을 기초자산으로 하는 다양한 금융파생상품이 상장되어 있다.

우리나라 최초의 상품선물은 1999년 4월에 상장된 금선물이다. 그 당시 상장되었던 금선물은 순도 99.99% 이상의 금지금(gold bar) 1kg을 기초자산으로 삼았다. 2010년 9월에는 금선물의 거래단위를 1/10로 축소한 미니금선물도 상장되었다. 하지만 거래부진으로 2015년 11월 19일에 금선물과 미니금선물은 모두 상장 폐지되었고, 기존의 미니금선물을 개선한 금선물이 2015년 11월 23일에 한국거래소의 유일한 금선물로 새롭게 상장되었다. 이 금선물은 원래의 거래단위를 1/10로 낮추어 금지금 100g을 기초자산으로 하였다. 또한, 선물만기일에 실제로 금현물 100g을 사고파는 기존의 실물인수도 방식에서 벗어나 현금결제방식을 도입하였다. 즉, 현재의 거래시점에서 예측한 미래시점의 금가격에 해당하는 금선물가격(F_0)과 만기일에 실제로 형성된 금현물가격(S_T)과의 차액을 주고받게 된다.

2008년 7월에 도입된 돈육선물은 돼지가격의 변동위험을 헷지하기 위하여 1계약당 1,000kg에 해당하는 돈육대표가격을 사거나 팔 것을 약정하는 선물거래이다. 돈육선물은 돈육대표가격이 거래대상이기 때문에 실제로 돈육을 사고파는 것이 아니고, 현재의 거래시점에서 정해놓은 돈육대표가격과 만기일에 실제로 형성된 돈육가격과의 차액을 주고받는 현금결제방식을 취한다.

주식시장에서의 대표적인 선물로는 1996년 5월에 최초로 상장된 KOSPI200선물이 있다. 이후, 2001년 1월에 도입된 KOSDAQ50선물이 2005년 11월에 상장폐지 되고 대신 상장된 스타지수선물도 코스닥시장에 대한 대표성이 미흡하여 2015년 11월 23일에 상장폐지되고, 같은 날 기술주 중심의 코스닥시장 특성을 반영한 KOSDAQ150선물이 상장되었다.

2015년 7월에는 KOSPI200선물의 1계약금액을 1/5(거래승수 25만원 → 5만원)로 축소한 미니KOSPI200선물을 상장하였고, 2018년 3월에는 유가증권시장과 코스닥시장을 아우르는 우량기업으로 구성된 KRX300지수를 기초자산으로 하는 KRX300선물도 상장하였다.

2014년 11월에는 정교한 위험관리를 위해서 KOSPI200섹터지수선물을 도입하였다. 현재 KOSPI200에너지/화학, KOSPI200정보기술, KOSPI200금융, KOSPI200경기소비재, KOSPI200건설, KOSPI200중공업, KOSPI200헬스케어, KOSPI200철강/소재, KOSPI200생활소비재, KOSPI200산업재를 기초자산으로 하는 KOSPI200섹터지수선물이 거래되고 있다.

또한, KOSPI고배당50지수와 KOSPI배당성장50지수를 각각 기초자산으로 하는 KOSPI배당지수선물도 2015년 10월에 상장되었다. 2016년 6월에는 최초로 해외주가지수를 기초자산으로 하는 선물인 EURO STOXX50선물이 상장되었다. EURO STOXX50선물의 기초자산은 유로존 12개 국가의 증권시장에 상장된 주권 중 50종목에 대하여 지수산출전문기관인 STOXX가 산출하는 EURO STOXX50지수이다. 2021년 7월에는 최근 우리나라 주식시장을 선도하는 주도산업인 2차전지, 바이오, 인터넷, 게임 등 4개 산업군의 대표기업으로 구성된 KRX BBIG K-뉴딜지수를 기초자산으로 하는 KRX K-뉴딜지수선물을 상장하였다.

2008년 5월에는 개별주식을 기초자산으로 하는 개별주식선물이 도입되었다. 개별주식선물의 기초자산은 주식시장에 상장되어 있고 유통주식수가 200만주 이상, 소액주주수가 2,000명 이상, 1년간 총거래대금이 5,000억원 이상인 보통주식 중에서 시가총액과 재무상태 등을 감안하여 선정한 기업이 발행한 주식을 대상으로 한다.

이외에도 KOSPI200옵션가격을 이용하여 미래(30일) KOSPI200의 변동성을 나타낸 지수(V-KOSPI 200)를 기초자산으로 하는 KOSPI200변동성지수선물이 2014년 11월에 상장되었고, 2017년 6월 26일에는 주식시장에 상장되어 있는 ETF를 기초자산으로 하는 ETF선물도 상장되었다.

채권시장에서의 대표적인 선물은 1999년 9월에 도입된 3년국채선물이다. 3년국채선물 외에도 단기채권의 헷지를 위해 1999년 4월에 도입된 CD금리선물이 있었으나 2007년 12월에 상장폐지되었고, 2002년 12월에 통안증권금리선물도 도입하였으나 역시 유동성 부족으로 2011년 2월에 상장폐지되었다. 이후 단기금리 위험관리 수단 제공하기 위해 2022년 3월에 3개월무위험지표금리선물을 상장하였다. 또한, 만기 5년 이상인 국고채권의 장기물 발행물량이 늘어나면서 2003년 8월에 5년국채선물을 상장하였고, 2008년 2월에는 10년국채선물이 상장되어 거래되고 있다.

외환시장에서의 대표적인 선물은 1999년 4월 선물거래소 개장과 더불어 도입된 미국달러선물이 있다. 이후, 수출입 및 외국인 투자 확대에 따른 엔화와 유로화의 거래 증가, 환율의 변동성 증가 등으로 이들 외화에 대한 적극적인 환위험헷지의 필요성이 대두되면서 2006년 5월에 엔선물과 유로선물이 상장되었고, 2015년 10월에는 위안선물이 추가로 상장되었다.

미국 나스닥, 세계 최초로 연말 '물 선물' 거래 … 석유보다 '물' 걱정

'인디언 기우제'라는 말은 인디언이 기우제를 지내면 반드시 비가 온다는 뜻이다. 비가 올 때까지 기우제를 지내기 때문에 결과적으로는 100% 효과가 있는 셈이다. 요즘은 무리해서라도 버틴 후 원하는 결과를 내는 것을 꼬집는 말로 쓰기도 하지만 제대로 된 일기예보가 힘들던 시절 인디언들이 물을 얼마나 간절히 원했는지를 보여주는 말이기도 하다.

21세기인 올해 연말, '글로벌 금융시장의 심장부'로 불리는 미국 금융시장에서는 전 세계에서 처음으로 '물' 선물 거래가 이뤄질 것이라는 소식이 나왔다. 23일(현지시간) 월스트리트 저널(WSJ)은 시카고상품거래소(CME)와 나스닥증권거래소가 손잡고 연말 물 선물(futures)을 시장에 출시할 것이라고 전했다.

나스닥글로벌지수의 패트릭 울프 선임 책임자는 이날 WSJ 인터뷰에서 "물 선물 출시는 전 세계 최초이며, 현재 물 가격이 불투명하기 때문에 선물거래를 통해 물 수요·판매자들에게 기준점을 보여줄 수 있을 것"이라고 말했다. 그는 "한편으로는 물도 원유나 콩(대두), 구리처럼 투자대상이 되었다는 의미"라고 설명했다. 물 선물 출시 작업에 협력한 발레스 사의 랜스 쿠건 최고경영자(CEO)도 "세상에서 가장 중요한 것이 물"이라면서 "농부뿐 아니라 물을 많이 쓰는 산업 분야실수요자들, 인플레이션이나 기후변화 위험을 완화(hedge)하려는 투자자들이 물 선물 거래에 나설 것으로 본다"고 말했다.

선물은 옵션과 더불어 대표적인 파생상품으로 꼽힌다. 선물이란 원유나 금·은, 구리, 커피처럼 실제로 존재하는 중요 자원(현물·spot)가격이 앞으로 어떻게 널뛸지 모르기 때문에 이런 불확실성(위험)에 대비하기 위해 미래의 특정시점(만기) 가격을 예상해서 미리 정해 놓은 금융상품이다. 현재시점에서 선물을 사고 팔면서 가격변동위험에 대비하자는 취지에서 만들어졌다. 나스닥은 MAGA(마이크로소프트·애플·구글알파벳·아마존)와 테슬라 같은 기술기업들이 상장하는 곳으로 유명하지만 최근 들어서는 물에 관심을 보이고 있다. 울프 선임 책임자에 따르면 물 선물은 10개월물 단위로 최대 2년간 거래할 수 있다. 선물거래 단위를 계약(contract)이라고 하는데 1계약은 물 10에이커-피트(약 330만 갤론·약 1,249만 리터)를 대상으로 한다. 가격은 미국 최대 농업지대이자 가뭄이 심각한 캘리포니아 지역 물값을 기반으로 한다.

이와 관련해 영국 런던에 본사를 둔 발레스는 지난 2018년 10월 나스닥과 손잡고 '캘리포니아 물 지수'를 만들었다. 해당 지수에 따르면 이달 16일 물 1에이커-푸트(농사용 물 수량 단위로 약 124만 9,000리터) 가격은 526.40달러(약 61만 7,000

원)이다. 올해 초여름보다 25% 떨어진 가격인데, 6월에는 앞서 겨울에서 봄에 걸친 캘리포니아 최악의 가뭄사태로 700달러를 넘어선 바 있다. 기후변화 탓에 불과 석 달 새 물값이 25% 움직인 셈이다.

미국 캘리포니아주에 사는 농부가 물 선물을 미리 구매하면 가뭄이나 대형 산불 탓에 물 가격이 치솟더라도 자신이 구매한 선물계약에 따라 미리 정해진 가격에 물을 사서 쓸 수 있다. 투자자들은 스프레드(spread · 만기에 따른 선물 가격 차이)로 이익 · 손실을 보게 되는 구조다.

다만 쿠건 CEO는 원유 등 다른 선물시장과 달리 물 선물은 만기가 됐을 때 선물 보유자가 330만 갤런이나 되는 물을 실제로 인도받아야 하는 것은 아니라고 설명했다. 서부산텍사스유(WTI) 선물은 만기가 된 경우에는 선물 보유자가 오클라호마주 쿠싱의 원유 파이프라인 교차점에서 실제 원유 1,000배럴을 건네받아야 한다.

물 선물 출시 소식은 20세기에는 민간인 유인 우주선을 쏘아올리는 식의 21세기 과학기술 발전에도 불구하고 정작 대형 산불이 빈발하는 기후변화로 인해 쓸만한 물을 구하기 힘든 현실을 반영한 것이다. 과거에 '석유 고갈론'이 고개를 들었다면 이제는 물 부족 사태를 걱정하는 목소리가 커졌다.

특히 캘리포니아는 기후변화에 따른 가뭄과 대형 산불이 두드러진 지역이다. 23일 개빈 뉴섬 캘리포니아 주지사는 이산화탄소 등 유해 물질 배출을 줄이기 위해 15년 후 휘발유 자동차 판매를 금지한다는 행정명령에 이날 서명했다. 새 자가용 자동차와 픽업 트럭인 경우 오는 2035년부터 캘리포니아에서는 전기자동차(EV)이거나 수소차인 경우만 판매가 허용되고 중대형 화물차는 가능하면 오는 2045년부터 휘발유 차량 판매를 금지하는 방안을 찾으라는 내용이다. 앞서 캘리포니아는 오는 2045년까지 풍력과 태양열 등 친환경에너지로만 전력을 사용한다는 법을 통과시키기도 했다.

캘리포니아에서는 올해에만 360만 에이커(약 1만 4,569㎢)에 달하는 면적이 불탔다. 최근 몇 년 새 일대에서 대형 산불이 잦아지면서 미국 서부 최대 전력회사인 퍼시픽 가스앤드일렉트릭(PG&E)은 지난해 파산보호신청을 하기도 했다.

물 선물이 나오는 것은 올해가 처음이라고 하지만 물 관련 금융상품은 이미 거래가 이뤄지고 있다. 국내에선 삼성글로벌워터증권투자신탁이 거래를 한 적이 있고 미국에서는 전 세계 물 관련 기업에 투자하는 파워셰어스 워터 리소시스(PowerShares Water Resources) · 퍼스트 트러스트 워터(First Trust Water) 같은 상장지수펀드(ETF)가 거래 중이다.

유명한 물 투자자도 있다. 영화 '빅쇼트' 주인공 마이클 버리다. 빅쇼트는 지난 2008년 금융위기를 앞두고 모기지론(미국판 주택담보 대출) 부실 관련 기업 파산에 베팅한 공매도 투자자들의 실제 이야기를 그린 영화다. 버리는 예상대로 금융위기가 발생하자 큰 돈을 벌었고 이후에는 자신이 운영하던 헤지펀드를 청산하고 '물' 개인 투자

11.2 SECTION / KOSPI200선물

1. KOSPI200선물의 개요

우리나라 파생상품시장에서는 다양한 선물이 상품별로 표준화된 거래조건으로 거래되고 있다. 이 중 KOSPI200선물은 한국거래소에 상장된 200개 주식의 평균값인 KOSPI200이라는 주가지수를 거래대상(기초자산)으로 삼고, KOSPI200 1포인트당 25만원을 곱한 금액을 거래단위로 정하고 있다. 예를 들어, 오늘 300포인트 하는 KOSPI200선물을 1계약 매수하였다면, KOSPI200선물 1계약의 거래단위는 75,000,000원(=300포인트×1계약×25만원)이 된다.

KOSPI200선물의 호가는 예를 들어, 300.00, 300.05, 300.10처럼 0.05포인트 간격으로 호가한다. 이 호가단위를 금액으로 환산하면 12,500원(=0.05포인트×25만원)이다. 따라서 KOSPI200선물가격의 상승과 하락이 0.05포인트 간격으로 움직인다는 것은 12,500원만큼 가격이 오르거나 내린다는 의미이다.

한편, KOSPI200선물의 상장결제월은 매 분기 마지막 월인 3월, 6월, 9월 12월을 결제월로 정하여 3년 이내 7개 결제월(3, 9월: 각1개, 6월: 2개, 12월: 3개)이 상장되어 거래된다.[1] 그리고 KOSPI200선물의 최종거래일은 3월, 6월, 9월, 12월의 두 번째 목요일이며 최종결제일은 최종거래일(T)의 다음 거래일($T+1$)로 정하여 놓고 있다.[2]

---

1 예를 들어, 오늘이 10월 25일이라면 12월물, 내년 3월물, 6월물, 9월물, 12월물, 내후년 6월물, 12월물이 상장되어 거래된다. 따라서 항상 3월물과 9월물 각 1개, 6월물 2개, 12월물 3개가 상장된다.

2 예를 들어, 9월물은 9월의 두 번째 목요일까지 거래가 되며, 금요일에 인수도가 이루어진다.

표 11-1	한국거래소 주요 선물 거래명세			
구분	KOSPI200선물	3년국채선물	미국달러선물	금선물
기초자산	KOSPI200	표면금리 5%, 6월단위 이지지급방식의 3년 만기 국고채권	미국달러화(USD)	순도 99.99% 이상 1kg 벽돌모양 직육면체 금지금
거래단위	KOSPI200× 25만원	액면 1억원	US $10,000	100g
결제월	3, 6, 9, 12월	3, 6, 9, 12월	분기월 중 12개, 그 밖의 월 중 8개	2, 4, 6, 8, 10, 12월 중 6개와 짝수월이 아닌 월 중 1개
상장 결제월	3년 이내 7개 결제월(3, 9월: 각 1개, 6월: 2개, 12월: 3개)	6월 이내의 2개 결제월	총20개(1년이내 매월, 1년초과 매분기월 상장)	총7개(2, 4, 6, 8, 10, 12 결제월 거래: 1년, 그 밖의 결제월 거래: 2개월)
가격표시 방법	코스피200선물 수치(포인트)	액면 100원당 원화(백분율방식)	US $1당 원화	원/g
호가가격 단위	0.05포인트	0.01포인트	0.10원	10원/g
최소가격 변동금액	12,500원 (25만원×0.05)	10,000원 (1억원×0.01× 1/100)	1,000원 ($10,000×0.10원)	1,000원 (100g×10원)
거래시간	09:00-15:45 (최종거래일: 09:00-15:20)	09:00-15:45 (최종거래일: 09:00-11:30)	09:00-15:45 (최종거래일: 09:00-11:30)	10:15-15:45 (최종거래일: 10:15-15:20)
최종 거래일	결제월의 두 번째 목요일	결제월의 세 번째 화요일	결제월의 세 번째 월요일	결제월의 세 번째 수요일
최종 결제일	최종거래일의 다음 거래일	최종거래일의 다음 거래일	최종거래일로부터 기산하여 3일째 거래일	최종거래일의 다음 거래일 16:00시
최종결제 방법	현금결제	현금결제	인수도결제	현금결제

인수도가 이루어질 때 KOSPI200선물의 거래대상인 KOSPI200은 200개 주식으로 산출된 주가지수이고 만일 최종결제 시에 실제로 주식실물을 인수도 해야 한다면 200개 주식을 한꺼번에 동시에 매매하여 인도해야 하는 불편함이 있게 된다. 따라서 200개 주식의 가격을 지수화하여 1포인트당 25만원씩 주고 받기로 정하여 현금결제를 한다.

예를 들어, A가 3개월 후 두 번째 목요일에 KOSPI200을 300포인트에 사기로 했다고 하자. 3개월 후 두 번째 목요일이 되었을 때 KOSPI200이 320포인트가 되면 $20(=S_T-F_0=320-300)$포인트만큼 이익이 발생하게 된다. 이때 A는 KOSPI200 20포인트의 이익을 돈으로 환산하여 받게 된다. 즉, 1포인트당 25만원을 곱하여 500만원(=20포인트×1계약×25만원)의 현금을 받는다.

예제

KOSPI200선물

2월 1일 KOSPI200선물시세가 아래와 같다.

(단위: 포인트, 계약)

종 목	종 가	전일대비	시 가	고 가	저 가	거래량
KOSPI200	273.12	−5.33	274.80	275.95	273.12	116,192
3월물	274.15	−4.65	275.05	276.50	273.25	403,486
6월물	275.10	−5.20	277.50	278.05	275.00	1,710
9월물	280.60	−1.90	0.00	0.00	0.00	0
12월물	276.50	−8.10	275.25	276.50	275.25	25

(1) 위의 KOSPI200선물시세표에서 현재 현물가격은?

(2) KOSPI200선물 3월물 1계약을 274.15에 매수하여 선물만기일인 3월 10일(목)까지 보유할 경우 만기일의 현물가격이 278.72라면 얼마만큼의 이익 혹은 손실이 발생하는가?

(3) 위의 경우 예상이 빗나가 만기일의 현물가격이 263.65로 내려가면 얼마만큼의 이익 혹은 손실이 발생하는가?

(4) 현재 1,000억원어치의 주식을 보유하고 있는 펀드매니저가 향후 주가가 하락할 것이 우려되어 KOSPI200선물 3월물 800계약을 274.15에 매도하였다. 실제로 주가가 하락하여 주식가치가 950억원이 되었고 만기일의 현물가격이 250.45까지 하락할 경우 선물포지션으로부터의 손익은

얼마인가?

[답]

(1) 273.12

(2) $(278.72 - 274.15) \times 25$만원 $\times 1$계약 $= 1,142,500$원

(3) $(263.65 - 274.15) \times 25$만원 $\times 1$계약 $= -2,625,000$원

(4) $(274.15 - 250.45) \times 25$만원 $\times 800$계약 $= 4,740,000,000$원　이익

2. KOSPI200선물의 가격결정

(1) 이론가격

　　선물거래는 미래에 물건을 인수도하는 계약을 현재 하는 것이다. 따라서 미래에 물건가격이 어떻게 형성될지에 대한 예측이 선물가격에 반영된다. 미래물건가격이 오르리라고 예상되면 선물을 많이 사게 되어 선물가격이 오르게 되고, 반대로 미래물건가격이 내릴 것으로 예상되면 선물을 많이 팔게 되어 선물가격이 내리게 된다. 그렇다면 이론적으로 현물과 선물의 가격 간에는 어떠한 관계가 성립될지 상품선물을 가지고 직관적으로 생각해보자.

　　예를 들어, 금 1톤이 1,000억원이라고 할 때, A가 6개월 후에 금 1톤을 1,100억원에 현물로 매도하는 것과 금 1톤을 6개월 후에 매도하기로 약속하는 선물매도를 비교해보자.

　　첫째, 현물매도의 경우이다. A가 1,000억원을 빌려서 현물시장에서 금 1톤을 사서 보유하고 있다가 1년 후에 판매할 경우, 보유하는 기간 동안 1,000억원 차입에 대한 이자 40억원, 금 1톤을 안전하게 창고 등에 보관하는 보관비용 30억원, 보유하는 동안 화재나 도난 등에 대비한 보험료 30억원이 든다. 1년 후에 A는 금가격 1,000억원에 이러한 부대비용(이자비용, 보관비용, 보험료 등)을 합하여 1,100억원에 매도한다고 하자.

　　둘째, 선물매도의 경우이다. 현재 A는 만기 1년인 금선물을 1,300억원에 선물매도계약을 하고, 만기 시에 A는 선물매도 계약을 이행하여 금을 내주고

1,300억원을 받는다고 하자.

현물시장을 이용하여 금을 팔 경우 1년 후에 1,100억원을 받지만, 선물시장을 이용하여 금을 팔 경우에는 1년 후에 1,300억원을 받게 된다. 1년 후 시점에서 보면 동일한 금 1톤에 대해서 현물가격이나 선물가격이 동일해야 하는데, 선물을 이용하여 매도할 경우 200억원의 차익을 얻을 수 있게 된다.

이와 같은 차익거래기회가 존재한다면 많은 투자자들이 이익을 얻기 위해 선물을 매도하고 현물을 매수할 것이다. 선물매도가 많아져 선물공급이 증가하면 선물가격이 내려가고, 현물매수가 많아져 현물수요가 증가하면 현물가격이 올라가게 된다. 선물가격의 하락과 현물가격의 상승은 이익을 얻을 수 없을 때, 즉 이자비용, 보관비용, 보험료 등의 보유비용(cost-of-carry)[3]까지 고려한 가격이 일치하여 이익이 존재하지 않을 때까지 가격조정이 계속될 것이다. 이는 선물이론가격이 현물가격에 보유비용을 고려하여 결정됨을 의미한다.[4]

선물이론가격 = 현물가격 + 보유비용   (11-1)

결국, 선물과 현물은 대상물(거래대상인 기초자산)의 인수도 및 대금지불 시점만 다를 뿐 실질적으로 동일한 투자대상물이므로 선물계약 이행시점(선물만기일)에는 선물과 현물의 구별이 없어지고 수렴(convergence)[5]하게 되어, 이

---

3 보유비용이란 현재부터 인수도하는 날까지 현물을 보유하는 데 관련된 비용으로서 보관비용(storage costs), 보험료(insurance costs), 운송비용(transportation costs), 이자와 같은 금융비용(financing costs) 등을 말한다. 보관비용은 선물의 만기일까지 현물을 창고에 보관할 경우 발생하는 비용이다. 보험료는 만기일까지 현물을 보관할 경우 그동안 발생할지도 모르는 화재나 상품의 변질에 대비하여 지불하는 비용이다. 운송비용은 대상자산을 인수도 장소까지 운송할 때 드는 비용이다. 이자는 현물을 매수하여 만기일까지 보관할 경우 발생하는 현물매수자금의 기회비용을 말한다.

4 현물가격에 보유비용을 고려하여 선물이론가격이 된다는 것을 직관적으로 보면, 만기 시에 인도할 현물을 매수하기 위해서 필요한 자금을 조달하고 이에 대한 이자를 지급해야 하는 선물매도자는 이자비용을 선물가격에 반영하여 보상받으려 할 것이기 때문에 이자가 클수록 선물가격이 오르게 된다. 이자비용뿐만 아니라 인도할 현물을 보유하는 데 소요되는 보관비용, 창고비용, 보험료 등도 선물가격에 반영되지 않으면 아무도 선물을 매도하려고 하지 않기 때문에 이러한 비용들이 모두 선물가격에 반영되어 이들 비용이 클수록 선물가격이 커진다.

5 만기일이 다가올수록 선물가격과 현물가격이 접근하여 만기일에는 선물가격과 현물가격이 같아지는데 이를 수렴이라고 한다. 이를 직관적으로 봐도 선물의 이론가격을 구성하는 요소인 이자비용, 보관비용, 보험료 등이 만기일에는 없기(0) 때문에 선물가격과 현물가격이 동일해진다.

론적인 선물가격은 현물가격에 보유비용을 고려한 가격이 되고 현물과 선물에 대한 투자결과는 동일해야 한다.

KOSPI200선물은 금융상품이기 때문에 여러 보유비용 중 오직 금융비용인 이자만 존재하므로 이론선물가격은 식(11-2)로 나타낼 수 있고, 이를 보유비용모형(cost-of-carry model)이라 부른다. 미래 인수도 되는 선물가격은 현재 현물가격에 보유비용이 고려된 가격이 되므로 KOSPI200선물을 매수하는 것은 자금을 빌려서 주식을 매수하는 것과 같다. 주식매수의 경우 빌린 자금에 대한 이자가 추가비용이 되지만 배당은 수입이 되므로 이자에서 배당을 차감해야 선물매수의 경우와 같아진다.[6]

$$F_0 = S_0\left(1 + r \times \frac{T}{365}\right) - \sum d_t \tag{11-2}$$

(2) 차익거래전략

차익거래란 위험을 추가로 부담하지 않고 두 개 이상의 투자대상에 동시에 투자하여 가격의 불일치를 이용하여 차익을 얻는 거래이다. 예를 들어, A와 B가 지금 각각 400원이고 600원이며, 1년이 지나면 둘 다 1,000원이 된다고 하자. 다시 말하면, A와 B는 1년 뒤에 모두 1,000원이 되는데 현재 A는 싸고(400원) B는 비싸다(600원). 따라서 싼 A를 사고 비싼 B를 파는 차익거래를 통해 지금 당장 200원을 벌고, 이 경우 차익거래이익이 200원이 된다. 1년 후에는 A는 사고 B는 팔았기 때문에 +1,000-1,000=0이 되어 현금흐름이 서로 상쇄된다.

그렇다면 언제 차익거래전략(arbitrage strategy)을 수행할 수 있는가? 현물가격과 선물가격 간의 등가관계가 깨졌을 때 차익거래전략을 수행할 수 있다. 균형상태에서 차익거래기회가 없으려면 선물의 실제가격이 보유비용모형에 의한 이론가격과 동일해야 할 것이다.

---

6 $F_0 = S_0\left(1 + r \times \frac{T}{365}\right) - \sum d_t \rightarrow F_0 = S_0 + S_0 \times r \times \frac{T}{365} - \sum d_t$

$\rightarrow$ 선물이론가격(F_0) = 현물가격(S_0) + 보유비용$\left(S_0 \times r \times \frac{T}{365} - \sum d_t\right)$

만일 KOSPI200선물 실제가격이 과대평가되어 있다면, 과대평가된 KOSPI200선물을 매도하고, 과소평가된 KOSPI200현물을 매수함으로써 선물 만기일에 식(11-3)과 같이 차익거래이익을 얻을 수 있다. 이를 매수차익거래전략(cash-and-carry arbitrage)이라고 한다.

$$매수차익거래이익 = 선물실제가격 - 선물이론가격$$
$$= F_0 - \left[S_0 \left(1 + r \times \frac{T}{365} \right) - \sum d_t \right] \tag{11-3}$$

반대로 KOSPI200선물 실제가격이 과소평가되어 있다면, 과소평가된 KOSPI200선물을 매수하고, 과대평가된 KOSPI200현물을 매도함으로써 선물 만기일에 식(11-4)와 같이 그 차이를 이익으로 얻을 수 있다. 이를 매도차익거래전략(reverse cash-and-carry arbitrage)이라고 한다.

$$매도차익거래이익 = 선물이론가격 - 선물실제가격$$
$$= \left[S_0 \left(1 + r \times \frac{T}{365} \right) - \sum d_t \right] - F_0 \tag{11-4}$$

이러한 차익거래는 시장이 일시적으로 불균형상태에 있을 때 순간적으로 발생하며, 차익거래를 통해 시장이 균형상태를 회복하면서 차익거래기회는 소멸된다.

예제

KOSPI200 현물과 선물 간의 차익거래전략

오늘 KOSPI200선물의 이론가격은 220.27이다. 이론가격 계산시 사용한 금리(r)는 4.2%, 선물배당액지수의 합계($\sum d_t$)는 0.56, 만기일까지의 잔존기간 일수는 85일이었다. 이날 KOSPI200선물의 실제가격은 222.50, KOSPI200은 218.69이었다.

(1) 어떠한 차익거래전략을 세울 것이며 차익거래이익은 얼마인지 계산하시오.
(2) 만일 KOSPI200선물의 실제가격은 218.60이라면 어떠한 차익거래전략

을 세울 것이며 차익거래이익은 얼마나 될 것인지 계산하시오.

[답]

(1) 실제가격＞이론가격 → 선물매도, 현물매수: 매수차익거래전략

매수차익거래이익＝선물실제가격－선물이론가격

$$= 222.50 - \left[218.69\left(1 + 0.042 \times \frac{85}{365}\right) - 0.56\right] = 2.231$$

차익거래이익은 2.231, 금액으로 환산하면 557,750원(＝2.231×250,000원)이다.

(2) 실제가격＜이론가격 → 선물매수, 현물매도: 매도차익거래전략

매도차익거래이익＝선물이론가격－선물실제가격

$$= \left[218.69\left(1 + 0.0425 \times \frac{85}{365}\right) - 0.56\right] - 218.60 = 1.67$$

차익거래이익은 1.67, 금액으로 환산하면 417,500원(＝1.67×250,000원)이다.

11.3 / 헷지전략

SECTION

헷지전략은 현물과 선물의 가격이 같은 방향으로 움직인다는 점을 이용하여 선물시장에서 현물시장과 반대되는 포지션을 취하여 현물가격 변동위험을 줄이거나 없애려는 전략이다.

1. 헷지계약수

KOSPI200선물을 이용하여 헷지할 경우 KOSPI200선물을 얼마나 매수하거나 매도해야 할까? 이를 구하기 위해 먼저 주식포트폴리오(S)와 주가지수선물(F) N계약으로 구성되는 헷지포트폴리오(P)의 수익률 R_P를 살펴보자.

$$R_P = \frac{\Delta S + D + N\Delta F}{S} = \frac{\Delta S + D}{S} + N\left(\frac{F}{S}\right)\left(\frac{\Delta F}{F}\right)$$

$$= R_S + N\left(\frac{F}{S}\right)R_F \tag{11-5}$$

여기서, ΔS: 주식포트폴리오의 가치변동분

ΔF: 선물가격변동분

D: 배당금

식(11-5)로부터 헷지포트폴리오 위험 β_P는 현물위험 β_S와 선물위험 β_F로 표현할 수 있다.

$$\beta_P = \beta_S + N\left(\frac{F}{S}\right)\beta_F \tag{11-6}$$

식(11-6)에서 $\beta_F = 1$[7]이므로 식(11-6)은 식(11-7)로 정리된다.

$$N = (\beta_P - \beta_S) \times \frac{S}{F} \tag{11-7}$$

헷지의 목적이 β_P를 0으로 만들어 주식포트폴리오 가치변동분과 주가지수선물 가치변동분을 완벽하게 상쇄시키는 완전헷지(full hedge)라면 최적선물계약수는 다음과 같이 구해진다.

$$N = -\beta_S \times \frac{S}{F} \tag{11-8}$$

완전헷지, 즉 β_P가 0이 된다는 것은 주식포트폴리오 가치변동분과 주가지수선물 가치변동분이 완벽하게 상쇄되어 주식포트폴리오로부터의 손실이 주가지수선물로부터 완전히 보전된다는 것을 의미한다. 하지만, 이 경우 주식

---

7 회귀식 $R_S = \alpha + \beta_S R_F + \epsilon$에서 현물의 베타값 $\beta_S = \sigma_{SF}/\sigma_F^2$는 선물에 대한 현물의 민감도를 나타낸다. 예를 들어, $\beta = 1.2$인 경우 선물이 10% 변동한다면 현물은 12% 변동한다는 의미이다. 마찬가지로, $R_F = \alpha + \beta_F R_F + \epsilon$에서 선물의 베타값 $\beta_F = \sigma_{FF}/\sigma_F^2 = \sigma_F^2/\sigma_F^2 = 1$은 선물에 대한 선물의 민감도를 나타낸다.

포트폴리오에서 이익이 발생하더라도 주가지수선물의 손실 때문에 자본이득이 0이 되는 한계점이 있다. 따라서 β_P를 0으로 만들지 말고 β_P를 적절히 줄이는 부분헷지(partial hedge)가 보다 더 현실적인 헷지전략이 될 수 있다.

2. 매도헷지

매도헷지(short hedge)는 현물시장에서 매수포지션을 취하고 있는 투자자가 현물의 가격이 하락할 것이 우려되어 선물을 매도하는 전략이다. 실제로 현물가격이 하락할 경우 현물로부터의 손실이 선물로부터의 이익에 의해 줄어든다.

예제

KOSPI200선물 매도헷지전략

오늘 베타값이 1.2인 100억원의 주식포트폴리오를 보유하고 있으나, 약세시장이 예상되는 상황이므로 KOSPI200선물로 완전헷지를 하고자 한다. KOSPI200선물이 250일 경우 거래해야 하는 선물계약수를 구하고, 한 달 후에 주식포트폴리오의 가치가 6% 하락하고 선물이 5% 하락한 상황에서 헷지를 해제할 경우 헷지전략의 손익을 분석하시오.

[답]

$N = -\beta_S \times \dfrac{S}{F} = -1.2 \times \dfrac{10,000,000,000}{250 \times 250,000} = -192$: 192계약 매도

헷지손익: $(-10,000,000,000)(0.06) + [250 - 250(1 - 0.05)](250,000)(192) = 0$원

---

3. 매수헷지

매수헷지(long hedge)는 현물시장에서 미래에 매수포지션을 취하려는 투자자가 현물의 가격이 상승할 것이 우려되어 선물을 매수하는 전략이다. 실제로 현물가격이 상승할 경우 현물로부터의 손실이 선물로부터의 이익에 의해 줄어든다.

예제

KOSPI200선물 매수헷지전략

오늘 KOSPI200선물은 320이다. 한 달 후에 주식시장에 투자할 자금이 100억원 생길 예정인데, 그 사이에 주가가 상승할 것이 염려된다. 베타값이 1인 주식포트폴리오를 구성할 계획이며 KOSPI200선물로 완전헷지를 하고자 할 경우 거래해야 하는 선물계약수를 구하시오. 한 달 후 현물과 선물이 5% 상승한 상황에서 헷지를 해제할 경우 헷지전략의 손익을 분석하시오.

[답]

가격상승이 우려되므로 선물을 매수해야 한다. 식(11-8)에서 선물을 매수하므로 음($-$)의 부호를 양($+$)의 부호로 바꾼 공식을 사용한다.

$$N = \beta_S \times \frac{S}{F} = 1 \times \frac{10,000,000,000}{320 \times 250,000} = 125: \ 125계약 \ 매수$$

헷지손익: $-10,000,000,000(0.05) + [320(1+0.05) - 320](250,000)(125) = 0원$

주가상승으로 인한 손실 5억원은 주가가 상승하기 전에 투자하지 못해서 발생한 기회비용에 해당한다.

4. 베타조정헷지: 시장타이밍전략

완전헷지의 목적이 헷지포트폴리오의 시장위험을 완전히 제거($\beta_P = 0$)하는 데 있다. 반면, 베타조정헷지 혹은 시장타이밍(market timing)전략은 시장상황에 따라 헷지포트폴리오의 베타 β_P를 조정하는 전략이다. 강세장에서는 β_P를 늘려 이익을 증가시키고 약세장에서는 β_P를 줄여 손실을 감소시킨다.

예제

KOSPI200선물 베타조정헷지전략: 매수의 경우

현재 10종목으로 구성된 주식포트폴리오의 시장가치는 100억원이며 베타값은 1.3이다. 앞으로 강세시장이 예상되어 보유주식포트폴리오의 가치상승에 따른 이익을 증가시키기 위해 베타값을 1.8로 높이고자 할 경우, 현재 가격이 249.40인 KOSPI200선물을 이용하여 베타조정헷지전략을 구축하시오.

[답]

$$N = (\beta_P - \beta_S) \times \frac{S}{F} = (1.8 - 1.3) \times \frac{10,000,000,000}{249.40 \times 250,000} \approx 80 : 80\text{계약 매수}$$

예제

KOSPI200선물 베타조정헷지전략: 매도의 경우

현재 10종목으로 구성된 주식포트폴리오의 시장가치는 100억원이며 베타값은 1.4이다. 앞으로 약세시장이 예상되어 주가하락에 따른 보유주식포트폴리오의 가치하락위험을 감소시키기 위해 베타값을 0.8로 낮추고자 한다. 베타값이 높은 종목을 베타값이 낮은 종목으로 교체하려면 거래비용도 많이 들며 유동성이 낮을 경우 어려움이 따른다. 현재 KOSPI200선물가격이 260.65라고 가정하고, KOSPI200선물을 이용하여 베타조정헷지전략을 구축하시오.

[답]

$$N = (\beta_P - \beta_S) \times \frac{S}{F} = (0.8 - 1.4) \times \frac{10,000,000,000}{260.65 \times 250,000} \approx -92 : 92\text{계약 매도}$$

11   선물: 연습문제

Q1. (2003 CPA 수정) 현재 KOSPI200은 75포인트이고, 만기 3개월물 KOSPI200 선물은 76포인트에 거래되고 있다. KOSPI200을 구성하는 주식들의 배당액 지수의 합계는 0.04이고, 이자율은 8%이다. 이러한 시장상황에서 지수차 익거래가 가능한가? 가능하다면 차익거래의 결과 어떠한 변화가 예상되는 가? (차익거래와 관련된 모든 거래비용은 무시한다.) (   )

① 차익거래가 불가능하다.
② 차익거래에 의해 KOSPI200과 KOSPI200선물가격이 상승한다.
③ 차익거래에 의해 KOSPI200이 상승하고, KOSPI200선물가격이 하락한다.
④ 차익거래에 의해 KOSPI200과 KOSPI200선물가격이 하락한다.
⑤ 차익거래에 의해 KOSPI200이 하락하고, KOSPI200선물가격이 상승한다.

Q2. (2002 CPA 수정) 펀드매니저 A는 10억원 규모로 KOSPI200선물과 상관계 수가 1인 주식 인덱스 펀드(index fund)를 2개월간 구성하여 운영하려고 한 다. 그러나 인덱스 펀드의 관리에 어려움을 경험한 펀드매니저 B는 인덱스 펀드 대신 만기까지 2개월 남은 KOSPI200선물 20계약과 연수익률 6%이 고 2개월 만기인 채권을 10억원 매수하였다. 두 펀드매니저의 펀드운용결 과가 향후 시장의 등락에 관계없이 동일하려면 B는 얼마의 가격에 선물을 매수하여야 하는가? (수수료 및 증거금을 포함한 거래비용은 없으며 채권은 무위 험으로 가정함) (   )

KOSPI200＝100pt	금리＝연 6%
배당액지수＝4	선물승수＝25만원/pt

① 97pt   ② 99pt
③ 101pt   ④ 103pt
⑤ 105pt

Q3. (2000 CPA) 선물을 이용한 다음의 헷지거래 중 가장 잘못된 것은? (   )

① 1개월 후에 자금을 차입하려고 하는 기업이 금리선물을 매수한다.

② 인덱스펀드를 보유한 투자자가 주가지수선물을 매도한다.

③ 2개월 후에 상대국통화로 수출대금을 수취하게 되는 수출업자가 상대
   국 통화선물을 매도하였다.

④ 3개월 후에 채권을 매수하려고 하는 투자자가 금리선물을 매수하였다.

⑤ 보유현물과 동일하지 않으나 정(+)의 상관계수가 큰 선물을 매도하
   였다.

Q4. (2001 CPA 수정) 펀드매니저 K는 1,000억원 규모의 주식포트폴리오에 대
해 1년간 관리하는 임무를 부여받았다. 현재 이 주식포트폴리오의 베타는
1.5이다. K는 향후 약세장을 예상하고 주가지수선물을 이용하여 이 주식포
트폴리오의 베타를 1.0으로 줄이려고 한다. 1년 만기를 갖는 주가지수선물
의 현재 지수가 80.0포인트(1포인트당 25만원)라고 할 때, 어떻게 해야 하는
가? (   )

① 1,250계약 매수   ② 2,500계약 매도
③ 2,500계약 매수   ④ 3,000계약 매도
⑤ 3,750계약 매수

11 선물: 연습문제 해답

Q1. ⑤

[답]

선물이론가격: $F_0 = S_0\left(1 + r \times \dfrac{T}{365}\right) - \sum d_t = 75\left(1 + 0.08 \times \dfrac{3}{12}\right) - 0.04 = 76.46$

따라서 이론가격(76.46) > 실제가격(76) → 선물과소평가 → 선물매수, 현물매도: 매도차익거래 → 선물가격 상승, 현물가격 하락

Q2 ①

[답]

전략 A: KOSPI200선물 매수 = 전략 B: KOSPI200 매수 + 차입(채권매도) → KOSPI200 선물 매수 + 대출(채권매수) = KOSPI200 매수: 따라서 두 전략이 동일하기 위해서는 선물가격이 선물이론가격과 동일해야만 한다.

선물이론가격 $F_0 = S_0\left(1 + r \times \dfrac{T}{365}\right) - \sum d_t = 100\left(1 + 0.06 \times \dfrac{2}{12}\right) - 4 = 97$

Q3 ①

[답]

① 이자율상승 우려 → 채권가격하락 우려 → 금리선물매도

② 주가지수하락 우려 → 주가지수선물매도

③ 상대국 통화가격하락 우려 → 통화선물매도

④ 이자율하락 우려 → 채권가격상승 우려 → 금리선물매수

⑤ 보유현물가격하락 → 선물매도

Q4 ②

[답]

$N = (\beta_P - \beta_S) \times \dfrac{S}{F} = (1 - 1.5) \times \dfrac{100{,}000{,}000{,}000}{80 \times 250{,}000} = -2{,}500$: 2,500계약 매도

옵션 Ⅰ

본 장에서는 파생상품의 중요한 축을 이루는 옵션에 대해서 배운다. 옵션의 기본개념 및 KOSPI200옵션에 대해 설명한 후, 옵션의 단순거래전략, 스프레드거래전략, 동일한 기초자산을 가진 콜옵션과 풋옵션을 동시에 매수하거나 매도하는 컴비네이션거래전략, 옵션을 이용한 헷지거래전략과 콜옵션과 풋옵션가격 간의 균형관계인 풋-콜등가 정리에 대해서 다룬다.

학습목표

- 옵션의 개념
- KOSPI200옵션의 개요
- 단순거래전략
- 스프레드거래전략
- 컴비네이션거래전략
- 헷지거래전략

1. 옵션의 개념

(1) 콜옵션과 풋옵션

현대적 의미의 옵션거래는 1630년대 네덜란드에서의 튤립을 대상으로 한 옵션거래로 본다. 작황에 따라 튤립가격의 변동으로 튤립재배자와 튤립을 사는 중개업자가 안정적인 가격으로 거래할 방법으로 옵션을 이용하였다. 당시 중개업자들은 콜(call)을 매수하여 일정 기간 후에 사전에 정해진 가격으로 튤립을 살 수 있게 되었고, 튤립재배자는 풋(put)을 매수하여 일정 기간 후에 사전에 정해진 가격으로 팔 수 있게 되었다. 이후 1690년대 런던에서 최초로 주식을 대상으로 옵션거래를 시작하였고 19세기 말부터 뉴욕의 월가에서 장외거래 형태로 거래되면서 현대적인 옵션거래로 발전하였다.

이처럼 기초자산의 가격변동위험을 제거하여 안정적인 거래를 가능하게 하는 옵션(option)은 계약당사자 간에 미리 정해진 특정일 또는 그 이전에 미리 정한 가격으로 기초자산을 사거나 팔 수 있는 권리로 정의된다. 여기서 특정일은 보통 최종거래일 또는 만기일(maturity date)이라 하고, 미리 정한 가격은 행사가격(exercise price, strike price)이라고 한다. 살 수 있는 권리가 부여된 옵션은 콜옵션(call option)이라 하고, 팔 수 있는 권리가 부여된 옵션은 풋옵션(put option)이라 한다.

이러한 옵션의 개념을 이해하기 위해 〈그림 12-1〉을 살펴보자. 예를 들어, 현재 5만원(현재 현물가격: S_0)인 주식의 가격이 오를 것으로 예상하는 A가 만기일에 6만원(행사가격: X)에 살 수 있는 권리(콜옵션)를 B로부터 5천원(옵션가격=프리미엄)에 매수하였다고 하자.

콜옵션 거래 후 시간이 흘러 만기일에 주식이 실제로 9만원(미래 현물가격: S_T)이 되었다면 A는 권리를 행사하여 시가 9만원짜리 주식을 6만원에 살 수 있으며, 자본이득은 3만원($=S_T-X$)이 되고 비용 5천원을 고려하면 순이익은 2만 5천원이 된다. 만약 주식이 5만 3천원이 된다면 시가보다 비싼 6만원

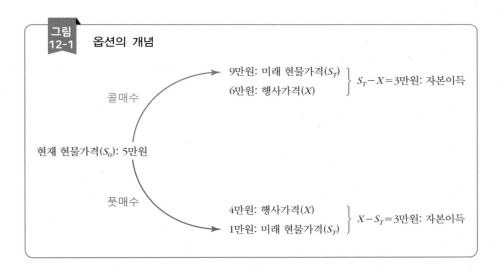

옵션의 개념

9만원: 미래 현물가격(S_T)
6만원: 행사가격(X)
$\Big\}$ $S_T - X = 3$만원: 자본이득

콜매수

현재 현물가격(S_0): 5만원

풋매수

4만원: 행사가격(X)
1만원: 미래 현물가격(S_T)
$\Big\}$ $X - S_T = 3$만원: 자본이득

에 매수하여야 하므로 권리를 포기하고 옵션가격 5천원만큼의 손실을 입게 된다. A와 B는 제로섬 게임(zero-sum game)을 벌이며, A가 권리를 행사해서 이익을 내면 B는 그만큼 손실을 입는다.

한편, A가 B로부터 현재 5만원인 주식 1주를 만기일에 4만원(행사가격: X)에 팔 수 있는 권리(풋옵션)를 5천원에 매수하였다고 하자. 만기일에 주식이 실제로 1만원이 되었다면 A는 권리를 행사하여 시가 1만원짜리 주식을 4만원에 매도할 수 있으며, 자본이득은 3만원($=X-S_T$)이 되고, 비용 5천원을 고려하면 2만 5천원의 순이익을 얻는다. 만약 주식이 5만원이 된다면 시가보다 싼 4만원에 매도하여야 하므로 권리를 포기하고 옵션가격 5천원만큼의 손실을 입게 된다. 제로섬 게임에서 A가 이익을 내는 만큼 B는 손실을 입게 된다.

정리를 해보면, 가격이 오를 것으로 예상될 경우 콜옵션을 매수하고, 가격이 내릴 것으로 예상될 경우 풋옵션을 매수한다. 또한, 옵션은 현재시점에서 옵션가격(옵션프리미엄)을 주고 사고팔고, 이익을 볼 수 있을 때에는 옵션을 행사하지만 손실을 보는 경우에는 옵션을 포기하는 '권리'이며, 매수자와 매도자는 항상 서로 '제로섬 게임'을 벌이게 된다.

(2) 유럽형 옵션과 미국형 옵션

옵션을 언제 권리행사 할 수 있는지, 즉 권리행사일에 따라 만기일에만 권리를 행사할 수 있는 유럽형 옵션(European option)과 만기일 이전 어느 시점에서도 권리행사가 가능한 미국형 옵션(American option)으로 구분할 수 있다. 현재 한국거래소에 상장되어 있는 KOSPI200옵션, 미니KOSPI200옵션, KOSDAQ150옵션, 개별주식옵션, 미국달러옵션은 모두 유럽형 옵션에 해당된다.

(3) 내가격 옵션, 외가격 옵션, 등가격 옵션

옵션의 행사가치 유무에 따라서 내가격(ITM: in-the-money) 옵션, 외가격 (OTM: out-of-the-money) 옵션, 등가격(ATM: at-the-money) 옵션으로 구분한다. 내가격 옵션은 현재 현물가격이 행사가격에 비해 콜옵션의 경우 높고 풋옵션의 경우 낮은 옵션 즉, 당장 행사한다면 이익을 낼 수 있는 상태에 있는 옵션을 말한다. 외가격 옵션은 현재 현물가격이 행사가격에 비해 콜옵션의 경우 낮고 풋옵션의 경우 높은 옵션 즉, 당장 행사한다면 이익을 낼 수 없는 상태에 있는 옵션을 말한다. 등가격 옵션은 현물가격이 행사가격과 같은 옵션을 말한다.

(4) 상품옵션과 금융옵션

기초자산의 종류에 따라서 상품옵션(commodity option)과 금융옵션(financial option)으로 나눈다. 상품옵션은 기초자산이 농산물, 광산물, 에너지 등의 실물이고, 금융옵션은 금융상품이다. 한국거래소에는 상품옵션이 상장되어 있지 않으며, 금융옵션으로 KOSPI200옵션, 미니KOSPI200옵션, KOSDAQ150옵션, 개별주식옵션, 미국달러옵션이 상장되어 있다.

분류기준	구 분	내 용		
권리유형	콜옵션	기초자산을 살 수 있는 권리		
	풋옵션	기초자산을 팔 수 있는 권리		
권리행사 시기	미국형 옵션	만기일 이전 어느 시점에서도 권리행사가 가능한 옵션		
	유럽형 옵션	만기일에만 권리를 행사할 수 있는 옵션		
행사가치 유무	내가격 옵션	행사가격＜기초자산가격　(콜옵션의 경우)		
		행사가격＞기초자산가격　(풋옵션의 경우)		
	등가격 옵션	행사가격＝기초자산가격　(콜옵션의 경우)		
		행사가격＝기초자산가격　(풋옵션의 경우)		
	외가격 옵션	행사가격＞기초자산가격　(콜옵션의 경우)		
		행사가격＜기초자산가격　(풋옵션의 경우)		
기초자산	상품옵션	농산물	치즈, 밀, 옥수수, 귀리, 대두, 대두박, 돈육, 생우, 목재 등	
		광산물	금, 은, 동, 알루미늄 등	
		에너지	에탄올, 난방유, 천연가스, 저유황 경질유, 휘발유, 브렌트유 등	
	금융옵션	주식	KOSPI200옵션[*], 미니KOSPI200옵션[*], KOSDAQ150옵션[*], 개별주식옵션[*], S&P100지수옵션, S&P500지수옵션 등	
		채권	T-bond옵션, T-note옵션, 유로달러옵션 등	
		통화	미국달러옵션[*], 영국파운드옵션, 일본엔옵션 등	
		선물	10년T-note선물옵션 등	

표 12-1 옵션의 구분

* 한국거래소에 상장되어 있는 옵션임.

2. KOSPI200옵션

1997년 7월에 상장된 KOSPI200옵션은 짧은 기간에 세계적인 파생상품으로 성장하였다. KOSPI200옵션은 실체가 없는 KOSPI200이 기초자산이므로 권리를 행사하면 현금으로 정산한다. KOSPI200옵션 도입 당시에는 KOSPI200

옵션가격(포인트)에 옵션 1계약당 10만원(거래승수)을 곱하여 현금으로 환산하였다. 하지만 금융위원회에서 옵션시장 투기성 감소 및 개인투자자 비중 축소 등을 위한 '장내옵션시장 건전화방안'에 따라 2012년 3월 9일부터 거래승수를 10만원에서 50만원으로 인상하였다.

거래승수의 상향조정으로 KOSPI200옵션시장이 침체됨에 따라 국내 옵션시장 활성화를 위해 2015년 7월 20일에 KOSPI200을 기초자산으로 하고 1계약금액을 KOSPI200옵션의 1/5(거래승수 50만원 → 10만원)로 축소한 미니 KOSPI200옵션을 상장하였다. 하지만, 침체된 시장이 활성화되지 못함에 따라 2017년 3월 27일에 KOSPI200옵션과 미니KOSPI200옵션의 거래승수를 각각 25만원, 5만원으로 인하하였다. 그리고, 2018년 3월 26일에는 코스닥시장의 활성화 정책의 일환으로 코스닥시장에서의 위험관리를 위하여 KOSDAQ150 옵션(거래승수 10,000원)도 상장하였다.

KOSPI200옵션이 상장되는 결제월은 비분기월 4개 및 분기월 7개(3, 9월 각 1개, 6월 2개, 12월 3개)로 정하고 있다. 예를 들어, 오늘이 10월 25일이라면

표 12-2 KOSPI200옵션 거래명세

기초자산	KOSPI200
거래단위	KOSPI200옵션가격×25만원(거래승수)
결제월	매월
상장결제월	비분기월 4개 및 분기월 7개(3, 9월 각 1개, 6월 2개, 12월 3개)
가격 표시	프리미엄(포인트)
호가가격단위	• 프리미엄 10포인트 미만: 0.01포인트 • 프리미엄 10포인트 이상: 0.05포인트
최소가격변동금액	• 프리미엄 10포인트 미만: 2,500원(25만원×0.01포인트) • 프리미엄 10포인트 이상: 12,500원(25만원×0.05포인트)
거래시간	09:00–15:45(최종거래일 09:00–15:20)
최종거래일	각 결제월의 두 번째 목요일(공휴일인 경우 순차적으로 앞당김)
최종결제일	최종거래일의 다음 거래일
권리행사	최종거래일에만 가능(유럽형)
결제방법	현금결제

자료: 한국거래소(www.krx.co.kr)

금년 11월물, 12월물, 내년 1월물, 2월물, 3월물, 4월물, 6월물, 9월물, 12월물, 후년 6월물, 12월물이 상장되어 거래된다.

KOSPI200옵션을 최종적으로 거래할 수 있는 날인 최종거래일은 각 결제월의 두 번째 목요일(휴일일 경우는 순차적으로 앞당김)이다. 최종결제일은 최종거래일(T)의 다음 거래일($T+1$)로 정하여 놓고 있으며, 결제방법은 현금결제로 정하고 있다.

투자자들이 KOSPI200옵션가격을 조정하여 거래를 체결하고자 할 때 KOSPI200옵션가격이 최소한으로 움직일 수 있는 수준을 정해놓아야 한다. 다시 말하면 투자자가 주문을 제출할 때 표준화된 호가단위(tick), 즉 최소가격변동단위를 따라야 한다. KOSPI200옵션의 호가단위는 KOSPI200옵션가격이 10포인트 이상인 경우에는 0.05포인트 단위이고, KOSPI200옵션가격이 10포인트 미만인 경우에는 0.01포인트 단위로 제시된다.

따라서 KOSPI200옵션가격이 10포인트 이상일 경우 KOSPI200옵션가격이 0.05포인트 움직일 때마다 1계약당 12,500원(=0.05×25만원)의 손익이 발생하게 되고, KOSPI200옵션가격이 10포인트 미만일 경우에는 KOSPI200옵션가격이 0.01포인트 움직일 때마다 1계약당 2,500원(=0.01×25만원)의 손익이 발생하게 된다.

예제

KOSPI200옵션

향후 주가 상승이 예상되어 행사가격 292.5인 콜옵션을 계약당 7.66포인트에 10계약 매수하여 만기일까지 보유하는 경우 다음 물음에 답하시오.
(1) 예상이 적중하여 만기시점의 KOSPI200이 311.35일 경우의 손익은 얼마인가?
(2) 예상이 빗나가 만기시점의 KOSPI200이 275.68이 되었을 경우의 손익은 얼마인가?

[답]
(1) [(311.35−292.5)−7.66]×25만원×10계약=27,975,000원: 27,975,000원 이익
(2) [0−7.66]×25만원×10계약=−19,150,000원: 19,150,000원 손실

KOSPI200옵션

현재 시가총액 100억원어치의 KOSPI200 주식포트폴리오를 보유하고 있는 투자자가 주식시장의 하락을 우려하여 행사가격이 310인 풋옵션을 2.35포인트에 290계약 매수하였다. 만일 만기시점의 KOSPI200이 예상대로 크게 하락하여 304.05가 되었을 경우 순손익을 계산하시오. 단, 오늘 KOSPI200은 312.21이다.

[답]

주식포트폴리오: $100억 \times \dfrac{304.05}{312.21} - 100억 = -261,362,544원$: 261,362,544원 손실

풋옵션: $(310 - 304.05 - 2.35) \times 25만원 \times 290계약 = 261,000,000원$: 261,000,000원 이익

$\rightarrow -261,362,544 + 261,000,000원 = -362,544원$: 362,500원 순손실

읽을거리

하루 500배의 투자대박

2001년 9월 11일에 발생한 미국의 동시다발 테러사태의 충격으로 종합주가지수가 540.57에서 475.60으로 12% 하락하여 KOPSI200옵션시장에서 하루에 504배짜리 대박이 터지는 사건이 일어났다. 이 옵션 대박사례는 개인투자자들에게 옵션시장에 대한 관심을 폭발시키는 계기가 되어 2002년의 옵션시장 거래규모가 엄청나게 증가하게 되었다.

KOPSI200옵션의 거래대상인 KOPSI200은 미국에서 테러가 일어나기 하루 전에 66.55로 마감되었는데, 9·11테러가 터지고 9월 12일에 장이 개장되자 KOPSI200은 58.59로 폭락하였다. 이러한 지수의 폭락은 행사가격이 62.5인 풋옵션의 전일종가를 0.01(1천원 = 0.01 × 10만원)에서 5.05(50만 5천원 = 5.05 × 10만원)로 상승시켜 옵션투자 대박이 나타나게 된 것이다. 실제로 한 개인투자자가 이 풋옵션을 1천만원으로 1만계약 사서 불과 하루 만에 50억 5천만원(= 5.05 × 1만계약 × 10만원)을 벌어 약 500배의 투자대박을 터뜨렸다.

이러한 현상이 벌어지는 이유는 옵션이 권리를 매매하는 계약이기 때문이다. KOPSI200옵션은 지수 × 10만원(2012년 3월 9일에 50만원으로 변경하였다가 2017

년 3월 27일부터 25만원으로 다시 변경함)을 사거나 팔 권리를 매매한다. 따라서 위의 투자 대박을 터뜨린 투자자는 9월 11일 당시의 주가를 본다면 시장가격이 665.5만원(=66.55×10만원)에 해당하는 지수를 625만원(=62.5×10만원)에 팔 권리를 옵션가격 중 가장 낮은 1천원을 주고 구입한 것이다. 이 풋옵션 가격이 낮은 것은 이 옵션을 구매하게 되면 남들보다 아주 싸게 파는 권리를 가지게 되기 때문이다.

출처: 「만화로 보는 선물·옵션이야기」, 한국거래소, pp. 134-136 수정

12.2 SECTION 옵션거래전략

본서의 모든 옵션거래전략은 다음과 같은 수익표로 분석된다. 〈그림 12-2〉의 수익표의 구성을 명확히 이해한 후, 단계적으로 분석해 나간다면 다소 복잡한 거래전략이라도 쉽게 이해할 수 있다.

① 포지션: 옵션거래전략에 사용될 포지션을 나타낸다.
② 비용: 비용개념이기 때문에 옵션 매수 시에는 옵션가격의 현금유출을 (+)로, 옵션 매도 시에 옵션가격의 현금유입을 (−)로 나타낸다.
③ 미래 현물가격이 행사가격보다 클 경우와 작을 경우에 따라 권리행사

그림 12-2 콜옵션 거래전략 수익표

		수익		
① 포지션	② 비용	$S_T<X$	$S_T>X$	③
콜 매수	+	0	S_T-X	④
콜 매도	−	−0	$-(S_T-X)$	
		0	0	

를 할지 말지에 대한 의사결정이 달라지기 때문에 행사가격보다 클 경우와 작을 경우의 범위로 구분하여 만기수익을 분석한다.

④ 포지션에 따른 만기수익을 나타낸다. 매도는 매수의 정반대, 즉 옵션 매도자의 손익은 옵션매수자의 손익과 정확히 반대이므로 만기수익을 분석할 때 매도포지션이든 매수포지션이든 모두 일단 매수포지션으로 생각하여 의사결정을 한 후에 매도포지션일 경우에는 마이너스(−)부호를 붙여서 매수포지션의 반대임을 나타내면 분석이 쉬워진다.

〈그림 12-3〉의 풋옵션 수익표는 만기수익이 콜옵션 수익표와 차이가 있다. 즉, 풋매수의 경우 S_T가 X보다 작을 때 만기수익 $X - S_T$가 발생하고 S_T가 X보다 클 때 만기수익이 0이 된다. 풋매도의 경우 풋매수라고 생각하고 분석한 다음 마지막에 마이너스(−)부호를 붙여 매수의 반대임을 나타내면 분석이 쉬워진다.

그림 12-3 풋옵션 거래전략 수익표

① 포지션	② 비용	수익		③
		$S_T < X$	$S_T > X$	
풋 매수	+	$X - S_T$	0	④
풋 매도	−	$-(X - S_T)$	-0	
		0	0	

1. 단순거래전략

다른 포지션과 결합되지 않은 채 콜옵션 혹은 풋옵션만을 매수 또는 매도하는 전략을 말한다. 현물가격의 추세를 예상하여 그에 따라 포지션을 취하는 일종의 투기적 거래전략이다.

(1) 콜옵션 매수

현물가격의 상승이 예상되는 강세시장에 유리한 전략이다. 예를 들어, 행사가격(X)이 100인 콜옵션을 매수하였는데 만기 시에 현물가격(S_T)이 행사가격(X) 100보다 작은 90이 되었다고 하자. 이 경우 콜옵션 매수자가 권리행사를 하면 가격이 90인 현물을 100을 주고 사게 되어 손실이 나기 때문에 권리행사를 하지 않을 것이다. 만기 시에 현물가격(S_T)이 행사가격(X)보다 큰 110이 되면, 콜옵션 매수자는 권리행사하여 가격이 110인 현물을 100을 주고 살 것이다.

따라서 $S_T < X$인 경우에는 권리행사를 하지 않으므로 수익이 0이 되고, $S_T > X$인 경우에는 권리행사를 하여 $10(=110-100=S_T-X)$만큼의 수익을 얻게 된다. 이를 정리한 것이 〈표 12-3〉의 콜옵션 매수의 수익표이다.

표 12-3 콜옵션 매수의 수익

포지션	비 용	수 익	
		$S_T < X$	$S_T > X$
콜 매수($X=100$)	$C(=20)$	0	$S_T - X$
이익=수익$-C$			

〈그림 12-4〉는 콜옵션 매수의 손익구조를 나타낸 것이다. 수익선은 만기 현물가격(S_T)이 행사가격(X) 100보다 작을 경우에 권리행사를 하지 않기 때문에 수익이 0이 되므로 X축과 동일한 수평선으로 그려진다. 만기 현물가격(S_T)이 행사가격(X) 100보다 클 경우에는 권리행사를 하여 $S_T - X$만큼의 수익을 얻게 된다. 예를 들어, S_T가 110일 때 수익은 10, S_T가 120일 때 수익은 20, S_T가 130일 때 수익은 30이 된다. 따라서 $S_T > X$인 경우에는 S_T가 클수록 수익도 점점 커진다.

이렇게 구해진 손익을 Y축으로, 현물가격을 X축으로 하여 콜옵션 매수의 손익구조를 그림으로 나타내면 〈그림 12-4〉와 같이 우상향하는 수익선으

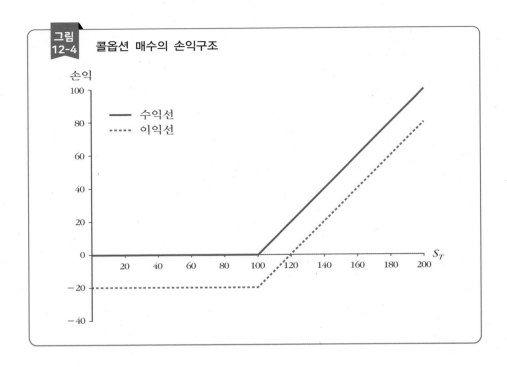

그림 12-4 콜옵션 매수의 손익구조

로 나타난다. 이익(profit)은 수익(payoff)에서 비용(cost)을 차감한 것이므로 이익선은 수익선에서 비용인 20을 차감하여 그려준다. 결국 콜옵션 매수의 손익구조를 보면, 현물의 가격이 아무리 떨어져도 손실은 옵션가격 20으로 한정되는 반면, 이익은 현물가격이 올라가면 갈수록 무한대로 상승한다.

(2) 콜옵션 매도

콜옵션 매도는 현물가격의 하락이 예상되는 약세시장에서 프리미엄만큼의 한정된 이익을 목표로 하는 전략이다. 옵션매수자와 옵션매도자는 제로섬 게임을 벌인다고 볼 수 있으므로, 옵션매수자의 입장에서 권리행사 유무를 판단하여 수익을 계산한 후 마이너스(−)부호만 붙여주면 옵션매도자의 손익이 되며, 콜옵션 매도의 손익구조는 콜옵션 매수의 손익구조와 정확하게 반대가 된다.

예를 들어, 행사가격(X)이 100인 콜옵션을 20을 받고 매수하였다면, 콜옵션 매수자는 $S_T < X$인 경우에는 권리행사를 하지 않으므로 수익이 0이 된

표 12-4 콜옵션 매도의 수익			
		수 익	
포지션	비 용	$S_T < X$	$S_T > X$
콜 매도($X = 100$)	$-C(=-20)$	-0	$-(S_T - X)$
이익 = 수익 $-(-C)$			

다. 본서에서는 콜옵션 매수자의 수익과 구분하기 위하여 이 경우에도 마이너스($-$)부호를 붙여주어 콜옵션 매도자의 수익은 -0이라고 표시하기로 한다.

한편, $S_T > X$인 경우에는 콜옵션 매수자는 권리행사를 하여 $S_T - X$만큼 수익을 얻게 되므로, 콜옵션 매도자의 수익은 $-(S_T - X)$가 된다. 이러한 분석을 〈표 12-4〉의 콜옵션 매도의 수익표에 나타내었다.

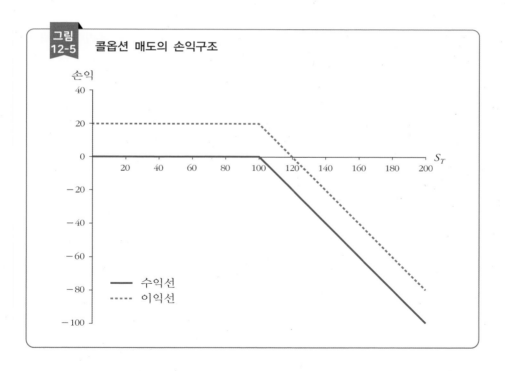

그림 12-5 콜옵션 매도의 손익구조

〈그림 12-5〉에는 콜옵션 매도의 손익구조를 나타낸 것이다. $S_T < X$일 경우 수익이 -0이므로 수익선은 X축과 동일한 수평선이고, $S_T > X$일 경우에는 $-(S_T - X)$만큼의 수익을 얻게 된다. 예를 들어, S_T가 110일 때 수익은 -10 $[= -(110-100)]$, S_T가 120일 때 수익은 $-20[= -(120-100)]$, S_T가 130일 때 수익은 $-30[= -(130-100)]$이 되어 우하향하는 수익선으로 나타난다. 이익선은 수익선에서 비용인 -20을 차감하여 그려주면 된다.[1]

결국, 콜옵션 매도의 손익구조를 보면 현물의 가격이 행사가격 이하로 하락하게 되면 옵션가격 20의 고정된 이익을 얻게 되는 반면 행사가격 이상으로 현물가격이 올라가게 되면 무한대의 손실까지 볼 수 있게 된다. 〈그림 12-5〉를 〈그림 12-4〉에 비교하면 제로섬 게임 결과 X축을 기준으로 정확하게 서로 대칭이 됨을 알 수 있다.

(3) 풋옵션 매수

풋옵션 매수는 현물가격의 하락이 예상되는 약세시장에 유리한 전략이다. 예를 들어, 행사가격(X)이 100인 풋옵션을 20을 주고 매수하였는데 만기 시에 현물가격(S_T)이 80, 즉 $S_T < X$인 경우 권리행사를 하면 수익이 $X - S_T = 100 - 80 = 20$이 된다. 하지만 만기 시에 S_T가 120, 즉 $S_T > X$이면 120짜리를 100에 팔 이유가 없으므로 권리를 행사하지 않아 수익은 0이 된다.

표 12-5 풋옵션 매수의 수익

포지션	비 용	수 익	
		$S_T < X$	$S_T > X$
풋 매수($X=100$)	$P(=20)$	$X - S_T$	0

이익=수익$-P$

---

[1] 옵션을 매도했으므로 비용은 옵션가격만큼의 현금유입이 비용이 된다. 따라서 이익=수익−비용=수익−(−20)=수익+20이 된다.

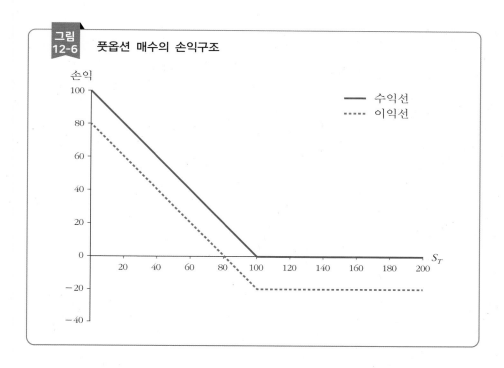

그림 12-6 풋옵션 매수의 손익구조

〈그림 12-6〉은 풋옵션 매수의 손익구조를 나타낸 것이다. $S_T < X$인 경우 예를 들어, S_T가 90일 때 수익은 10(=100−90), S_T가 80일 때 수익은 20(= 100−80), S_T가 0일 때 수익은 최대로 100(=100−0)이 된다. 반대로 $S_T > X$이면 수익은 0이 되어 X축과 동일하게 수평인 수익선이 그려진다. 이익선은 수익선에서 풋옵션을 매수한 금액 20을 차감하여 그려주면 된다. 결국, 풋옵션 매수의 손익구조를 보면, 현물의 가격이 하락할수록 이익은 커지게 되는 반면, 현물가격이 올라가면 손실은 옵션가격인 20으로 한정된다.

(4) 풋옵션 매도

풋옵션 매도는 현물가격의 상승이 예상되는 강세시장에서 프리미엄만큼의 한정된 이익을 목표로 하는 전략이다. 풋옵션 매도자는 매수자의 요청에 의해 행사가격에 현물을 매수할 의무가 있으므로 시장이 하락할 경우에 큰 손실을 보게 될 위험이 따른다. 풋옵션 매도자는 풋옵션 매수자와 제로섬 게임을 벌이게 되므로, 풋옵션 매도자의 손익은 풋옵션 매수자와 정반대가 된

		수 익	
포지션	비 용	$S_T < X$	$S_T > X$
풋 매도($X=100$)	$-P(=-20)$	$-(X-S_T)$	-0

표 12-6 풋옵션 매도의 수익

이익＝수익－$(-P)$

다. 따라서 풋옵션 매수자의 입장에서 권리행사유무를 판단하여 수익을 계산한 후 마이너스($-$)부호만 붙여주면 된다. 〈표 12-6〉은 풋옵션 매도의 수익표이다.

〈그림 12-7〉은 풋옵션 매도의 손익구조를 보여준다. $S_T < X$일 경우 수익은 $-(X-S_T)$가 된다. 예를 들어, S_T가 90일 때 $-10[=-(100-90)]$, S_T가 80일 때 $-20[=-(100-80)]$, S_T가 0일 때 수익은 $-100[=-(100-0)]$이 된다. $S_T > X$일 경우 수익은 0이 되어 X축과 동일한 수평선으로 수익선이 그려진

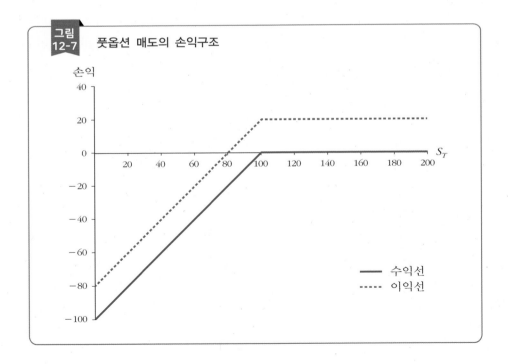

그림 12-7 풋옵션 매도의 손익구조

다. 이익선은 마찬가지로 수익선에서 비용인 -20을 차감하여 그려주면 된다. 현물가격이 행사가격 이하로 하락할수록 손실폭이 커지며 행사가격 이상으로 상승하면 옵션가격 20의 고정된 이익을 얻게 된다.

2. 스프레드거래전략

스프레드거래전략은 동일한 기초자산을 가진 옵션 중에서 행사가격 또는 만기일이 서로 다른 콜(혹은 풋)옵션을 매수하고 동시에 매도하는 전략으로서 두 개 옵션의 가격차이를 스프레드라고 한다. 이 전략은 현물가격이 예상대로 변할 때 이익을 얻고, 가격변화 예상이 빗나갈 경우 손실을 줄이려는 전략이다.

(1) 수직스프레드

수직스프레드는 기초자산과 만기일이 동일한 옵션 중에서 특정한 행사가격을 가진 옵션을 매수하고 행사가격이 다른 옵션을 매도하는 전략으로 가격스프레드(price spread) 혹은 머니스프레드(money spread)라고도 한다.[2] 콜을 사고 팔거나 혹은 풋을 사고 파는 전략이다. 수직스프레드전략에는 기초자산의 가격이 상승하는 강세시장에서 이익을 올리고자 하는 강세스프레드와 반대로 기초자산의 가격이 하락하는 약세시장에서 이익을 올리고자 하는 약세스프레드가 있다.

1) 콜강세수직스프레드

강세시장에서 이익을 올리기 위해 행사가격이 낮은(X_1) 콜옵션을 매수하고 행사가격이 높은(X_2) 콜옵션을 매도하는 전략이다. 이 전략은 행사가격이 2개이기 때문에 수익을 분석할 때 수익구간을 행사가격 전후로 3개의 구간으로 나누어 분석한다. 〈표 12-7〉에 콜강세수직스프레드의 수익표를 나타내었다.

---

2 옵션시세표에서 행사가격은 수직선 상에 표시되기 때문에 행사가격의 차이를 이용하는 스프레드는 수직스프레드(vertical spread), 가격스프레드 혹은 머니스프레드로 부른다.

| 표 12-7 | 콜강세수직스프레드의 수익 | | | | |

포 지 션	비 용	수 익		
		$S_T < X_1$	$X_1 < S_T < X_2$	$S_T > X_2$
콜 매수($X_1 = 100$)	$C_1(=25)$	0	$S_T - X_1$	$S_T - X_1$
콜 매도($X_2 = 130$)	$-C_2(=-5)$	-0	-0	$-(S_T - X_2)$
	20	0	$S_T - X_1$	$X_2 - X_1$

이익 = 수익 $-(C_1 - C_2)$

예를 들어, 행사가격인 낮은($X_1 = 100$) 콜옵션을 25를 주고 매수하고 행사가격이 높은($X_2 = 130$) 콜옵션을 5를 받고 매도하였다고 하자. 행사가격이 낮은(X_1) 콜옵션 매수의 경우 $S_T < X_1$이면 행사가격(X_1)을 주고 현물을 취득하지 않는다. 따라서 권리행사를 하지 않게 되므로 수익은 0이 된다. $X_1 < S_T < X_2$이면 S_T가 X_1보다 크니까 행사하여 수익이 $S_T - X_1$이 된다. $S_T > X_2$이면 S_T가 여전히 X_1보다 크니까 행사하여 수익이 $S_T - X_1$이 된다.

행사가격이 높은($X_2 = 130$) 콜옵션을 매도하였을 경우는 매수의 경우로 분석하여 마이너스($-$)부호만 붙이면 된다. $S_T < X_1$이면 S_T가 X_1보다 작으니까 당연히 X_2보다 작고 따라서 콜매수의 경우 행사를 안 하여 수익이 0이 된다. $X_1 < S_T < X_2$이면 S_T가 X_2보다 작으니까 콜매수 수익은 0이 된다. $S_T > X_2$이면 콜매수 수익은 $S_T - X_2$가 된다. 콜매수가 아니라 콜매도이므로, 각 구간별로 수익이 -0, -0, $-(S_T - X_2)$가 된다.

〈그림 12-8〉에서 이익은 수익에서 비용을 차감한 것이 되는데, 여기서 순비용은 콜옵션 매수(X_1)할 때 지급한 옵션가격과 콜옵션 매도(X_2)할 때 받은 옵션가격의 합이 된다. 이익선은 수익선에서 순비용인 20을 차감하여 그리면 된다.[3]

---

3 약세시장에서 이익을 올리기 위해 행사가격이 낮은(X_1) 콜옵션을 매도하고 행사가격이 높은(X_2) 콜옵션을 매수하는 전략인 콜약세수직스프레드의 수익선과 이익선은 콜강세수직스프레드의 손익구조와 정확히 X축을 대칭으로 반대로 나타난다.

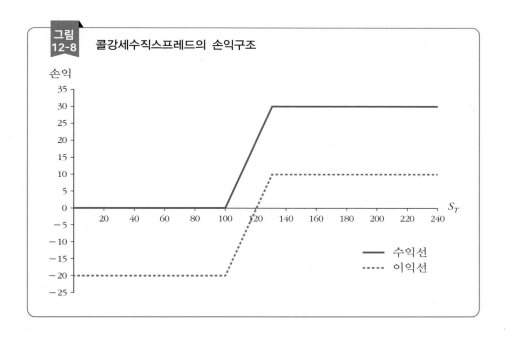

그림 12-8 콜강세수직스프레드의 손익구조

손익

수익선
이익선

S_T

2) 풋약세수직스프레드

풋약세수직스프레드는 약세시장에서 이익을 올리기 위해 행사가격이 높은(X_2) 풋옵션을 매수하고 행사가격이 낮은(X_1) 풋옵션을 매도하는 전략이다.[4] 예를 들어, 행사가격인 높은($X_2 = 130$) 풋옵션을 26을 주고 매수하고 행사가격이 낮은($X_1 = 100$) 풋옵션을 6을 받고 매도하였다고 할 때, 먼저 행사가격이 높은(X_2) 풋옵션 매수의 수익을 분석해보자.

$S_T < X_1$이면 S_T가 X_2보다도 작으니까 행사를 하여 수익이 $X_2 - S_T$가 된다. $X_1 < S_T < X_2$이면 S_T가 X_2보다 여전히 작으니까 행사를 하여 수익이 $X_2 - S_T$가 된다. $S_T > X_2$이면 S_T가 X_2보다 크니까 행사를 안 하며 수익은 0이 된다.

이제, 행사가격이 낮은($X_1 = 100$) 풋옵션을 매도하였을 경우를 분석해보자. $S_T < X_1$이면 S_T가 X_1보다 작으니까 행사를 하여 수익이 $-(X_1 - S_T)$가 된

---

[4] 행사가격이 낮은 풋옵션과 행사가격이 높은 풋옵션 중 하나를 골라 사라고 하면, 약세시장을 예상하므로 행사가격이 높은 풋옵션을 사게 된다. 이때 예상이 빗나가면 손실이 발생할 수 있고, 이 손실을 줄이기 위해 행사가격이 낮은 풋옵션은 팔게 된다. 풋옵션 하나를 사고 다른 하나를 팔기 때문에 이를 스프레드 거래라고 부른다.

표 12-8	풋약세수직스프레드의 수익				

포 지 션	비 용	수 익		
		$S_T < X_1$	$X_1 < S_T < X_2$	$S_T > X_2$
풋 매수($X_2 = 130$)	$P_2(=26)$	$X_2 - S_T$	$X_2 - S_T$	0
풋 매도($X_1 = 100$)	$-P_1(=-6)$	$-(X_1 - S_T)$	-0	-0
	20	$X_2 - X_1$	$X_2 - S_T$	0

이익 = 수익 − $(P_2 - P_1)$

다. $X_1 < S_T < X_2$이면 S_T가 X_1보다 크니까 행사를 안 하며 수익은 −0이 된다. $S_T > X_2$이면 S_T가 여전히 X_1보다 크니까 행사를 하지 않으며 수익은 −0이 된다.

〈그림 12-9〉는 풋약세수직스프레드의 손익구조를 나타낸 것이다. $S_T < X_1$일 경우 $X_2 - X_1$이므로 30(=130−100)이다. 현물가격이 아무리 하락하여도 수익이 30으로 고정되어 수익선은 수평선으로 그려진다. $X_1 < S_T < X_2$일 경우 총수익은 $X_2 - S_T$이다. 만약 S_T가 100이면 수익이 30(=130−100)이 되고 점차 현물가격이 상승하여 S_T가 130이 되면 수익은 0(=130−130)이 된다. 따라서 이 구간에서는 현물가격이 상승함에 따라 수익이 30부터 0까지 점차 하락하는 우하향선이 된다. $S_T > X_2$이면 행사를 안 하니까 수익은 0이다. 아무리 현물가격이 높아지더라도 이 구간에서는 수익이 발생하지 않는다. 이익선은 수익선에서 순비용 20을 차감하여 그린다.[5]

---

5 강세시장에서 이익을 올리기 위해 행사가격이 높은(X_2) 풋옵션을 매도하고 행사가격이 낮은(X_1) 풋옵션을 매수하는 전략인 풋강세수직스프레드의 수익선과 이익선은 풋약세수직스프레드의 손익구조와 정확히 X축을 대칭으로 나타난다.

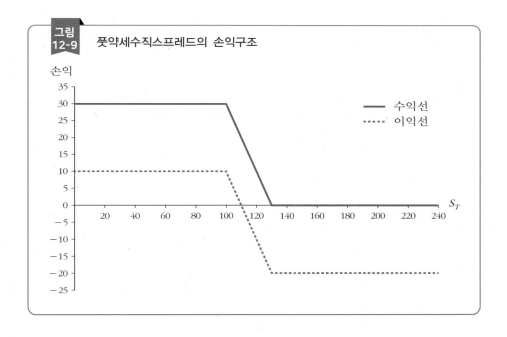

그림 12-9 풋약세수직스프레드의 손익구조

(2) 나비형스프레드

나비형스프레드(butterfly spread)는 시장의 변동성 전망에 기초한 투자전략으로서 예상이 빗나갈 경우 손실의 위험이 한정적인 특징을 갖는다.

1) 콜매수나비형스프레드

콜매수나비형스프레드(long butterfly)는 가장 낮은 행사가격(X_1)과 가장 높은 행사가격(X_3)을 가진 콜옵션을 매수하고 중간의 행사가격(X_2)을 갖는 콜옵션 2개를 매도하여 변동성이 작을 경우 이익을 얻으려는 전략이다. 3개의 행사가격을 이용하기 때문에 수익구간은 4개의 구간으로 나누어 분석한다.

예를 들어, $X_1 = 100$, $X_2 = 120$, $X_3 = 140$이라고 하자. 가장 낮은 행사가격(X_1)을 갖는 콜옵션은 15의 가격을 주고 매수하였고 가장 높은 행사가격(X_3)을 갖는 옵션은 3의 가격을 주고 매수하였으며 중간의 행사가격(X_2)은 4로 2개를 매도하므로 총 8을 받았다고 하자.

〈표 12-9〉의 수익표를 보면, 가장 낮은 행사가격(X_1)의 콜옵션 매수는 4

표 12-9	콜매수나비형스프레드의 수익				
		수 익			
포 지 션	비 용	$S_T < X_1$	$X_1 < S_T < X_2$	$X_2 < S_T < X_3$	$S_T > X_3$
콜 매수 ($X_1=100$)	C_1 (=15)	0	$S_T - X_1$	$S_T - X_1$	$S_T - X_1$
콜 매수 ($X_3=140$)	C_3 (=3)	0	0	0	$S_T - X_3$
2개의 콜 매도 ($X_2=120$)	$-2C_2$ (=-8)	-0	-0	$-2(S_T-X_2)$	$-2(S_T-X_2)$
	10	0	S_T-X_1	$-S_T+2X_2-X_1$	$2X_2-X_1-X_3$

이익=수익-$(C_1+C_3-2C_2)$

개의 구간 중 $S_T > X_1$인 구간에서는 행사되어 $S_T - X_1$이 된다. 가장 높은 행사가격(X_3)의 콜옵션 매수는 $S_T > X_3$인 구간에서만 행사되어 $S_T - X_3$가 된다. 중간 행사가격(X_2) 콜옵션 2개 매도는 콜옵션 매수자가 $S_T > X_2$인 구간에서만 행사하여 $2(S_T - X_2)$의 수익을 얻으므로 콜옵션 매도자는 그만큼 손실을 보아 $-2(S_T - X_2)$가 된다.

〈그림 12-10〉은 콜매수나비형스프레드의 손익구조를 나타낸 것이다. $S_T < X_1$이면 0이므로 수익선은 X축과 동일한 수평선으로 그려진다.

$X_1 < S_T < X_2$일 경우 총수익은 $S_T - X_1$이다. 이 구간에서 만약 S_T가 100일 경우에는 수익이 0(=100-100)이 되고 점차 현물가격이 상승하여 S_T가 120이 되었을 경우 수익은 20(=120-100)이 된다. 이 구간에서는 현물가격이 상승함에 따라 수익이 0부터 20까지 상승하는 우상향선이 된다.

$X_2 < S_T < X_3$일 경우 총수익은 $-S_T + 2X_2 - X_1$이 된다. 만약 S_T가 120일 경우에는 수익이 20(= -120 + 2×120 - 100)이 되고 점차 현물가격이 상승하여 S_T가 140이 되면 수익은 0(= -140 + 2×120 - 100)이 된다. 따라서 이 구간에서는 현물가격이 상승함에 따라 수익이 20부터 0까지 하락하는 우하향선이 된다.

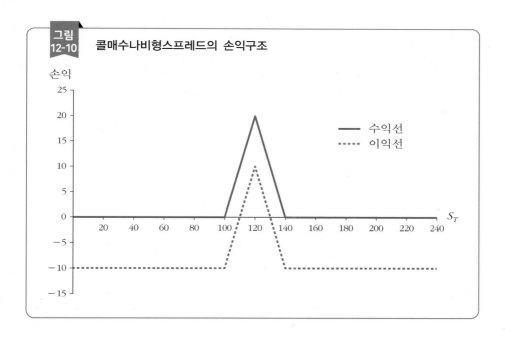

그림 12-10 콜매수나비형스프레드의 손익구조

$S_T > X_3$일 경우에 총수익은 $2X_2 - X_1 - X_3$이 되어 현물가격의 변동과 관계없이 고정금액 $0(=2 \times 120 - 100 - 140)$이 된다. 이익선은 수익선에서 순비용 10을 차감하여 그린다.[6]

2) 풋매수나비형스프레드

풋옵션을 이용해서도 콜매수나비형스프레드와 동일한 나비형스프레드를 만들 수 있다. 가장 낮은 행사가격(X_1)과 가장 높은 행사가격(X_3)을 가진 풋옵션을 매수하고 중간의 행사가격을 가진 풋옵션 2개를 매도하는 풋매수나비형스프레드(long butterfly)의 손익구조는 콜매수나비형스프레드의 손익구조와 동일하다. 이 전략 역시 변동성이 작을 경우 이익을 얻으려는 전략이다.

---

6 콜매도나비형스프레드의 수익선과 이익선은 콜매수나비형스프레드의 손익구조와 정확히 X축 대칭이다.

표 12-10 풋매수나비형스프레드의 수익

포 지 션	비 용	수 익			
		$S_T < X_1$	$X_1 < S_T < X_2$	$X_2 < S_T < X_3$	$S_T > X_3$
풋 매수 $(X_1 = 100)$	P_1 $(=4)$	$X_1 - S_T$	0	0	0
풋 매수 $(X_3 = 140)$	P_3 $(=22)$	$X_3 - S_T$	$X_3 - S_T$	$X_3 - S_T$	0
2개의 풋 매도 $(X_2 = 120)$	$-2P_2$ $(=-18)$	$-2(X_2 - S_T)$	$-2(X_2 - S_T)$	-0	-0
	8	$X_1 + X_3 - 2X_2$	$X_3 - 2X_2 + S_T$	$X_3 - S_T$	0

이익 = 수익 $- (P_1 + P_3 - 2P_2)$

그림 12-11 풋매수나비형스프레드의 손익구조

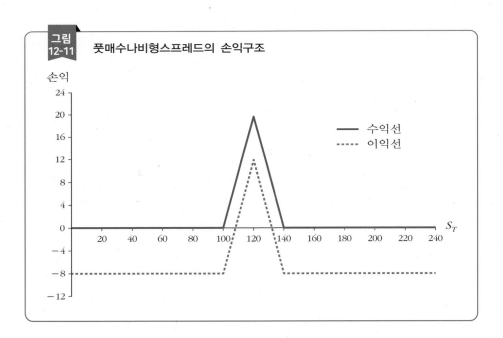

3. 컴비네이션거래전략

컴비네이션거래전략은 동일한 기초자산을 가진 콜옵션과 풋옵션을 동시에 매수하거나 매도하는 전략이다. 콜옵션을 사고 풋옵션을 사거나, 혹은 콜옵션을 팔고 풋옵션을 파는 전략으로서 가격의 상승이나 하락에 관계없이 가격변동폭에 대한 전망에 기초하여 이익을 얻으려는 전략이다.

(1) 스트래들

매수스트래들(long straddle)은 동일한 행사가격과 동일한 만기일을 가지는 콜옵션과 풋옵션을 동시에 매수하는 전략으로 현물가격이 크게 변동할 것이 예상되지만 변동의 방향은 불확실한 경우 사용한다. 예를 들어, 행사가격이 100으로 동일한 콜옵션과 풋옵션을 각각 10을 주고 매수하였을 경우의 수익은 〈표 12-11〉 매수스트래들의 수익표에 나타나 있고 손익구조는 〈그림 12-12〉에 나타나 있다.[7] 매수스트래들의 손익구조는 행사가격을 중심으로 V자 모양으로 나타나기 때문에 가격이 큰 폭으로 하락하거나 큰 폭으로 상승할 경우 수익이 크게 발생하게 된다.

표 12-11 매수스트래들의 수익

포 지 션	비 용	수 익	
		$S_T < X$	$S_T > X$
콜 매수($X = 100$)	$C(=10)$	0	$S_T - X$
풋 매수($X = 100$)	$P(=10)$	$X - S_T$	0
	20	$X - S_T$	$S_T - X$

이익 = 수익 − $(C + P)$

---

[7] 매도스트래들(short straddle)은 동일한 행사가격과 동일한 만기일을 가지는 콜옵션과 풋옵션을 동시에 매도하는 전략으로 매수스트래들과 X축을 대칭으로 정반대의 손익을 나타낸다. 현물가격이 안정되어 변동이 별로 없을 경우 사용한다.

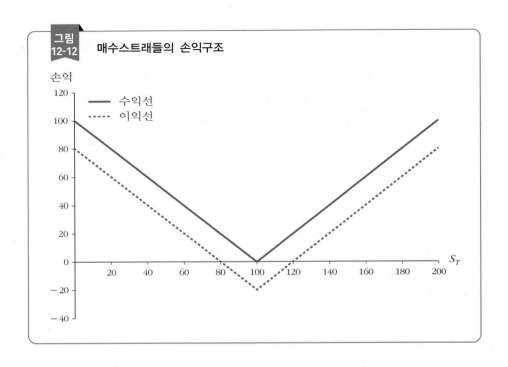

그림 12-12 매수스트래들의 손익구조

손익

— 수익선
····· 이익선

(2) 스트랩 및 스트립

1) 매수스트랩

　매수스트랩(long strap)은 현물가격이 크게 변동할 것이 예상되며 가격상
승가능성이 하락가능성보다 더 클 것으로 예상될 경우 콜옵션 2개, 풋옵션
1개를 매수하는 전략이다. 예를 들어, 행사가격이 100인 콜옵션을 15를 주고
2개 매수하고 동일한 행사가격을 갖는 풋옵션을 5를 주고 1개 매수하였을 경
우의 수익은 〈표 12-12〉 매수스트랩의 수익표에 나타나 있고 손익구조는 〈그
림 12-13〉에 나타나 있다.

표 12-12 매수스트랩의 수익			

| 포 지 션 | 비 용 | 수 익 | |
		$S_T < X$	$S_T > X$
2개의 콜 매수($X = 100$)	$2C(=15)$	0	$2(S_T - X)$
풋 매수($X = 100$)	$P(=5)$	$X - S_T$	0
	20	$X - S_T$	$2(S_T - X)$

이익＝수익－$(2C + P)$

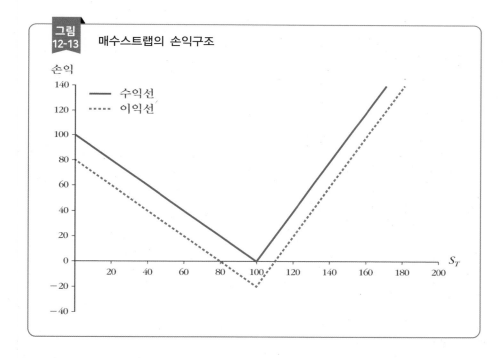

그림 12-13 매수스트랩의 손익구조

2) 매수스트립

매수스트립(long strip)은 현물가격이 크게 변동할 것이 예상되며 가격하락가능성이 상승가능성보다 더 클 것으로 예상될 경우 콜옵션 1개, 풋옵션 2개를 매수하는 전략이다. 예를 들어, 행사가격이 100인 콜옵션을 5를 주고 1개 매수하고 동일한 행사가격을 갖는 풋옵션을 15를 주고 2개 매수하였을 경우의 수익은 〈표 12-13〉 매수스트립의 수익표에 나타나 있고 손익구조는 〈그림 12-14〉에 나타나 있다.

표 12-13 매수스트립의 수익

포 지 션	비 용	수 익	
		$S_T < X$	$S_T > X$
콜 매수($X=100$)	$C(=5)$	0	$S_T - X$
2개의 풋 매수($X=100$)	$2P(=15)$	$2(X-S_T)$	0
	20	$2(X-S_T)$	$S_T - X$

이익 = 수익 − $(C+2P)$

그림 12-14 매수스트립의 손익구조

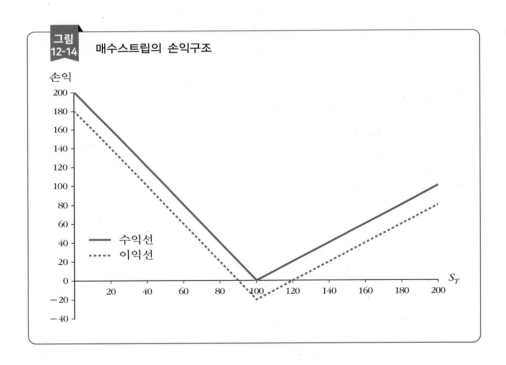

(3) 스트랭글

매수스트래들은 행사가격이 같은 등가격 옵션을 이용하지만 매수스트랭글(long strangle)은 행사가격이 높은 콜과 행사가격이 낮은 풋, 즉 외가격 옵션을 이용하는 전략이다. 외가격 콜옵션과 외가격 풋옵션을 매수하기 때문에 매수스트래들에 비해 옵션 매수비용은 감소하지만 이익의 가능성도 감소하게 되어 스트래들보다 더 보수적인 전략이 된다.

표 12-14 매수스트랭글의 수익

포 지 션	비 용	수 익		
		$S_T < X_1$	$X_1 < S_T < X_2$	$S_T > X_2$
콜 매수($X_2 = 130$)	$C(=4)$	0	0	$S_T - X_2$
풋 매수($X_1 = 70$)	$P(=6)$	$X_1 - S_T$	0	0
	10	$X_1 - S_T$	0	$S_T - X_2$

이익 = 수익 − ($C + P$)

그림 12-15 매수스트랭글의 손익구조

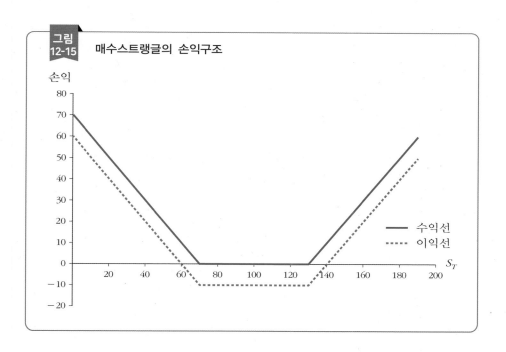

예를 들어, 행사가격이 매우 높은($X_2 = 130$) 콜옵션을 4의 가격을 주고

1개 매수하고 행사가격이 매우 낮은($X_1=70$) 풋옵션을 6의 가격을 주고 1개 매수하였을 경우의 수익과 손익구조는 각각 〈표 12-14〉와 〈그림 12-15〉에 나타나 있다.

4. 헷지거래전략

(1) 방어적 풋

방어적 풋(protective put)은 주식(혹은 주식포트폴리오)를 보유하고 있는 투자자가 향후에 시장이 대폭 하락할 위험이 있는 경우에 풋옵션을 매수함으로써 시장하락 시 발생하는 손실을 줄이려는 방어적 전략이다. 예를 들어, 주식포트폴리오와 행사가격(X)이 100인 풋옵션을 각각 100과 20을 주고 매수하였다고 하자.

〈표 12-15〉에서 옵션만기시점의 주식포트폴리오의 가격은 S_T가 된다. 풋옵션 매수의 경우 $S_T<X$일 때에는 $X-S_T$의 수익을 얻게 되고 $S_T>X$일 때에는 권리행사를 하지 않는다. 따라서 방어적 풋의 수익선을 보면, $S_T<X$인 경우는 총수익이 X로 고정된 수익을 얻고 $S_T>X$인 경우에는 총수익이 S_T이므로 우상향의 45°선이 된다. 이익선은 수익선에서 주식포트폴리오와 풋옵션을 매수한 순비용인 120을 차감하면 된다.

표 12-15 방어적 풋의 수익

포 지 션	비 용	수 익 $S_T<X$	$S_T>X$
주식포트폴리오 매수	$S(=100)$	S_T	S_T
풋 매수($X=100$)	$P(=20)$	$X-S_T$	0
	120	X	S_T

이익 = 수익 $-(S+P)$

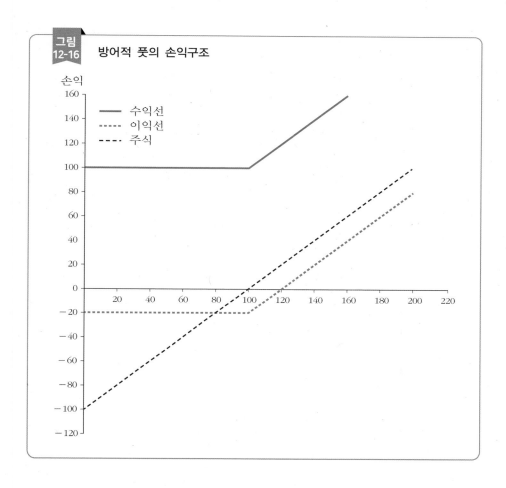

그림
12-16

방어적 풋의 손익구조

손익

— 수익선
····· 이익선
--- 주식

〈그림 12-16〉에 방어적풋의 손익구조를 나타내었다. 방어적 풋은 주식포트폴리오만 보유할 경우의 주가하락에 따른 커다란 손실을 풋옵션을 매수함으로써 프리미엄의 손실로 방어할 수 있는 대신 주가상승 시에는 주식포트폴리오만 보유한 경우보다 프리미엄만큼 더 낮은 이익을 추구하게 된다.

(2) 풋-콜등가정리

기초자산, 행사가격, 만기일이 동일한 풋옵션과 콜옵션 가격 사이에는 균형상태에서 일정한 관계식이 성립한다. 이러한 관계식을 풋-콜등가정리(put-call parity theorem)라고 한다. 풋-콜등가정리를 도출하기 위하여 〈표 12-16〉

표 12-16 풋-콜등가정리			
		수 익	
전 략	비 용	$S_T < X$	$S_T > X$
전략 1: 풋 매수	P	$X - S_T$	0
현물 매수	S	S_T	S_T
	$P + S$	X	S_T
전략 2: 콜 매수	C	0	$S_T - X$
대출	$\dfrac{X}{(1+r)^T}$	X	X
	$C + \dfrac{X}{(1+r)^T}$	X	S_T

과 같이 전략 1과 전략 2를 생각해보자. 전략 1은 풋옵션 하나를 매수함과 동시에 현물을 매수하는 것이고, 전략 2는 콜옵션 하나를 매수함과 동시에 행사가격의 현재가치만큼 대출하는 것이다.

전략 1의 경우, 만기시점의 현물가격(S_T)이 행사가격(X)보다 작을 때는 만기시점에서의 수익은 X이고 만기시점의 현물가격(S_T)이 행사가격(X)보다 클 때는 만기시점에서의 수익은 S_T가 된다. 마찬가지로 전략 2의 경우도 만기시점에서의 수익이 전략 1과 동일하다.

두 전략 모두 동일한 수익을 발생시키므로 차익거래가 일어나지 않으려면 투입되는 비용도 동일해야 한다. 전략 1의 비용($P + S$)과 전략 2의 비용($C + X/(1+r)^T$)이 같아야만 한다. 따라서 식(12-1)의 풋-콜등가정리가 도출되며, 식(12-1)의 좌변은 풋옵션 1계약 매수하고 주식포트폴리오 1단위 매수를 의미하고, 우변은 콜옵션 1계약 매수하고 $X/(1+r)^T$만큼 대출하는 것을 의미한다.

$$P + S = C + \frac{X}{(1+r)^T} \tag{12-1}$$

풋-콜등가의 관계가 만족되지 않으면 차익거래가 가능하다. 예를 들어, $P+S < C+X/(1+r)^T$ 라면 $P+S$ 가 저평가이고 $C+X/(1+r)^T$ 가 고평가이므로 풋매수, 주식매수, 콜매도, 차입을 통해 차익거래이익을 낼 수 있다. 반대의 경우는 $P+S$ 가 고평가이고 $C+X/(1+r)^T$ 가 저평가이므로 풋매도, 주식매도, 콜매수, 대출을 통해 차익거래이익을 낼 수 있다.

예제

풋 콜등가정리

현물가격이 260이고 무위험이자율이 6%이며 1년 후에 만기가 되는 콜옵션과 풋옵션의 행사가격은 250이다. 만일 풋옵션 가격이 4라면 콜옵션 이론가격은 얼마인가?

[답]

$$P+S = C+\frac{X}{(1+r)^T} \quad \rightarrow \quad C = P+S-\frac{X}{(1+r)^T} = 4+260-\frac{250}{(1+0.06)^1} = 28.15$$

---

12 옵션 Ⅰ : 연습문제

Q1. (CFA 수정) 행사가격이 25원인 콜옵션의 가격은 4원이다. 또한 행사가격 40원인 콜옵션의 가격은 2.5원이다. 이 옵션들을 이용하여 강세스프레드전략을 구성하고자 한다. 만약 주가가 만기에 50원까지 상승하고 옵션이 만기일에 행사된다면 만기 시의 순이익은 얼마인가? (단, 거래비용은 무시한다.) ( )

① 8.5원   ② 13.5원

③ 16.5원   ④ 23.5원

Q2. (CFA 수정) 행사가격 40원인 풋옵션이 2원에 거래되고 있는 반면, 행사가격이 40원인 콜옵션은 3.5원에 거래되고 있다. 풋옵션 발행자가 부담하게 되는 최대손실과 콜옵션 발행자가 가지게 되는 최대이익은 각각 얼마인가? ( )

① 38원, 3.5원   ② 38원, 36.5원

③ 40원, 3.5원   ④ 40원, 40원

Q3. (2005 CPA) 어느 투자자가 행사가격이 25,000원인 콜옵션을 개당 4,000원에 2개 매수하였고, 행사가격이 40,000원인 콜옵션을 2,500원에 1개 발행하였다. 옵션만기일에 기초주식가격이 50,000원이라고 할 때, 이러한 투자전략의 만기가치와 투자자의 만기손익을 각각 구하라. (단, 옵션의 기초주식과 만기는 동일하며 거래비용은 무시하라) ( )

	투자전략의 만기가치	투자자의 만기손익
①	15,000원	13,500원
②	25,000원	23,500원
③	30,000원	27,000원
④	35,000원	30,000원
⑤	40,000원	34,500원

Q4. (CFA 수정) 다음의 만기가 같고 행사가격이 다른 콜옵션과 풋옵션을 이용하여 구성한 매수스트래들의 최대손실, 최대이익 및 손익분기주가는 각각 얼마인가? (　)

	콜옵션	풋옵션
가격	5원	4원
행사가격	60원	55원
만기까지의 기간	90일	90일

	최대손실	최대이익	손익분기주가
①	5원	4원	9원
②	4원	무제한	55원, 51원
③	9원	무제한	46원, 69원
④	9원	9원	0원

Q5. (2009 CPA) 투자자 갑은 3개월 만기 콜옵션 1계약과 3개월 만기 풋옵션 1계약을 이용하여 주가지수옵션에 대한 매도스트랭글(short strangle) 투자전략을 구사하려 한다. 현재 형성된 옵션시세는 다음과 같다. 만기 주가지수가 1,120포인트일 때, 투자자의 만기손익과 최대손익을 구하시오. (　)

> a. 3개월 만기 주가지수 콜옵션 (행사가격=1,100포인트, 콜옵션 프리미엄=35원)
>
> b. 3개월 만기 주가지수 풋옵션 (행사가격=1,100포인트, 풋옵션 프리미엄=21원)
>
> c. 3개월 만기 주가지수 콜옵션 (행사가격=1,200포인트, 콜옵션 프리미엄=32원)
>
> d. 3개월 만기 주가지수 풋옵션 (행사가격=1,200포인트, 풋옵션 프리미엄=27원)

	만기손익	최대손익
①	53	53

②	56	56
③	59	59
④	−60	60
⑤	−62	−62

Q6. (1998 CPA) A회사는 만기가 1년이고, 행사가격이 10,000원인 유럽형콜옵션과 풋옵션을 발행하였다. A회사의 현재주가는 10,000원이며, 액면이 10,000원인 1년 만기 무위험채권의 가격은 900원이다. 현재 콜옵션의 가격이 2,000원이라면 풋옵션의 가격은? (   )

① 1,000원   ② 1,500원

③ 2,000원   ④ 2,500원

⑤ 3,000원

Q7. (1999 CPA) 배당을 지급하지 않는 K회사 주식에 대해 투자자는 다음과 같은 정보를 가지고 있다. (거래비용은 없다고 가정한다.)

현재주가＝11,000원
유럽형 콜옵션 가격(행사가격: 10,500원, 만기까지 남은 기간: 1년)＝1,700원
유럽형 풋옵션 가격(행사가격: 10,500원, 만기까지 남은 기간: 1년)＝500원
무위험이자율＝5%

현재 상황에서 차익(arbitrage profit)을 얻기 위해 투자자기 취할 수 있는 거래전략으로 바르게 설명한 것은? (   )

① 현물주식 1주를 매수하고, 그 주식에 대한 콜옵션을 1개 매도하며, 풋옵션을 1개 매수하고, 동시에 10,000원을 차입한다.

② 현물주식 1주를 공매하고, 그 주식에 대한 콜옵션을 1개 매수하며, 풋옵션을 1개 매도하고, 동시에 10,000원을 예금한다.

③ 현물주식 1주를 매수하고, 그 주식에 대한 콜옵션을 1개 매수하며, 풋옵션을 1개 매도하고, 동시에 10,000원을 차입한다.

④ 현물주식 1주를 공매하고, 그 주식에 대한 콜옵션을 1개 매도하며, 풋옵션을 1개 매수하고, 동시에 10,000원을 예금한다.

⑤ 이 경우 차익거래기회가 존재하지 않는다.

12 옵션 I: 연습문제 해답

Q1. ②

[답]

40원 − 25원 + 2.5원 − 4원 = 13.5원

Q2 ①

Q3 ⑤

[답]

옵션만기일의 기초자산의 가격이 50,000원이므로 옵션은 모두 행사한다. 즉, 매수한 옵션의 만기가치는 $(50,000 - 25,000) \times 2 = 50,000$원이고, 매도한 옵션의 만기가치는 $(40,000 - 50,000) \times 1 = -10,000$원이므로 투자전략의 만기가치는 40,000원이다. 투자자는 옵션매수에 $-4,000 \times 2 = -8,000$원을 사용하였고, 옵션매도로 2,500원을 벌어 총 만기손익은 34,500원이 된다.

Q4 ③

[답]

매수스트래들의 최대손실 = 5원 + 4원 = 9원

매수스트래들의 최대이익 = 무제한

손익분기주가 $= X_1 - S_T - 9 = 0 \rightarrow 55 - S_T - 9 = 0 \rightarrow S_T = 46$

$\qquad\qquad\quad S_T - X_2 - 9 = 0 \rightarrow S_T - 60 - 9 = 0 \rightarrow S_T = 69$

Q5 ①

[답]

매도스트랭글: 행사가격이 매우 높은 콜옵션 매도하고 행사가격이 매우 낮은 풋옵션 매도

포 지 션	비 용	수 익		
		$S_T < X_1$	$X_1 < S_T < X_2$	$S_T > X_2$
콜 매도 ($X_2 = 1,200$)	$-C(=-32)$	-0	-0	$-(S_T - X_2)$
풋 매도 ($X_1 = 1,100$)	$-P(=-21)$	$-(X_1 - S_T)$	-0	-0
	-53	$X_1 + S_T$	0	$-S_T + X_2$

만기 시의 주가지수가 1,120이므로 X_1과 X_2사이에 있다. 따라서 만기수익은 0이며, 이익은 옵션매도가격인 53원이 된다. 최대손익도 53원이다.

Q6 ①

[답]

$$P = -S + C + \frac{X}{(1+r)^T} \quad \rightarrow \quad -10,000 + 2,000 + \frac{10,000}{1+0.111} = 1,000$$

여기서, 무위험채권의 현재가격 $900 = \dfrac{1,000}{1+r} \quad \rightarrow \quad r = 0.111$

Q7 ①

[답]

$$P + S = C + \frac{X}{(1+r)^T} \quad \rightarrow \quad 500 + 11,000 < 1,700 + \frac{10,500}{1+0.05}$$

→ 풋매수, 현물매수, 콜매도, 차입

13

옵션 Ⅱ

본 장에서는 단순함과 유연성을 특징으로 갖는 이항옵션가격결정모형과 최초로 옵션 시장에서 배당이 없는 주식의 유럽형 콜옵션의 균형가격을 규명한 블랙-숄즈옵션가격 결정모형에 대해서 배운다.

학습목표

- 이항옵션가격결정모형
- 블랙-숄즈옵션가격결정모형

이항옵션가격결정모형

현물가격이 일정한 비율로 오르거나 내리는 이항분포를 따른다는 가정하에서 기초자산과 옵션을 이용하여 무위험포트폴리오를 만드는 단순한 과정을 통하여 옵션의 가치를 계산하는 방법인 이항옵션가격결정모형(binomial option pricing model)을 Cox, Ross, and Rubinstein(1979)[1]이 개발하여 발표하였다.

1. 1기간 이항옵션가격결정모형

(1) 콜옵션의 경우

주식을 N주 매수하고 콜옵션을 1개 매도하여 포트폴리오를 구성하자. 주가가 올라가면 주식에서 이익, 콜매도에서 손실이 발생하고, 주가가 내려가면 주식에서 손실, 콜매도에서 이익이 발생한다. 1기간 후 주가가 오르거나 내리거나 포트폴리오의 가치가 똑같다면 이 포트폴리오는 무위험포트폴리오가 된다.

예를 들어, 현재의 주가 S가 10,000원인데 연말에 30% 상승하거나 10% 하락한다면 연말의 주가는 13,000원이 되거나 9,000원이 될 것이다. 현재 투자자가 가격이 C이고 행사가격이 11,000원인 콜옵션을 1단위 매도하는 동시에 주식을 N개 매수할 경우를 생각해보자.

만기에 주가가 13,000원이 될 경우 옵션을 매도한 투자자는 2,000원[= $-(13,000-11,000)$]의 손실을 보는 반면, C만큼의 프리미엄(옵션가격)을 획득하게 된다. 만기에 주가가 9,000원이 될 경우에는 옵션을 매도한 투자자는 C만큼의 프리미엄만을 획득하게 된다. 결국, 만기 시에 투자자의 포지션은 주식의 가격과 옵션행사에 따른 손익의 합이 되므로 만기 시 주가가 13,000원일 경우에는 $13,000 \times N - 2,000$이 되고, 만기 시 주가가 9,000원일 경우에는

---

1 John C. Cox, Stephen A. Ross, and Mark Rubinstein, "Option Pricing: A Simplified Approach," *Journal of Financial Economics* 7, 1979.

그림 13-1

1기간 이항가격결정모형의 무위험포트폴리오 가치

$$V = NS - C \begin{cases} V_U = NUS - C_U \\ V_D = NDS - C_D \end{cases}$$

$9,000 \times N$이 된다.

그렇다면 포지션의 가치를 1기간 동안의 주가의 변동에 관계없이 불변으로 만들 수 있는가? 다시 말하면 콜옵션 1단위 매도에 대해서 주식을 몇 주를 매수해야 가치가 불변인 무위험포트폴리오를 구성할 수 있는가?

이것은 주가가 올랐을 때의 가치 $13,000 \times N - 2,000$과 주가가 내렸을 때의 가치 $9,000 \times N$이 동일하도록 주식을 매수한다면 가능해진다. 즉, $N = 0.5$개의 주식을 사고[2] 콜옵션 1단위를 매도하게 되면 1기간 동안 주가가 어떻게 변동하든지 관계없이 포지션 가치는 불변이 된다.

이제, 이러한 개념을 일반화 해보자. 먼저 〈그림 13-1〉과 같이 가격이 C인 콜옵션 1단위 매도와 주가가 S인 주식 N주를 매수하여 무위험포트폴리오를 구성한다면 이 포트폴리오의 가치(V)는 $NS - C$가 된다. 주가 S는 1기간 후 US로 오르거나 DS로 내린다. $U = 1 + 가격상승률$이고 $D = 1 + 가격하락률$이다. 콜옵션 가격 C는 C_U로 오르거나 C_D로 내린다. 따라서 시간이 흘러 1기간 후에 주가가 상승하였을 경우에는 무위험포트폴리오의 가치 $V_U = NUS - C_U$가 되고 반대로 주가가 하락하였을 경우에는 무위험포트폴리오의 가치 $V_D = NDS - C_D$가 된다.

이 포트폴리오가 시간이 지나도 가치가 변함이 없도록 만드는, 즉 주가의 상승 및 하락에 관계없이 1기간 후의 가치가 동일하도록 만드는 주식 수 N은 식(13-1)로 구한다. 식(13-1)에서 도출된 N을 헷지비율(hedge ratio)이라고 한다.[3] 즉, 무위험포트폴리오를 만들기 위해 콜옵션 1단위를 매도할 때

---

2 $13,000 \times N - 2,000 = 9,000 \times N \ \rightarrow \ N = 0.5$

3 $N = \dfrac{C_U - C_D}{(U-D)S} = \dfrac{C_U - C_D}{US - DS} = \dfrac{\partial C}{\partial S} = 델타(delta)$

매수해야 하는 주식 수를 말한다.

$$V_U = V_D \quad \rightarrow \quad NUS - C_U = NDS - C_D \quad \rightarrow \quad N = \frac{C_U - C_D}{(U-D)S} \qquad (13\text{-}1)$$

또한 $R = 1 + $ 무위험이자율이라면, 1기간 후의 가치인 V_U나 V_D는 현재 무위험포트폴리오의 가치 V를 무위험이자율 R로 복리계산한 가치와 동일해야 하므로 다음의 관계가 성립해야 한다.

$$VR = V_U (= V_D) \quad \rightarrow \quad (NS - C)R = NUS - C_U (= NDS - C_D) \qquad (13\text{-}2)$$

식(13-2)에 식(13-1)을 대입한 후, C에 대해 정리하면 콜옵션의 균형가격을 다음과 같이 구할 수 있다.

$$C = \frac{\left(\frac{R-D}{U-D}\right)C_U + \left(\frac{U-R}{U-D}\right)C_D}{R} = \frac{\pi_U C_U + \pi_D C_D}{R} \qquad (13\text{-}3)$$

식(13-3)에서 $\pi_U = (R-D)/(U-D)$는 가격이 상승할 확률을 의미하고 $\pi_D = (U-R)/(U-D) = 1 - \pi_U$로 가격이 하락할 확률을 의미한다.[4] 식(13-3)에 의하면 콜옵션의 가치는 투자자의 위험선호도와 관계없이 무위험포트폴리오에서 도출되므로 위험중립적인 세계에서 기대수익(expected payoff)을 무위험이자율로 할인한 현재가치가 된다.

즉, 콜옵션가격변동분을 기초자산가격변동분으로 나눈 것으로 기초자산의 가격변화에 따른 콜가격의 변화인 콜옵션의 델타를 의미한다.

[4] π_U는 위험중립확률(risk neutral probability) 혹은 헷지확률(hedge probability)이라고도 한다.

$$\pi_D = 1 - \pi_U = 1 - \frac{R-D}{U-D} = \frac{U-D-R+D}{U-D} = \frac{U-R}{U-D}$$

(2) 풋옵션의 경우

콜옵션을 이용하여 무위험포트폴리오를 구성하는 것과 마찬가지로 풋옵션을 이용해서도 〈그림 13-2〉처럼 가격이 P인 풋옵션 1단위 매수하고 주가가 S인 주식 N주를 매수하여 무위험포트폴리오 $NS+P$를 구성할 수 있다.

1기간 후에 주가가 상승하였을 경우 무위험포트폴리오의 가치 V_U는 $NUS+P_U$가 되고 반대로 주가가 하락하였을 경우 무위험포트폴리오의 가치 V_D는 $NDS+P_D$가 된다. P_U는 주가가 상승했을 때의 풋옵션의 가치이고 P_D는 주가가 하락했을 때의 풋옵션의 가치이다.

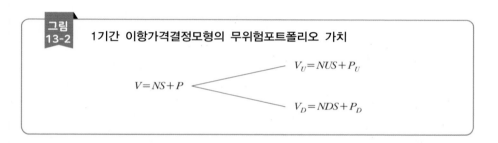

그림 13-2 1기간 이항가격결정모형의 무위험포트폴리오 가치

$$V=NS+P \quad \begin{cases} V_U=NUS+P_U \\ V_D=NDS+P_D \end{cases}$$

이 포트폴리오가 시간이 지나도 가치가 변함이 없도록 만드는, 즉 주가의 상승 및 하락에 관계없이 1기간 후의 가치가 동일하도록 만드는 주식수 N은 다음 식을 풀면 된다.

$$V_U=V_D \;\rightarrow\; NUS+P_U=NDS+P_D \;\rightarrow\; N=-\frac{P_U-P_D}{(U-D)S} \qquad (13\text{-}4)$$

식(13-4)에서 도출된 N은 무위험포트폴리오를 만들기 위해 풋옵션 1단위를 매수할 때 매수해야 하는 주식 수, 즉 헷지비율이다.[5] 이처럼 무위험포트폴리오를 구성하기 위해 풋옵션 1단위 매수에 대해서 몇 주의 주식을 매수

---

5 콜옵션의 헷지비율 N은 콜옵션 1단위를 매도할 때 매수해야 하는 주식 수로 양(+)의 값이 나오며, 풋옵션의 헷지비율 N은 풋옵션 1단위를 매수할 때 매수해야 하는 주식 수로 음(−)의 값이 나온다.

해야 하는지를 도출하였다.

풋옵션의 가치도 콜옵션의 경우와 마찬가지로 구할 수 있다. 즉, 1기간 동안의 무위험이자율을 $R(=1+$무위험이자율$)$이라고 한다면 1기간 후의 가치인 V_U나 V_D는 현재 무위험포트폴리오의 가치 V를 무위험이자율 R로 복리계산한 가치와 동일해야 하므로 다음의 관계가 성립해야 한다.

$$VR = V_U(=V_D) \quad \rightarrow \quad (NS+P)R = NUS + P_U(=NDS + P_D) \tag{13-5}$$

식(13-5)에 식(13-4)를 대입한 후, P에 대해서 정리하면 풋옵션의 균형가격은 콜옵션의 균형가격과 동일하게 다음과 같이 구할 수 있다.

$$P = \frac{\left(\dfrac{R-D}{U-D}\right)P_U + \left(\dfrac{U-R}{U-D}\right)P_D}{R} = \frac{\pi_U P_U + \pi_D P_D}{R} \tag{13-6}$$

식(13-6)에서 $\pi_U = (R-D)/(U-D)$는 가격이 상승할 확률을 의미하고 $\pi_D = (U-R)/(U-D)$은 가격이 하락할 확률을 의미한다. 따라서 풋옵션의 가치는 투자자의 위험선호도와 관계없이 무위험포트폴리오에서 도출되므로 위험중립적인 세계에서 기대수익을 무위험이자율로 할인한 현재가치가 된다.

2. 2기간 이항옵션가격결정모형

콜옵션과 풋옵션 모두 1기간 이항옵션가격결정모형을 한 기간 더 확장한 2기간 이항옵션가격결정모형도 동일한 논리가 적용된다. 〈그림 13-3〉에서 보듯이 콜옵션의 경우, 현재 콜옵션의 가격 C는 1기간 후에 가격이 오르거나 내릴 수 있다. 즉, C_U 혹은 C_D가 된다.

C_U 혹은 C_D에서 다시 1기간 동안 콜옵션의 가격이 오르거나 내릴 수 있다. 따라서 현재부터 2기간 후의 콜옵션의 가격은 2기간 동안 두 번 모두 상승한 가격(C_{UU}), 한 번 상승한 후 하락한 가격(C_{UD}), 한 번 하락한 후 상승한 가격(C_{DU}), 두 번 모두 하락한 가격(C_{DD})이 된다. 이때 콜옵션의 가치는 2기

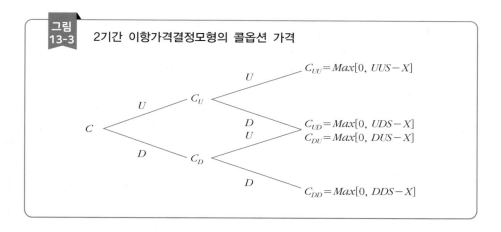

그림 13-3 2기간 이항가격결정모형의 콜옵션 가격

간 후의 주가에서 행사가격을 차감한 것으로 $C_{UU}=Max[0,\ UUS-X]$, $C_{UD}=Max[0,\ UDS-X]$, $C_{DU}=Max[0,\ DUS-X]$, $C_{DD}=Max[0,\ DDS-X]$가 된다.

현재 시점의 균형상태에서 콜옵션의 가격을 구하기 위해서 먼저, 1기간 말 시점에서의 콜옵션의 가치인 C_U의 가치와 C_D의 가치는 식(13-3)을 이용하여 식(13-7)과 같이 계산할 수 있다.

$$C_U = \frac{\pi_U\,C_{UU} + \pi_D\,C_{UD}}{R}, \quad C_D = \frac{\pi_U\,C_{DU} + \pi_D\,C_{DD}}{R} \tag{13-7}$$

옵션의 가치는 위험중립적인 세계에서 기대수익을 무위험이자율로 할인한 현재가치이므로, 2기간 후의 기대수익을 무위험이자율로 2기간 동안 할인한 현재가치가 옵션의 가치가 된다. 따라서, 1기간 말의 가치인 C_U와 C_D를 현재시점의 가치로 계산하기 위하여 식(13-3)에 식(13-7)을 대입하여 정리하면 다음과 같은 2기간 이항옵션가격결정모형이 도출된다.

$$\begin{aligned}
C &= \frac{\pi_U\left(\dfrac{\pi_U\,C_{UU} + \pi_D\,C_{UD}}{R}\right) + \pi_D\left(\dfrac{\pi_U\,C_{DU} + \pi_D\,C_{DD}}{R}\right)}{R} \\[2mm]
&= \frac{\pi_U\pi_U C_{UU} + \pi_U\pi_D C_{UD} + \pi_D\pi_U C_{DU} + \pi_D\pi_D C_{DD}}{R^2}
\end{aligned} \tag{13-8}$$

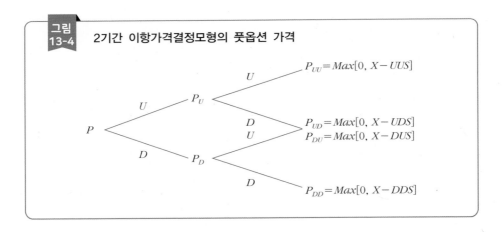

그림
13-4
2기간 이항가격결정모형의 풋옵션 가격

$P_{UU} = Max[0,\ X - UUS]$

$P_{UD} = Max[0,\ X - UDS]$
$P_{DU} = Max[0,\ X - DUS]$

$P_{DD} = Max[0,\ X - DDS]$

풋옵션의 경우도 콜옵션과 동일한 논리로 계산할 수 있다. 〈그림 13-4〉에서 보듯이 2기간 후의 풋옵션의 가치는 $P_{UU} = Max[0,\ X - UUS]$, $P_{UD} = Max[0,\ X - UDS]$, $P_{DU} = Max[0,\ X - DUS]$, $P_{DD} = Max[0,\ X - DDS]$이다.

2기간 콜옵션의 가격결정모형과 마찬가지로 2기간 풋옵션의 가격은 2기간 후의 기대수익을 무위험이자율로 2기간 동안 할인한 현재가치가 옵션의 가치가 된다. 우선 1기간 말 시점에서의 풋옵션의 가치인 P_U의 가치와 P_D의 가치는 식(13-6)을 이용하여 식(13-9)와 같이 계산할 수 있다.

$$P_U = \frac{\pi_U P_{UU} + \pi_D P_{UD}}{R}, \quad P_D = \frac{\pi_U P_{DU} + \pi_D P_{DD}}{R} \tag{13-9}$$

1기간 말의 가치인 P_U와 P_D를 현재시점의 가치로 계산하기 위하여 식(13-6)에 식(13-9)를 대입하여 정리하면 다음과 같은 2기간 이항옵션가격결정모형이 도출된다.

$$P = \frac{\pi_U \left(\dfrac{\pi_U P_{UU} + \pi_D P_{UD}}{R} \right) + \pi_D \left(\dfrac{\pi_U P_{DU} + \pi_D P_{DD}}{R} \right)}{R}$$
$$= \frac{\pi_U \pi_U P_{UU} + \pi_U \pi_D P_{UD} + \pi_D \pi_U P_{DU} + \pi_D \pi_D P_{DD}}{R^2} \tag{13-10}$$

예제

이항옵션가격결정모형

주식가격이 40원, 무위험이자율이 5%, 행사가격이 35원이다. 주가는 8% 상승하거나 7.4% 하락할 수 있다. 2기간 이항옵션가격결정모형에 의한 콜옵션 가격을 구하시오.

[답]

$U = 1.08$ $\qquad\qquad\qquad\qquad$ $D = 0.926$

$\pi_U = \dfrac{R-D}{U-D} = \dfrac{1.05 - 0.926}{1.08 - 0.926} = 0.8052$ $\qquad$ $\pi_D = 0.1948$

$C_{UU} = Max[0, \ UUS - X] = 11.656$

$C_{UD} = Max[0, \ UDS - X] = 5$

$C_{DU} = Max[0, \ DUS - X] = 5$

$C_{DD} = Max[0, \ DDS - X] = 0$

$$C = \frac{(0.8052)^2(11.656) + (0.8052)(0.1948)(5) + (0.1948)(0.8052)(5) + (0.1948)^2(0)}{(1.05)^2}$$

$\quad = 8.2772$

13.2
SECTION / **블랙-숄즈옵션가격결정모형**

Black and Scholes(1973)[6]는 옵션가격결정모형(option pricing model)을 최초로 도출하여 실제 시장에서 시장참여자들이 폭넓게 사용할 수 있게 하였다. 현물가격이 연속적으로 변화하고,[7] 현물수익률은 로그정규분포[8]를 따르며, 이

---

6 Fischer Black and Myron Schoes, "The Pricing of Options and Corporate Liabilities," *Journal of Political Economy* 81, May-June 1973.
7 이항옵션가격결정모형에서는 주가의 변동이 이산적으로 일정한 비율의 상승과 하락으로 움직인다고 가정한 데 비하여, 블랙-숄즈옵션가격결정모형은 주가가 연속적인 랜덤워크 (random walk)에 따라 변화한다고 가정하는 점에서 차이가 있다.
8 어떤 변수에 자연로그를 취한 값이 정규분포를 따르면 그 변수는 로그정규분포(lognormal distribution)를 가진다.

자율과 주가의 변동성은 옵션잔존기간 동안 고정되어 있다는 가정하에 물리학의 열확산식을 응용하여 개발하였다.[9] 주식가격(S), 행사가격(X), 변동성(σ), 만기까지의 기간(T), 무위험이자율(r)의 변수를 사용하여 배당금을 지급하지 않는 주식에 대한 유럽형 콜옵션 이론가격을 계산하는 블랙-숄즈옵션가격결정모형은 다음과 같다.

$$C = SN(d_1) - Xe^{-rT}N(d_2) \tag{13-11}$$

$$여기서, \ d_1 = \frac{\ln\left(\dfrac{S}{X}\right) + (r + 0.5\sigma^2)T}{\sigma\sqrt{T}}$$

$$d_2 = d_1 - \sigma\sqrt{T}$$

식(13-11)에서 N(d)는 평균이 0이고 표준편차가 1인 표준정규분포를 따르는 확률변수의 누적분포함수로서 〈그림 13-5〉에서 보듯이 그림자 부분의 면적, 즉 d 이하의 누적확률을 의미한다.

풋옵션의 이론가격은 콜옵션의 이론가격을 산출한 후 풋-콜등가정리에 의해 계산할 수 있다. 풋-콜등가정리[10]를 풋옵션에 대해서 정리하면 다음과 같이 된다.

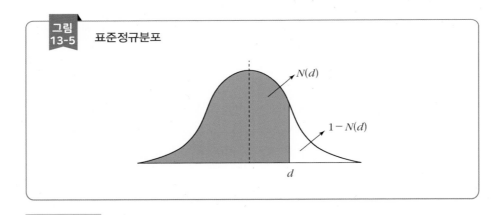

그림 13-5 표준정규분포

---

9 블랙-숄즈옵션가격결정모형은 복잡한 수학 및 통계학적 방법론을 이용하여 옵션가격결정원리를 규명함에 따라 일반인이 이해하기에는 어려움이 따른다. 본서에서는 수학적인 도출과정은 생략하고 개념적인 내용위주로 설명하기로 한다.

10 식(12-1)의 풋-콜등가정리는 이산형으로 나타낸 것이고 식(13-12)는 블랙-숄즈옵션가격결정모형을 적용하기 위해 연속형으로 풋-콜등가정리를 나타낸 것이다.

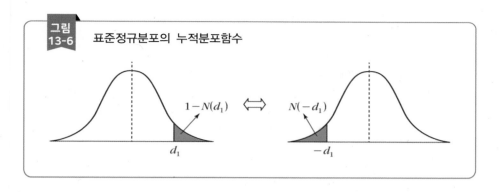

표준정규분포의 누적분포함수

$$1-N(d_1) \quad \Longleftrightarrow \quad N(-d_1)$$

$$d_1 \qquad -d_1$$

$$P=-S+C+Xe^{-rT} \tag{13-12}$$

식(13-12)에 블랙-숄즈옵션가격결정모형으로 계산된 식(13-11)의 콜옵션가격을 대입하여 정리하면 식(13-13)과 같이 풋옵션가격을 구할 수 있다.

$$P=-S+SN(d_1)-Xe^{-rT}N(d_2)+Xe^{-rT}$$

$$=-S[1-N(d_1)]+Xe^{-rT}[1-N(d_2)]$$

$$=-SN(-d_1)+Xe^{-rT}N(-d_2) \tag{13-13}$$

식(13-13)에서 N(d)가 평균 0을 중심으로 좌우가 대칭인 점을 이용하면 $[1-N(d_1)]=N(-d_1)$이고 $[1-N(d_2)]=N(-d_2)$가 된다.

예제

블랙-숄즈옵션가격결정모형

현재 KOSPI200이 253.19, KOSPI200의 연수익률의 표준편차(σ)는 27.63%, 무위험이자율이 2.85%이다. 행사가격(X)이 245.50이고 만기까지 3개월 남은 콜옵션과 풋옵션가격을 블랙-숄즈옵션가격결정모형을 이용하여 구하시오.

[답]

$$d_1 = \frac{\ln\left(\dfrac{S}{X}\right)+(r+0.5\sigma^2)T}{\sigma\sqrt{T}} = \frac{\ln\left(\dfrac{253.19}{245.50}\right)+(0.0285+0.5(0.2763)^2)(0.25)}{0.2763\sqrt{0.25}} = 0.4985$$

부표를 이용하여 보간법으로 누적확률을 구하면,

$$\frac{0.4985 - 0.49}{0.50 - 0.49} = \frac{N(0.4985) - 0.6879}{0.6915 - 0.6879} \quad \rightarrow \quad N(0.4985) = 0.6909$$

보간법으로 구하는 방법 외에 표준정규누적분포값을 구하는 엑셀함수인 [NORMSDIST]
함수로 구해도 된다. 다음 그림과 같이 [NORMSDIST(0.4985)]를 입력하면 누적확
률이 0.6909로 구해진다.

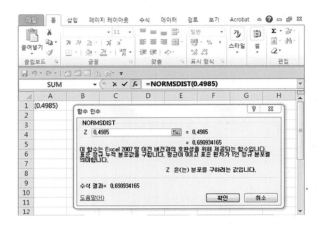

$$d_2 = d_1 - \sigma\sqrt{T} = 0.4985 - (0.2763)\sqrt{0.25} = 0.3604$$

부표를 이용하여 보간법으로 누적확률을 구하면,

$$\frac{0.3604 - 0.36}{0.37 - 0.36} = \frac{N(0.3604) - 0.6406}{0.6443 - 0.6406} \quad \rightarrow \quad N(0.3604) = 0.6407$$

마찬가지로 엑셀함수인 [NORMSDIST]함수를 이용하여 다음 그림과 같이 [NORMSDIST
(0.3604)]를 입력하면 누적확률이 0.6407이 구해진다.

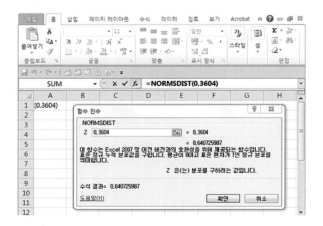

따라서, 콜옵션과 풋옵션은 다음과 같다.

$$C = SN(d_1) - Xe^{-rT}N(d_2)$$

$$= (253.19)(0.6909) - (245.50)e^{-(0.0285)(0.25)}(0.6407) = 18.75$$

$$P = -SN(-d_1) + Xe^{-rT}N(-d_2)$$

$$= (-253.19)(1 - 0.6909) + (245.50)e^{-(0.0285)(0.25)}(1 - 0.6407) = 9.32$$

〈부표〉 누적표준정규분포표

	.00	.01	.02	.03	.04	.05	.06	.07	.08	.09
0.0	.5000	.5040	.5080	.5120	.5160	.5199	.5239	.5279	.5319	.5359
0.1	.5398	.5438	.5478	.5517	.5557	.5596	.5636	.5675	.5714	.5753
0.2	.5793	.5832	.5871	.5910	.5948	.5987	.6026	.6064	.6103	.6141
0.3	.6179	.6217	.6255	.6293	.6331	.6368	.6406	.6443	.6480	.6517
0.4	.6554	.6591	.6628	.6664	.6700	.6736	.6772	.6808	.6844	.6879
0.5	.6915	.6950	.6985	.7019	.7054	.7088	.7123	.7157	.7190	.7224
0.6	.7257	.7291	.7324	.7357	.7389	.7422	.7454	.7486	.7517	.7549
0.7	.7580	.7611	.7642	.7673	.7704	.7734	.7764	.7794	.7823	.7852
0.8	.7881	.7910	.7939	.7967	.7995	.8023	.8051	.8078	.8106	.8133
0.9	.8159	.8186	.8212	.8238	.8264	.8289	.8315	.8340	.8365	.8389
1.0	.8413	.8438	.8461	.8485	.8508	.8531	.8554	.8577	.8599	.8621
1.1	.8643	.8665	.8686	.8708	.8729	.8749	.8770	.8790	.8810	.8830
1.2	.8849	.8869	.8888	.8907	.8925	.8944	.8962	.8980	.8997	.9015
1.3	.9032	.9049	.9066	.9082	.9099	.9115	.9131	.9147	.9162	.9177
1.4	.9192	.9207	.9222	.9236	.9251	.9265	.9279	.9292	.9306	.9319
1.5	.9332	.9345	.9357	.9370	.9382	.9394	.9406	.9418	.9429	.9441
1.6	.9452	.9463	.9474	.9484	.9495	.9505	.9515	.9525	.9535	.9545
1.7	.9554	.9564	.9573	.9582	.9591	.9599	.9608	.9616	.9625	.9633
1.8	.9641	.9649	.9656	.9664	.9671	.9678	.9686	.9693	.9699	.9706
1.9	.9713	.9719	.9726	.9732	.9738	.9744	.9750	.9756	.9761	.9767
2.0	.9772	.9778	.9783	.9788	.9793	.9798	.9803	.9808	.9812	.9817
2.1	.9821	.9826	.9830	.9834	.9838	.9842	.9846	.9850	.9854	.9857
2.2	.9861	.9864	.9868	.9871	.9875	.9878	.9881	.9884	.9887	.9890
2.3	.9893	.9896	.9898	.9901	.9904	.9906	.9909	.9911	.9913	.9916
2.4	.9918	.9920	.9922	.9925	.9927	.9929	.9931	.9932	.9934	.9936
2.5	.9938	.9940	.9941	.9943	.9945	.9946	.9948	.9949	.9951	.9952
2.6	.9953	.9955	.9956	.9957	.9959	.9960	.9961	.9962	.9963	.9964
2.7	.9965	.9966	.9967	.9968	.9969	.9970	.9971	.9972	.9973	.9974
2.8	.9974	.9975	.9976	.9977	.9977	.9978	.9979	.9979	.9980	.9981
2.9	.9981	.9982	.9982	.9983	.9984	.9984	.9985	.9985	.9986	.9986
3.0	.9987	.9987	.9987	.9988	.9988	.9989	.9989	.9989	.9990	.9990
3.1	.9990	.9991	.9991	.9991	.9992	.9992	.9992	.9992	.9993	.9993
3.2	.9993	.9993	.9994	.9994	.9994	.9994	.9994	.9995	.9995	.9995
3.3	.9995	.9995	.9995	.9996	.9996	.9996	.9996	.9996	.9996	.9997
3.4	.9997	.9997	.9997	.9997	.9997	.9997	.9997	.9997	.9997	.9998

CHAPTER

13   옵션 Ⅱ : 연습문제

Q1. (2013 CPA) 현재 주가는 10,000원이고, 무위험이자율은 연 3%이다. 1년 후 주가는 15,000원으로 상승하거나 7,000원으로 하락할 것으로 예상된다. 이 주식을 기초자산으로 하는 유럽형옵션의 만기는 1년이고 행사가격은 10,000원이며 주식은 배당을 지급하지 않는다. 1기간 이항모형을 이용하는 경우, 주식과 옵션으로 구성된 헷지포트폴리오(hedge portfolio)로 적절한 항목만을 모두 고르면? (단, 주식과 옵션은 소수 단위로 분할하여 거래가 가능하다.) (   )

(가) 주식 1주 매수, 콜옵션 $\frac{8}{5}$개 매도

(나) 주식 $\frac{5}{8}$주 매도, 콜옵션 1개 매수

(다) 주식 1주 매수, 풋옵션 $\frac{8}{3}$개 매수

(라) 주식 $\frac{3}{8}$주 매도, 풋옵션 1개 매도

① (가), (다)   ② (나), (라)
③ (가), (나), (다)   ④ (가), (나), (라)
⑤ (가), (나), (다), (라)

Q2. (2008 CPA) A회사의 주식이 10,000원에 거래되고 있다. 이 주식에 대해 행사가격이 10,000원이며 6개월 후에 만기가 도래하는 콜옵션의 가치는 블랙-숄즈옵션가격결정모형을 이용해 구한 결과 2,000원이었다. 주가가 10% 올라서 11,000원이 된다면 콜옵션 가치의 변화에 대해 가장 잘 설명하는 것은 무엇인가? (   )

① 콜옵션 가치는 1,000원보다 적게 증가하고 콜옵션 가치의 증가율은 10%보다 높다.

② 콜옵션 가치는 1,000원보다 많이 증가하고 콜옵션 가치의 증가율은 10%보다 높다.

③ 콜옵션 가치는 1,000원보다 적게 증가하고 콜옵션 가치의 증가율은 10%보다 낮다.

④ 콜옵션 가치는 1,000원보다 많이 증가하고 콜옵션 가치의 증가율은 10%보다 낮다.

⑤ 콜옵션 가치는 1,000원 증가하고 콜옵션 가치의 증가율은 10%이다.

Q3. (2014 CPA) 현재 ㈜가나 주식의 가격은 10,000원이고 주가는 1년 후 80%의 확률로 20% 상승하거나 20%의 확률로 40% 하락하는 이항모형을 따른다. ㈜가나의 주식을 기초자산으로 하는 만기 1년, 행사가격 9,000원의 유럽형 콜옵션이 현재 시장에서 거래되고 있다. 무위험이자율이 연 5%일 때 모든 조건이 이 콜옵션과 동일한 풋옵션의 현재가격에 가장 가까운 것은? ( )

① 715원   ② 750원
③ 2,143원   ④ 2,250원
⑤ 3,000원

Q4. (2020 CPA) 1기간 이항모형을 이용하여 기업 A의 주식을 기초자산으로 하는 유럽형 콜옵션의 이론적 가격을 평가하고자 한다. 현재 이 콜옵션의 만기는 1년이고, 행사가격은 10,000원이다. 기업 A의 주식은 배당을 하지 않으며, 현재 시장에서 10,000원에 거래되고 있다. 1년 후 기업 A의 주가가 12,000원이 될 확률은 60%이고, 8,000원이 될 확률은 40%이다. 현재 무위험이자율이 연 10%라고 할 때, 이 콜옵션의 이론적 가격에 가장 가까운 것은? ( )

① 1,360원   ② 1,460원
③ 1,560원   ④ 1,660원
⑤ 1,760원

Q5. (2021 CPA) A주식은 배당을 하지 않으며, 현재 시장에서 4,000원에 거래되고 있다. 1년 후 이 주식은 72.22%의 확률로 5,000원이 되고, 27.78%의 확률로 3,000원이 된다. A주식이 기초자산이고 행사가격이 3,500원이며 만기가 1년인 유럽형 풋옵션은 현재 200원에 거래되고 있다. 주식의 공매도가 허용되고 무위험이자율로 차입과 대출이 가능하고 거래비용과 차익거래기회가 없다면, 1년 후 항상 10,000원을 지급하는 무위험자산의 현재 가격에 가장 가까운 것은? (   )

① 9,000원 　　　　　　② 9,200원
③ 9,400원 　　　　　　④ 9,600원
⑤ 9,800원

Q1. ⑤

[답]

콜옵션의 헷지비율: 콜옵션 1단위를 매도할 때 매수해야 하는 주식 수

$$N = \frac{C_U - C_D}{(U-D)S} \;\rightarrow\; N = \frac{5,000 - 0}{(1.5 - 0.7)10,000} = \frac{5}{8}\,주$$

⇔ 콜옵션 $\frac{8}{5}$개 매도할 때 매수해야 하는 주식 수 1주

풋옵션의 헷지비율: 풋옵션 1단위를 매수할 때 매수해야 하는 주식 수

$$N = -\frac{P_U - P_D}{(U-D)S} \;\rightarrow\; N = -\frac{0 - 3,000}{(1.5 - 0.7)10,000} = \frac{3}{8}\,주$$

⇔ 풋옵션 $\frac{8}{3}$개 매수할 때 매수해야 하는 주식 수 1주

⇔ 풋옵션 $\frac{8}{3}$개 매도할 때 매도해야 하는 주식 수 1주

Q2 ①

[답]

블랙-숄즈옵션가격결정모형 $C = SN(d_1) - Xe^{-r(T-t)}N(d_2)$에서 델타 $\partial C/\partial S = N(d_1)$이다. 이 문제는 행사가격과 기초자산의 가격이 같은 등가격 옵션이며, 등가격 옵션의 델타값은 0.5수준이다. 따라서 $\partial C/\partial S = N(d_1) = 0.5 \rightarrow$ 주식이 1,000원 상승하므로 델타는 $\partial C/1,000원 = 0.5 \rightarrow \partial C = 500원$. 따라서 콜옵션의 가치는 500원 변화하고, 콜옵션 가치의 증가율은 (2,500원 − 2,000원)/2,000원 = 25%가 된다.

Q3 ①

[답]

주식: 풋옵션:

10,000 〈 12,000 / 6,000   P 〈 0 / 3,000(=9,000−6,000)

$$U = 1.2,\ D = 0.6,\ \pi_U = \frac{R-D}{U-D} = \frac{1.05-0.6}{1.2-0.6} = 0.75$$

$$\rightarrow P = \frac{0 \times 0.75 + 3,000 \times 0.25}{(1+0.05)^1} = 714$$

Q4 ①

[답]

① $\pi_U = \dfrac{R-D}{U-D} = \dfrac{1.1-0.8}{1.2-0.8} = 0.75, \quad \pi_D = 1-\pi_U = 1-0.75 = 0.25$

$C = \dfrac{\pi_U C_U + \pi_D C_D}{R} = \dfrac{(0.75)(2,000)+(0.25)(0)}{1.1} = 1,364원$

Q5 ④

[답]

주식: 풋옵션:

$\pi_U = \dfrac{R-D}{U-D} = \dfrac{R-0.75}{1.25-0.75}, \quad \pi_D = \dfrac{U-R}{U-D} = \dfrac{1.25-R}{1.25-0.75}$

$P = \dfrac{\pi_U P_U + \pi_D P_D}{R} \rightarrow 200 = \dfrac{\left(\dfrac{R-0.75}{1.25-0.75}\right)(0) + \left(\dfrac{1.25-R}{1.25-0.75}\right)(500)}{R}$

$\rightarrow R = 1.042$

$\therefore \dfrac{10,000}{R} = \dfrac{10,000}{1.042} = 9,600원$

CHAPTER

14

스왑

본 장에서는 대표적인 장외파생상품인 스왑에 대해 이자율스왑과 통화스왑 중심으로 살펴보고, 스왑을 이용한 다양한 헷지전략에 대해 학습한다.

학습목표

- 이자율스왑
- 통화스왑
- 헷지전략
- 스왑딜러

14.1 / 이자율스왑 및 통화스왑
SECTION

1. 이자율스왑

(1) 이자율스왑의 개요

스왑(swap)은 1970년대 브레튼우즈 협정의 붕괴 이후, 환율변동 확대에 따른 환위험 헷지의 필요성 때문에 등장했다. 당시 등장한 상호융자(parallel loan)나 직접상호융자(back-to-back loan)가 오늘날 스왑의 원형으로 평가되고 있다. 실제로 처음으로 공개된 스왑거래는 1981년 Salomon Brothers사의 주선으로 세계은행(World Bank)과 IBM 간의 통화스왑이었다. 세계은행은 2억 9,000만 달러를 IBM에게 지급하고 IBM은 동일한 금액을 독일 마르크화와 스위스프랑으로 세계은행에 지급하였다. 이후 이 개념을 활용하여 이자율스왑도 거래되기 시작하는 등 비약적으로 발전하였다.

이자율스왑(IRS: interest rate swap)은 각 거래 당사자가 일정 기간 동안 한쪽은 고정이자를 지급하고 다른 한쪽은 변동이자를 지급하는 거래이다. 일반적으로 서로에게 빌려주는 금액이 단일통화이고 그 금액이 같기 때문에 원금의 실제교환은 일어나지 않는다. 예를 들어, A와 B가 기준원금 $100만에 대해서 5년 동안 기간 말에 A는 고정이자율 4%를 지급하고 B는 변동이자율[1]을 지급하는 이자율스왑계약을 맺었다고 하자. 오늘 변동이자율은 3.8%이다.

---

1 LIBOR(London interbank offered rate)는 런던 금융시장에 참가하는 주요 은행 간 자금거래 시 활용되는 호가 기반 산출금리로 그동안 국제자금시장의 단기지표금리로 활용되어 왔다. 하지만, 2012년 Barclays, RBS(Royal Bank of Scotland), UBS, Rabobank 등 10여 개 은행이 수년간 담합해 리보금리를 낮추는 리보조작 사실이 밝혀지면서, 결국 2020년 11월 30일 미국 연방준비제도이사회(Federal Reserve Board)와 영국 금융감독청(Financial Conduct Authority)은 공동 성명을 통해 리보금리를 2022년부터 공개하지 않는 것으로 하고, 2023년 7월부터 완전폐지한다고 밝혔다. 리보가 폐지됨에 따라 미국은 SOFR(secured overnight financing rate)을, 영국은 SONIA(sterling overnight interbank average rate)를 리보의 대체금리로 선택하고 있다. 우리나라 또한 미국과 같은 실거래 RP거래 기반 무위험지표금리(KOFR)를 개발하고, 2021년 11월 25일부터 한국예탁결제원을 통해 정식 산출 및 공시가 이루어지고 있다. 본서에서는 미국 SOFR을 변동이자율로 사용하여 설명하기로 한다.

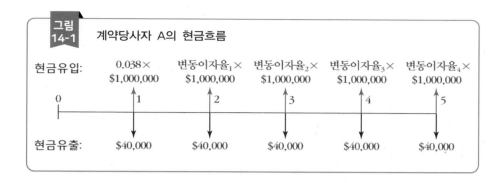

그림 14-1 계약당사자 A의 현금흐름

현금유입:
$0.038 \times \$1,000,000$ 변동이자율$_1 \times \$1,000,000$ 변동이자율$_2 \times \$1,000,000$ 변동이자율$_3 \times \$1,000,000$ 변동이자율$_4 \times \$1,000,000$

0   1   2   3   4   5

현금유출: $40,000 $40,000 $40,000 $40,000 $40,000

이 경우 A는 첫 번째 기간 말에 고정이자 $40,000(=$100만$\times$4%)을 지급하는 대신 변동이자 $38,000(=$100만$\times$3.8%)를 받게 된다.

〈그림 13-1〉에서 위 화살표는 A가 받는 변동이자로서 현금유입을 나타내고, 아래 화살표는 A가 주는 고정이자로서 현금유출을 나타낸다. 계약체결 시점의 변동이자율은 3.8%이지만, 2차년도 이후부터의 변동이자는 현재 시점에서는 알 수 없다. 만약 2차년도의 변동이자율이 4%보다 높다면 A는 B보다 더 큰 이익을 얻을 수 있을 것이다. 한편, B는 A와 정반대의 현금흐름이 발생한다. 즉, 고정이자 $40,000을 받는 대신 변동이자를 지급하게 된다.

> ∫| 읽을거리 |
>
> **원화 CRS 거래서 SOFR 거래 최초 체결…국내도 리보 대체 가속화**
>
> 국내에서도 원화 통화스와프(CRS) 거래에서 SOFR(Secured Overnight Financing Rate)을 사용한 파생거래가 최초로 이뤄졌다. 미국 금융당국이 사실상 내년부터 신규로 리보 금리를 사용한 거래를 금지하는 등 국내에서도 무위험지표금리(RFR)를 사용한 지표금리 대체가 빨라질 전망이다.
>
> 30일 채권시장에 따르면 전일 외국계 은행 두 곳은 원화 CRS 거래에 대한 달러화 변동금리로 3개월물 컴파운디드(compounded) SOFR 금리를 적용한 것으로 전해졌다. 원화를 빌려주고 달러화를 조달하는 CRS 거래에서 리보금리 대신에 SOFR 금리를 사용한 경우는 처음이다. 지금까지 원화 CRS 거래는 달러화 변동금리로 6개월물 리보 금리를 사용했다.
>
> 글로벌 금융시장에서는 리보금리 조작 사태 이후에 준거금리 전환 움직임이 본격화하

고 있다. 미 금융당국은 달러 파생상품 거래에서 리보금리 퇴출을 촉진하기 위해 내년부터 사실상 신규 계약에 대한 리보금리 사용을 금지했다. 리보 금리 산출도 점진적으로 중단할 계획이다. 그동안 이종통화 간의 CRS 거래에서는 RFR를 사용한 스와프 거래가 늘어났던 것으로 전해졌다. 국내에서도 향후 SOFR을 이용한 스와프 거래가 많아질 거란 기대가 나온다.

트래디션코리아 이사는 "(전일) 달러-원 CRS 거래에서도 SOFR을 최초로 사용한 거래가 체결됐다"며 "다른 통화에 비하면 늦은 감이 있지만, 11월 중에는 외국계 은행끼리 거래가 됐다"고 말했다. 그는 "소액 거래로 딜 북킹이 잘 들어가는지 체크한 셈"이라며 "앞으로도 SOFR를 사용한 거래를 계속할 수 있다"고 덧붙였다. 트래디션코리아는 스위스계 외국환중개회사로 세계 5대 외환중개회사 중 하나다. 국내에서는 7번째로 지난 2007년 외국환중개업무 인가를 받았다.

출처: 연합인포맥스(http://news.einfomax.co.kr), 2021. 11. 30.

(2) 이자율스왑의 거래동기

두 회사가 동일한 금액을 시장에서 차입할 때 각자 비교우위(comparative advantage)가 있는 이자율로 차입한 후, 이자율스왑을 하면 서로에게 이익이 된다. 예를 들어, A와 B기업은 각각 $1,000,000을 3년 동안 차입하고자 하는데, 각 회사의 사정상 A기업은 변동이자율로 차입하고자 하고 B기업은 고정이자율로 차입하기를 원한다고 하자. 각 기업이 시장에서 차입할 수 있는 시장이자율은 〈표 14-1〉과 같다.

〈표 14-1〉을 보면 A기업에게 적용되는 이자율이 고정이자율과 변동이자율 모두 B기업보다 낮기 때문에 A기업이 B기업보다 전반적으로 신용도가 높

표 14-1 고정이자율과 변동이자율

기업	고정이자율(%)	변동이자율(%)
A	5	SOFR + 0.3
B	6	SOFR + 0.7

음을 알 수 있다. 하지만 A기업이 만약 고정이자율로 차입할 경우 B기업에 비해 1% 싸게 차입할 수 있고, 변동이자율로 차입할 경우 B기업에 비해 0.4% 싸게 차입할 수 있다. 따라서 A기업은 고정이자율로 차입하는 것이 변동이자율로 차입하는 것보다 상대적으로 싸기 때문에 고정이자율 차입에 비교우위가 있다.

B기업 입장에서는 고정이자율로 차입할 경우 A기업에 비해 1% 비싸게 차입할 수 있고, 변동이자율로 차입할 경우 A기업에 비해 0.4% 비싸게 차입할 수 있다. 따라서 B기업은 변동이자율로 차입하는 것이 고정이자율로 차입하는 것보다 상대적으로 덜 비싸기 때문에 변동이자율 차입에 비교우위가 있다. 따라서 신용도가 좋고 나쁨과 관계없이 각 시장에서의 비교우위가 다를 수 있기 때문에 서로 비교우위를 가지는 이자율로 차입하여 서로에게 득이 될 수 있는 이자율스왑 거래가 가능하다.

위의 예의 경우, A기업과 B기업이 시장에서 상대적으로 더 유리하게 차입할 수 있는 이자율 크기는 각각 1%와 0.4%이며, 적절한 스왑거래를 통해서 0.6% (=1%−0.4%)를 두 거래 당사자가 동등하게 나누어 자신들이 각자 원하는 이자율(A기업은 변동이자율, B기업은 고정이자율)보다 각각 0.3% 싸게 차입할 수 있다.

먼저, A기업은 자신이 비교우위가 있는 고정이자율 시장에서 5%의 고정이자율로 차입하고, B기업도 자신이 비교우위가 있는 변동이자율 시장에서 SOFR+0.7%의 변동이자율로 차입한 다음, A기업이 B기업에게 5.2%를 받고 SOFR+0.2%를 주는 이자율스왑계약을 한다면, A기업은 자신이 원하는 변동이자율을 시장에서 직접 차입할 경우의 SOFR+0.3%보다 0.3% 낮은 변동이자율인 SOFR(=5%+SOFR+0.2%−5.2%)로 차입할 수 있게 된다.

B기업도 A기업에게 SOFR+0.2%를 받고 5.2%를 주는 이자율스왑계약을 통하여 B기업 자신이 원하는 고정이자율을 시장에서 직접 차입할 경우의 6%보다 0.3% 낮은 고정이자율인 5.7%(=SOFR+0.7%+5.2%−(SOFR+0.2%))로

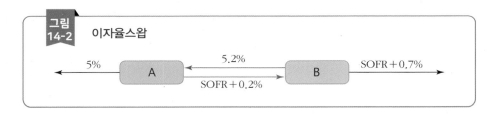

그림 14-2 이자율스왑

차입할 수 있게 된다.

2. 통화스왑

(1) 통화스왑의 개요

통화스왑(CRS: currency swap)은 실제로 서로 다른 통화로 표시된 원금의 교환이 이루어지며 어느 한쪽이 상대방에 비해 특정 통화표시의 자금조달에 비교우위가 있을 때 이루어진다. 일반적으로 원금은 스왑계약이 시작되는 시점에서의 환율기준으로 동등하도록 결정된다.

예를 들어, $\$1 = €0.7$일 경우 명목원금은 $\$100,000,000$와 $€70,000,000$이고, 스왑계약기간은 4년이라고 하자. 4년 동안 미국기업은 독일기업으로부터 $€70,000,000$을 수취하고 유로화에 대한 고정이자율 5%를 지급하고, 독일기업은 미국기업으로부터 $\$100,000,000$을 수취하고 달러화에 대해서 현재 3%인 1년 SOFR을 지급하는 통화스왑을 체결하였다.

미국기업의 현금흐름은 〈그림 14-3〉과 같다. 미국기업은 독일기업에게 원금 $\$100,000,000$을 지불하는 대신 동등한 금액 $€70,000,000$을 교환한다. 이후 스왑계약기간 동안 고정이자 $€3,500,000(=€70,000,000 \times 5\%)$을 지급하는 대신 변동이자$(=\$100,000,000 \times SOFR)$를 받게 되고 스왑의 종료시점에 원금을 다시 회수하게 된다. 독일기업의 현금흐름은 미국기업의 현금흐름과 정반대로 나타나게 된다.

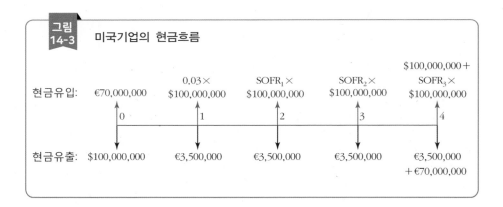

그림 14-3 미국기업의 현금흐름

현금유입:
0	1	2	3	4
$€70,000,000$	$0.03 \times$ $\$100,000,000$	$SOFR_1 \times$ $\$100,000,000$	$SOFR_2 \times$ $\$100,000,000$	$\$100,000,000+$ $SOFR_3 \times$ $\$100,000,000$

현금유출:
0	1	2	3	4
$\$100,000,000$	$€3,500,000$	$€3,500,000$	$€3,500,000$	$€3,500,000$ $+€70,000,000$

(2) 통화스왑의 거래동기

이자율스왑의 거래동기와 마찬가지로 통화스왑도 비교우위가 존재하기 때문에 이루어진다. 예를 들어, $1=€1.6일 때 독일기업(G)은 $10,000,000의 달러를 차입하기를 원하고 미국기업(U)은 €16,000,000의 유로화를 차입하기를 원한다고 하자. 독일기업(G)과 미국기업(U)의 시장에서 차입조건이 〈표 14-2〉와 같을 경우 두 기업은 통화스왑을 통하여 서로가 원하는 조건을 충족하면서 시장에서 차입하는 것보다 이익을 얻을 수 있다.

〈표 14-2〉에서 독일기업(G)은 유로화차입에 비교우위(3%<4%)가 있고, 미국기업(U)은 달러화차입에 비교우위(5%<6%)가 있다. 통화스왑에서는 원금의 교환이 일어나며, 우선 독일기업(G)과 미국기업(U)은 각자 비교우위가 있는 시장에서 원금을 차입하여 서로 동등한 금액의 원금을 교환하게 된다. 즉, 〈그림 14-4〉와 같이 독일기업(G)은 유로시장에서 원금 €16,000,000을 3%의 이자로 차입하고, 미국기업(U)은 달러시장에서 원금 $10,000,000을 5%의 이자로 차입하여 서로 교환한다.

미국달러시장에서 이자율 차이는 −1%인 반면 유로시장에서는 1%이기 때문에 통화스왑을 통하여 양 당사자가 얻는 총이익은 2%[=1%−(−1%)]이다. 따라서 이자율스왑과 마찬가지로 통화스왑을 통하여 두 당사자가 시장에서 차입하는 것보다 각각 1%(=2%/2)씩 더 싸게 차입하여 이익을 볼 수 있도록 설계할 수 있다.

예를 들어, 스왑기간 동안 독일기업(G)은 미국기업(U)에게 6%의 달러이자를 지급하기로 하고 미국기업(U)은 독일기업(G)에게 4%의 유로화이자를 지급하기로 하여 〈그림 14-5〉와 같이 이자를 교환한 후, 원금을 회수하는 통

표 14-2 시장이자율

회사	미국달러이자율	유로화이자율
독일기업(G)	6%	3%
미국기업(U)	5%	4%

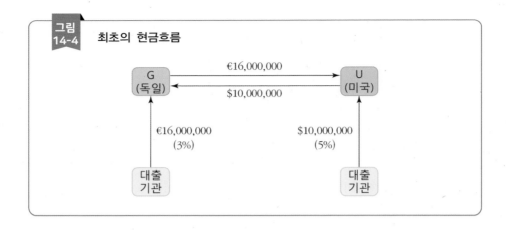

그림 14-4 최초의 현금흐름

화스왑을 고려해보자. 독일기업(G)은 미국기업(U)에게 원금 $10,000,000에 대한 이자 6%인 $600,000을 지급하고, 미국기업(U)은 독일기업(G)에게 원금 €16,000,000에 대한 이자 4%인 €640,000을 지급한다. 그리고 스왑종료시점에 각자의 원금을 회수한다.

이 거래를 통해서 독일기업(G)은 원금 $10,000,000 수취에 대해 이자지급액은 $500,000[=$600,000−(€640,000−€480,000)×0.625]가 되어 실제로는 5%의 이자율로 달러를 차입한 것이 되므로 1%(=6%−5%)만큼 이자절감효과를 갖게 된다. 마찬가지로 미국기업(U)은 원금 €16,000,000 수취에 대해 이자지급액은 €480,000[=€640,000−($600,000−$500,000)×1.6]가 되어 실제로는 3%의 이자율로 유로화를 차입한 것이 되므로 1%(=4%−3%)만큼 차입비용이 절감되는 효과를 가진다.

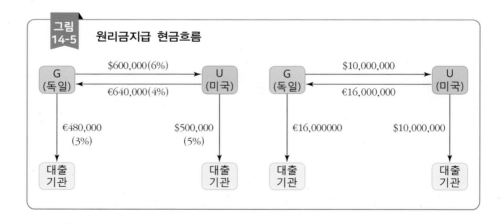

그림 14-5 원리금지급 현금흐름

14.2 / 헷지전략

1. 고정금리자산을 변동금리자산으로 전환

스왑을 이용하여 고정금리자산을 변동금리자산으로 전환하여 이자율위험을 헷지할 수 있다. 예를 들어, 〈그림 14-6〉과 같이 예금자에게 변동이자(SOFR−1%)를 지급하는 부채와 고정이자를 받는 대출, 즉 고정금리자산을 가지고 있는 A은행이 있다고 하자. 앞으로 이자율상승이 우려될 경우 A은행은 B에게 7% 고정이자를 지급하고 변동이자(SOFR)를 받는 이자율스왑을 체결할 경우, 고정금리자산이 변동금리자산으로 전환되어 이자율위험에서 벗어나 매해 1%의 안정된 수익을 누릴 수 있게 된다.

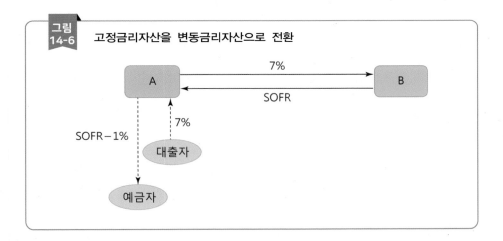

그림 14-6 고정금리자산을 변동금리자산으로 전환

2. 변동금리부채를 고정금리부채로 전환

스왑을 이용하여 변동금리부채를 고정금리부채로 전환하여 이자율위험을 헷지할 수 있다. 예를 들어, 〈그림 14-7〉과 같이 A기업이 변동금리채로 자금을 조달했고 앞으로 이자율상승이 우려된다고 하자. 이 경우 A기업은 B기업에게 6% 고정이자 지급하고 SOFR를 받는 이자율스왑을 체결할 경우, A

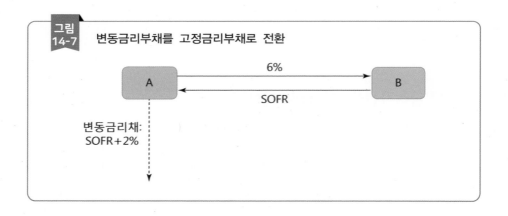

그림 14-7 변동금리부채를 고정금리부채로 전환

A   6%   B
     SOFR

변동금리채:
SOFR+2%

기업은 B기업과의 스왑계약을 통해 변동금리채가 고정금리채로 전환되어 이
자율위험에서 벗어나 매해 8%의 고정이자를 지급하면 된다.

3. 상품스왑을 통한 가격변동위험 헷지

1980년대 중·후반에 생성된 상품스왑(commodity swap)은 이자율스왑을
상품분야에 적용시킨 것으로 에너지, 귀금속, 비철금속 등 모든 종류의 상품
이 상품스왑의 기초자산이 될 수 있다. 이러한 상품스왑을 통해서 상품가격변
동위험을 헷지할 수 있다.

예를 들어, 〈그림 14-8〉과 같이 에너지가 기초자산인 상품스왑을 생각해
보자. 정유회사 A는 원유를 사서 정유하는 회사이므로 원유가격상승이 우려
된다. 원유회사 B는 원유를 파는 회사이므로 원유가격하락이 우려된다. 정유

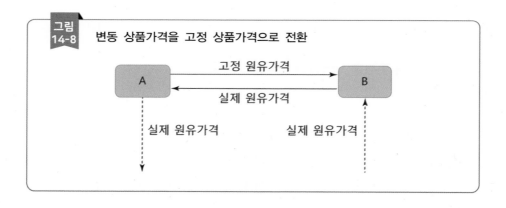

그림 14-8 변동 상품가격을 고정 상품가격으로 전환

A   고정 원유가격   B
     실제 원유가격

실제 원유가격   실제 원유가격

회사 A는 원유시장에서 원유를 실제가격을 주고 산다. 원유회사 B는 원유시장에서 원유를 실제가격을 받고 판다.

그 다음 A가 B에게 서로 합의한 고정 원유가격을 주고, B가 A에게 실제 원유가격을 주는 상품스왑을 체결한다. 결과적으로 정유회사 A는 원유를 고정가격에 사는 셈이고, 원유회사 B는 원유를 고정가격에 파는 셈이 되어, 두 회사 모두 원유가격 변동위험으로부터 벗어난다.

4. 주식스왑을 통해 주식투자를 채권투자로 전환

이자율스왑과 통화스왑이 주식시장에 적용되어 1980년대 중·후반에 생성된 주식스왑(equity swap)은 주식이나 채권에 직접 투자할 경우 발생할 수 있는 거래비용을 회피할 수 있을 뿐만 아니라 주식이나 채권투자 시 발생할 수 있는 위험의 헷지가 가능하다. 〈그림 14-9〉에서 주식시장에 투자한 A는 앞으로 약세시장이 예상될 경우 주식수익률(KOSPI200수익률)을 주고 고정이자율을 받는 주식스왑을 통해 헷지가 가능하다. 결과적으로 주식투자에서 채권투자로 전환된다.

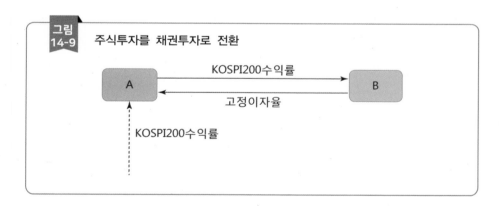

그림 14-9 주식투자를 채권투자로 전환

5. 주식스왑을 통해 채권투자를 주식투자로 전환

〈그림 14-10〉에서 변동금리채에 투자한 A는 앞으로 이자율이 하락하고 강세시장이 예상될 경우 변동이자율(SOFR)을 주고 주식수익률(KOSPI200수익

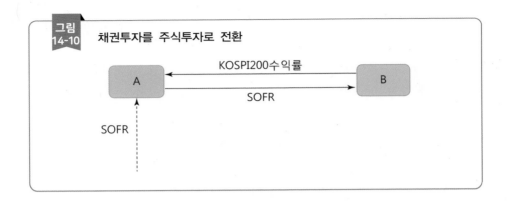

그림 14-10 채권투자를 주식투자로 전환

KOSPI200수익률

A

SOFR

B

SOFR

률)을 받는 주식스왑을 통해 채권투자에서 주식투자로 전환할 수 있다.

14.3 스왑딜러
SECTION

일반적으로 스왑거래에는 은행 등의 금융기관이 스왑거래의 당사자 사이에 개입하여 거래당사자 A와 스왑딜러, 거래당사자 B와 스왑딜러 간에 각각 스왑거래를 체결한다. 즉, 투자은행이나 상업은행 등이 스왑거래에서 고객의 한쪽 상대방으로서의 스왑딜러 역할을 수행함으로써 언제든지 스왑거래가 체결될 수 있도록 유동성을 제공하고 있다. 스왑딜러는 거래당사자로 참여하면서 이에 대한 대가로 스프레드 이익을 얻는다.

예를 들어, A기업이 5%의 고정이자율을 받는 채권을 발행한 후 회사 사정이 변하여 변동이자율을 받는 채권으로 전환하기를 원할 수 있고 B기업은 변동이자율을 받는 채권을 발행한 후 회사 사정이 변하여 고정이자율을 받는 채권으로 전환하기를 원할 수 있다.

이 경우 〈그림 14-11〉과 같이 스왑딜러는 4.5%의 고정이자율을 지급하고 SOFR을 받는 스왑계약을 A기업과 체결하고, B기업과는 5.5%의 고정이자를 받고 SOFR을 지급하는 스왑계약을 체결할 수 있다. 따라서 A기업의 순이자지급은 SOFR+0.5%의 변동이자로 전환되고, B기업의 순이자지급은 5.5%의 고정이자로 전환되며, 스왑딜러는 1%의 스프레드 이익을 얻게 된다.

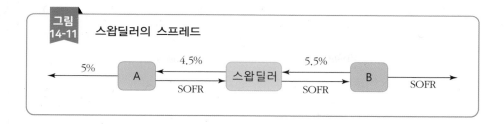

그림 14-11 스왑딜러의 스프레드

5% ← A ←4.5%→ 스왑딜러 ←5.5%→ B → SOFR
        SOFR   SOFR

한편, 스왑딜러는 스왑거래의 당사자로 개입했을 때 거래에 의해서 발생할 수 있는 위험에 직면하게 된다. 두 거래 당사자 중 한쪽이 계약을 이행하지 않을 경우 계약불이행(default)위험이 있을 수 있고, 또한 거래 당사자 중 한쪽을 찾지 못하여 스왑딜러가 직접 스왑계약의 거래 당사자가 되어야 하는 불일치(mis-match)위험이 존재하게 된다. 이 경우 위험을 줄이기 위해 〈그림 14-12〉와 같이 불일치된 스왑과 별도의 제3의 스왑계약을 체결하여 위험을 벗어날 수 있다.

예를 들어, A, B와의 스왑계약에 개입하여 스왑딜러가 A와 고정이자를 받고 변동이자를 지급하는 이자율스왑계약을 보유하고 있다고 하자. 이자율 상승을 헷지하기 위하여 다른 거래상대방 B와 변동이자를 받고 고정이자를 지급하는 스왑계약을 맺어야 하나 B와의 스왑계약이 불발이 될 경우 스왑딜러는 X라는 제3자와 별도로 고정이자를 지급하고 변동이자를 받는 스왑계약을 체결함으로써 스왑딜러는 이자율위험을 헷지할 수 있다.

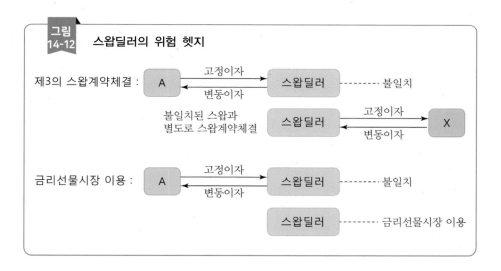

그림 14-12 스왑딜러의 위험 헷지

스왑딜러의 위험을 헷지하는 또 다른 방법으로는 금리선물시장을 이용할 수 있다. 예를 들어, A, B와의 스왑계약에 개입하여 스왑딜러가 A와 고정이자를 받고 변동이자를 지급하는 이자율스왑계약을 보유하고 있다고 하자. 이자율 상승을 헷지하기 위하여 금리선물시장에서 금리선물을 매도한다면 만약 이자율이 상승하여 스왑계약의 변동이자율로부터 손실을 보더라도 금리선물에서 이익을 보게 되므로 위험이 헷지될 수 있다.

┃ 읽을거리 ┃

'원화 줄게 달러 다오' 통화스와프, 미국도 남는 장사다

"해외 중앙은행과의 통화스와프는 정치적으로 인기가 없겠지만, 우리(미국) 경제를 보호하는 데 필수적일 수도 있다."(벤 버냉키 전 미국 연방준비제도 의장) 원-달러 환율이 고공행진을 이어가면서 통화스와프를 둘러싼 논쟁이 한창이다. 한-미 통화스와프의 체결 가능성과 그 주도권을 갖고 있는 미국의 이해관계를 놓고서도 해석이 제각각이다. 2008년 글로벌 금융위기와 2020년 코로나19 사례를 통해 통화스와프의 열쇠를 쥔 미국 연방준비제도의 속내를 들여다봤다.

◇ '달러난'에 유럽 은행들 몰려들자 … "미국 보호해야"
국가 간 통화스와프는 통상적으로 중앙은행끼리 일정 기간 자국 통화를 서로에게 빌려주기로 하는 계약을 일컫는다. 한국은행과 미국 연방준비제도가 통화스와프를 체결한다면, 한은이 원화를 연준에 빌려주고 대신 달러를 받아오는 식이다. 2008년 글로벌 금융위기 때 맺은 한-미 통화스와프를 계기로 일반인들에게도 익숙한 개념이 됐다. 보통 국내에서 달러가 바닥난 위기 상황에 '구원투수' 역할을 하는 것으로 알려져 있다.
미국 연준이 다른 나라에서 구원투수 역할을 자처하는 이유는 뭘까. 글로벌 금융위기 당시 미국에서는 난감한 상황이 펼쳐지고 있었다. 글로벌 주요 은행 중에서는 처음으로 프랑스 베엔페 파리바(BNP Paribas)가 2007년 8월 서브프라임 모기지 사태와 관련된 펀드의 환매를 중단한 게 불씨가 됐다. 이를 계기로 서브프라임 모기지 사태에 대한 위기의식이 짙어지면서 이른바 신용경색 현상이 나타났다. 거래 상대방의 신용에 대한 불신이 확산되자, 시중은행들끼리 서로 달러 자금을 빌려주는 시장도 얼어붙기 시작했다.
당시 주요 지표들을 보면 위기 상황이 여실히 드러난다. 달러자금시장의 신용경색 정도를 엿볼 수 있는 리보(Libor)-오아이에스(OIS) 스프레드(3개월)는 줄곧 0%포인트에 가까운 수준을 유지하다가 2007년 8월 1%포인트 안팎으로 급등했다. 그만큼 신용경색이 심해 달러를 구하기 어려워졌다는 뜻이다.

금융거래의 상당 부분이 유로화가 아닌 달러로 이뤄지던 유럽에서도 위기 경보가 울려왔다. 자국 시장에서 달러를 구하기 힘들어진 유럽 시중은행들이 대서양을 넘어 뉴욕 시장으로 달려오는 건 시간문제였다. 특히 아직 유럽 장이 마감하기 전인 뉴욕 아침 시간대에 유럽 은행들이 밀물처럼 몰려들었다. 그 여파로 같은 달 연방기금금리도 연준이 목표한 범위인 5.25%를 벗어난 수준으로 치솟았다. 연방기금금리는 은행이 다른 은행에 지급준비금을 1일간 빌려줄 때 부과되는 초단기 금리다. 다른 각종 시장금리와 다양한 경제변수에 영향을 준다는 측면에서 미국 경제 전반에 미치는 파급 효과가 크다.

연준이 소매를 걷어붙일 수밖에 없었던 배경이다. 연준은 곧바로 달러 공급 확대에 나섰으나 큰 효과가 없었다. 당시 뉴욕 연방준비은행이 240억 달러 규모의 국채를 사들여 시장에 달러를 풀었고, 그 이후에도 유동성 공급이 이어졌지만 신용경색은 크게 개선되지 않았다. 묘수가 필요한 시점이었다.

◇ "위기 주범으로 몰릴라" 오히려 스와프 망설인 유럽

연준이 생각해낸 대안 중 하나는 유럽중앙은행(ECB)과 통화스와프를 체결하는 것이었다. 유럽중앙은행으로부터 유로화를 받아 이를 담보로 잡아서 달러를 빌려주자는 아이디어였다. 그렇게 하면 유럽중앙은행이 외환보유고를 쓰지 않고도 더 많은 달러를 시중에 풀 수 있어서, 유럽 시중은행들이 달러를 구하러 미국으로 몰려드는 현상도 사라질 것이라는 계산이었다. 이 경우 해당 은행들이 돈을 못 갚게 돼도 그 리스크를 연준이 아닌 유럽중앙은행이 진다는 장점도 있었다. 당시 연준 의장이었던 버냉키는 그의 자서전 〈행동하는 용기〉에서 "유럽 금융시장의 난기류로부터 미국 시장을 보호격리하는 게 목적이었다"고 설명했다.

오히려 망설인 것은 유럽중앙은행이었다. 유럽 시장의 위기 상황이 지나치게 부각되고, 연준이 유럽의 구원투수 역할을 한다는 인식이 퍼질 수 있다는 우려 탓이었다. 실제로 처음에는 유럽 쪽에서 스와프를 꺼렸다는 게 버냉키의 설명이다. 결국 연준은 유럽중앙은행과 맺은 통화스와프를 별도로 발표하지 않고, 다른 긴급 유동성 공급 조치들과 함께 발표하는 식으로 타협했다. 시장이 유럽 내 금융 불안의 심각성에 덜 주목할 수 있도록 배려한 셈이다.

미국의 통화스와프는 빠른 속도로 확대됐다. 연준은 2007년 12월 유럽중앙은행, 스위스국립은행과 각각 200억 달러, 40억 달러 규모의 통화스와프를 체결했다. 총 240억 달러 규모였던 연준의 통화스와프는 2008년 리먼 브라더스 사태 이후 6,200억 달러

까지 늘었다. 연준과 통화스와프를 맺은 중앙은행도 모두 14곳으로 증가했다. 2008년 10월에는 유럽과 스위스, 영국, 일본 등 4곳을 대상으로 한도를 무제한으로 설정했다. 당시 유럽중앙은행이 이를 통해 인출한 금액만 3,138억 달러에 이른다.

첫 시작이 미국의 필요에 의한 것이었던 만큼, 통화스와프를 맺을 대상을 추가로 선정하는 데 있어서도 같은 계산이 작용했다. 버냉키는 "멕시코, 브라질, 한국, 싱가포르 등 신흥국은 신중하게 선정했다"며 "이들 국가가 미국과 글로벌 금융·경제 안정에 얼마나 중요한지를 기준으로 선정했으며, (중요하지 않은) 다른 국가들의 통화스와프 요청은 거절했다"고 밝혔다.

◇ 코로나19 때도 … "미국 가계·기업에 도움"

2020년 코로나19로 금융시장이 불안에 빠졌을 때도 통화스와프는 구원투수로 등장했다. 당시에도 단기금융시장이 얼어붙으면서 이에 의존하던 해외 시중은행들이 달러 자금을 구하기 어려워진 상황이었다. 이로 인한 금융 불안이 미국을 포함한 전 세계로 확산되면서 통화스와프 체결의 필요성이 다시금 대두됐다.

당시 미국 연준은 이미 유럽, 스위스, 영국, 일본, 캐나다 등 중앙은행 5곳과 한도가 무제한인 상설 통화스와프 네트워크를 만들어둔 때였다. 상황이 계속해서 나빠지자 연준은 이에 더해 한국 등 9개국 중앙은행과 추가로 통화스와프를 체결했다. 2020년 3월 600억 달러 한도의 통화스와프를 맺은 한국은행도 최대 188억 달러를 인출해 썼다.

이때도 연준의 계산은 글로벌 금융위기 당시와 비슷했다. 달러 자금 시장 여건이 나빠지도록 두면 결국 미국에도 위기가 전이된다는 인식이었다. 2020년 4월 열린 연준의 연방공개시장위원회 의사록을 보면, 위원들은 "(한국 등 9개국과 맺은 통화스와프로 인해) 글로벌 달러 자금 시장의 어려움이 완화할 것으로 본다"며 "이로써 (이번 위기가) 미국 가계와 기업에 대한 신용 공급에 미치는 영향도 줄어들 것"이라고 판단했다.

이같은 인식은 연준이 여론 악화 가능성까지 감수하며 통화스와프에 적극적으로 나선 이유를 설명해준다. 글로벌 금융위기 당시 연준에서는 통화스와프가 해외 시중은행들에 대한 구제금융으로 인식될지도 모른다는 우려도 나왔다고 한다. 정치권에서 이에 대한 압박이 없지 않을 것이라는 걱정도 있었다. 이에 대해 버냉키는 그의 자서전에 "다행히 내가 만난 대부분의 상원의원들은 글로벌 금융 안정을 도모하는 것이 미국의 이해관계와 들어맞는다는 점을 이해했다"고 적었다.

출처: 한겨레(www.hani.co.kr), 2022. 10. 3.

14 스왑: 연습문제

Q1. (2003 CPA 수정) 스왑에 대한 다음 설명 중 가장 잘못된 것은? ( )

① 스왑은 두 거래 당사자 간 미래 현금흐름을 교환하는 계약으로 일련의 선도거래 또는 선물계약을 한 번에 체결하는 것과 유사한 효과를 갖는다.

② 스왑은 표준화된 상품인 선물, 옵션과 같이 거래소에서 거래되지 않고, 스왑딜러 및 브로커의 도움을 얻어 주로 장외에서 거래가 이루어진다.

③ 이자율스왑은 미래 일정기간 동안 거래당사자 간 명목원금에 대한 변동금리 이자와 고정금리 이자 금액만을 교환하는 거래로서 원금 교환은 이루어지지 않는다.

④ 통화스왑은 미래 일정기간 동안 거래당사자 간 서로 다른 통화표시 원금에 대한 이자 금액만을 교환하는 거래로서 원금 교환은 이루어지지 않는다.

⑤ 스왑은 두 거래 당사자 간 필요에 따라 다양하게 설계될 수 있는 장점이 있어 금리 또는 환위험관리를 위해 적절하게 사용될 수 있다.

Q2. (2006 CPA 수정) A기업과 B기업은 국제금융시장에서 각각 다음과 같은 조건으로 자금을 차입할 수 있다. 은행이 A기업과 B기업 사이에서 스왑을 중계하고자 한다. 은행이 A기업에게 변동금리를 지급하고 고정금리를 수취하는 스왑계약을 체결하며, B기업과는 그 반대의 스왑계약을 체결한다. 본 스왑으로 인한 은행의 총마진은 0.2%이며, 스왑이득은 두 기업에게 동일하다. A기업은 고정금리를 원하고 B기업은 변동금리를 원하고 있다. 만약 은행이 A기업에게 LIBOR+1%를 지급한다면 A기업은 은행에게 얼마의 고정금리를 지급해야 하는가? ( )

	유로본드시장	유로달러시장
기업 A	8%	SOFR+1%
기업 B	9%	SOFR+3%

① 8%   ② 7.8%   ③ 7.6%

④ 7.4%   ⑤ 7.2%

Q3. (2010 CPA) 오랜 거래 관계를 유지해온 한국의 K기업과 중국의 C기업은 각각 상대국에서 신규사업을 위해 중국 금융시장에서 위안화로 한국 금융시장에서 원화로 1년 만기 동일규모의 자금을 차입하고자 한다. 원화/위안화 환율은 고정환율로서 변동되지 않는다고 가정한다. K기업과 C기업이 각국 금융시장에서 차입할 때의 시장이자율은 다음 표에서 요약된 바와 같다.

	한국 금융시장에서 원화 차입	중국 금융시장에서 위안화 차입
C기업	6.60%	4.20%
K기업	5.60%	3.83%

통화스왑 계약에서 거래비용은 존재하지 않으며 금융기관의 중개를 통하지 않고 K기업과 C기업의 양자계약(bilateral contract)의 형태를 갖는다고 가정한다. K기업과 C기업이 1년 만기 통화스왑을 고려할 때 다음 중 옳지 않은 항목만으로 구성된 것은? (　　)

a. K기업은 C기업에 비하여 원화 및 위안화 차입에서 모두 낮은 이자율을 지급하므로 통화스왑을 맺을 경제적 유인을 갖지 않는다.

b. K기업은 원화 차입, C기업은 위안화 차입 후에 통화스왑을 통해 부채비용을 절감할 수 있다.

c. K기업과 C기업이 통화스왑을 통해 절감할 수 있는 부채비용의 최대폭은 63 베이시스 포인트(basis point)이며 통화스왑 당사자들은 이를 균등하게 분할해야 한다.

d. 통화스왑의 경우 이자율스왑과는 상이하게 차입원금이 교환되며 계약상 약정된 환율에 의하여 상환되는 것이 일반적이다.

e. 본 통화스왑에서 신용위험은 존재하지 않으며, 이자율 및 환율의 변동에 따라서 스왑이자율의 조정 및 계약의 갱신 여부 등이 결정될 수 있다.

① a, c, e   ② a, d, e   ③ b, c, d
④ b, d, e   ⑤ c, d, e

Q1. ④

Q2. ③

[답]

A기업은 유로달러시장(변동금리)에서 비교우위가 있고, B기업은 유로본드시장(고정금리)에서 비교우위가 있다.

총비용절감분＝2%－1%＝1% → 은행: 0.2%, A: 0.4%, B: 0.4%

A: 7.6%의 고정금리로 차입한 결과가 되어 이자율절감효과가 0.4%가 된다.

B: SOFR＋2.6%의 변동금리로 차입한 결과가 되어 이자율절감효과가 0.4%가 된다.

은행: 0.2%의 마진을 얻게 된다.

위의 스왑계약에서 은행과 B 사이의 이자지급흐름은 여러 형태를 가질 수 있다.

Q3. ①

[답]

C기업은 위안화차입(4.20%)에 비교우위가 있고 K기업은 원화차입(5.60%)에 비교우위가 있어 두 기업이 비교우위에 따라 K기업은 원화 차입, C기업은 위안화 차입 후에 통화스왑을 통해 부채비용을 절감할 수 있기 때문에 통화스왑을 맺을 경제적 유인을 갖는다. 또한, K기업과 C기업이 통화스왑을 통해 절감할 수 있는 부채비용의 최대폭은 63베이시스 포인트[＝(6.60%－5.50%)－(4.20%－3.83%)]이며, 스왑은 두 당사자 간의 사적인 계약으로 장외거래이기 때문에 통화스왑 당사자들이 이익절감폭을 균등하게 분할할 수도 있지만 협상력에 의해 이익분배가 달라질 수도 있다. 통화스왑을 한 후 스왑기간 동안 이자를 서로 교환해야 하는데, 이를 어길 경우 신용위험이 발생하게 된다.

찾아보기

저자 약력

이재하

서울대학교 공과대학 전자공학과 공학사
서울대학교 대학원 전자공학과 공학석사
인디애나대학교 경영대학 경영학석사
인디애나대학교 대학원 경영학박사
인디애나대학교 조교수
오클라호마대학교 석좌교수
한국파생상품학회 회장 / 한국재무관리학회 부회장
한국재무학회 상임이사 / 한국증권학회 이사
한국금융학회 이사 / 한국경영학회 이사
교보생명 사외이사 겸 리스크관리위원회 위원장
한국거래소 지수운영위원회 위원장
금융위원회 · 예금보험공사 · 자산관리공사 자산매각심의위원회 위원
공인회계사 출제위원
국민연금 연구심의위원회 위원
사학연금 자금운용위원회 위원
대교문화재단 이사
교보증권 사외이사 겸 위험관리위원회 위원장
KB증권 사외이사 겸 리스크관리위원회 위원장
Journal of Financial Research Associate Editor
FMA Best Paper Award in Futures and Options on Futures
AIMR Graham and Dodd Scroll Award
ANBAR Citation of Highest Quality Rating Award
한국재무관리학회 최우수 논문상
성균관대학교 SKK GSB 원장
현 성균관대학교 SKK GSB 명예교수

저서 및 주요논문

핵심재무관리 – The Core of Corporate Finance(2020)
핵심투자론 – The Core of Investments(1판: 2014, 2판: 2018, 3판: 2021)
핵심파생상품론 – The Core of Derivatives(2021)
새내기를 위한 금융 – Understanding Finance(1판: 2018, 2판: 2021)
재무관리 – Essentials of Corporate Finance(1판: 2016, 2판: 2022)
투자론 – Essentials of Investments(2015)
How Markets Process Information: News Releases and Volatility
Volatility in Wheat Spot and Futures Markets, 1950-1993: Government Farm Programs, Seasonality, and Causality
Who Trades Futures and How: Evidence from the Heating Oil Futures Market
The Short-Run Dynamics of the Price Adjustment to New Information
The Creation and Resolution of Market Uncertainty: The Impact of Information Releases on Implied Volatility
The Intraday Ex Post and Ex Ante Profitability of Index Arbitrage
A Transactions Data Analysis of Arbitrage between Index Options and Index Futures
Intraday Volatility in Interest Rate and Foreign Exchange Spot and Futures Markets
Time Varying Term Premium in T-Bill Futures Rate and the Expectations Hypothesis
Embedded Options and Interest Rate Risk for Insurance Companies, Banks, and Other Financial Institutions
Intraday Volatility in Interest Rate and Foreign Exchange Markets: ARCH, Announcement, and Seasonality Effects
KOSPI200 선물과 옵션간의 일중 사전적 차익거래 수익성 및 선종결전략
KOSPI200 선물을 이용한 포트폴리오 보험전략
원 / 달러 역내현물환 시장과 역외NDF시장간의 인과관계
상장지수펀드(ETF) 차익거래전략
KOSPI200 옵션시장에서의 변동성지수 산출 및 분석 등 Journal of Finance, Journal of Financial and Quantitative Analysis, Journal of Business, Journal of Futures Markets, 증권학회지, 선물연구, 재무관리연구 외 다수.

한덕희

성균관대학교 경상대학 회계학과 경영학사
성균관대학교 일반대학원 경영학과 경영학석사
성균관대학교 일반대학원 경영학과 경영학박사
인디애나대학교 Visiting Scholar
한국금융공학회 상임이사 / 한국재무관리학회 상임이사
한국기업경영학회 이사 / 한국전문경영인학회 이사
한국파생상품학회 이사 / 한국재무관리학회 학술위원
국민연금공단 국민연금연구원 부연구위원
부산시 시정연구위원회 금융산업분과 위원 / 정책연구용역심의위원회 제8기 위원
부산시 출자·출연기관 경영평가단 평가위원 / 물류단지 실수요검증위원회 위원
김해시 도시재생위원회 위원
한국예탁결제원 자산운용인프라 자문위원회 위원
한국주택금융공사 자금운용성과평가위원회 평가위원
한국자산관리공사 공매 자문위원
한국철도공사 사업개발분야 전문심의평가위원
한국산업단지공단 부동산개발 자문평가위원
중소기업기술정보진흥원 중소기업기술개발 지원사업 평가위원
한국문화정보원 기술평가위원
부산문화재단 기본재산운용관리위원회 위원
5급 국가공무원 민간경력자 면접시험과제 출제위원
국가직 5급 / 7급 / 9급 공채 면접시험 선정위원
2016년 / 2018년 / 2019년 Marquis Who's Who 등재
지역산업연구 최우수논문상
동아대학교 교육혁신원 교육성과관리센터장
동아대학교 사회과학대학 부학장
동아대학교 경영대학원 부원장
현 동아대학교 금융학과 학과장 및 교수

저서 및 주요논문

핵심재무관리－The Core of Corporate Finance(2020)
핵심투자론－The Core of Investments(1판: 2014, 2판: 2018, 3판: 2021)
핵심파생상품론－The Core of Derivatives(2021)
새내기를 위한 금융－Understanding Finance(1판: 2018, 2판: 2021)
재무관리－Essentials of Corporate Finance(1판: 2016, 2판: 2022)
투자론－Essentials of Investments(2015)
국채선물을 이용한 헤지전략
국채선물을 이용한 차익거래전략
KOSPI200 옵션시장에서의 박스스프레드 차익거래 수익성
KOSPI200 옵션과 상장지수펀드 간의 일중 차익거래 수익성
차익거래 수익성 분석을 통한 스타지수선물 및 현물시장 효율성
KOSPI200 현물 및 옵션시장에서의 수익률과 거래량 간의 선도-지연관계
국채현·선물시장에서의 장·단기 가격발견 효율성 분석
금현·선물시장과 달러현·선물시장 간의 장·단기영향 분석
통화현·선물시장간의 정보전달 분석
한·중 주식시장과 선물시장 간의 연관성 분석
금융시장과 실물경제 간의 파급효과: 주식, 채권, 유가, BDI를 대상으로
사회책임투자의 가격예시에 관한 연구
1980-2004년 동안의 증시부양정책 및 증시규제정책의 실효성
부동산정책, 부동산시장, 주식시장 간의 인과성 연구
부동산정책 발표에 대한 주식시장의 반응에 관한 연구 등 금융공학연구, 기업경영연구, 산업경제연구, 선물연구,
증권학회지, 재무관리연구 외 다수.

제2판
투자론

초판발행	2015년 9월 5일
제2판발행	2023년 3월 30일

지은이	이재하·한덕희
펴낸이	안종만·안상준

편 집	전채린
기획/마케팅	조성호
표지디자인	Ben Story
제 작	고철민·조영환

펴낸곳	(주)박영사
	서울특별시 금천구 가산디지털2로 53, 210호(가산동, 한라시그마밸리)
	등록 1959. 3. 11. 제300-1959-1호(倫)

전 화	02)733-6771
f a x	02)736-4818
e-mail	pys@pybook.co.kr
homepage	www.pybook.co.kr
ISBN	979-11-303-1720-5 93320

copyright©이재하·한덕희, 2023, Printed in Korea

정 가   24,000원